알리스터 맥그래스 Alister E. McGrath

존 스토트와 제임스 패커의 맥을 잇는, 복음주의 진영의 대표적 신학자다. '과학 신학'이라는 독특한 영역을 개척하여 복음주의 신학에 과학적 토대를 제공했으며, 21세기를 살아가는 현대인에게 기독교 신앙의 유일성을 옹호하고 변증하는 데 혼신의 노력을 쏟고 있다. 이 책에서는 단순히 논쟁에서 이기기 위한 변증이 아니라, 머리와 더불어 가슴과 상상력에 호소하는 성육신적 변증방식을 제시했다.

북아일랜드 벨파스트 태생인 알리스터 맥그래스는 옥스퍼드 대학교에서 분자 생물학을 전공하여 박사학위를 받았다. 처음에는 무신론자였으나 대학에서 만났던 그리스도인 친구들의 삶과 제임스 패커, 마이클 그린, 존 스토트 등의 영향으로 치열한 지적 탐구 끝에 회심했다. 그 뒤 신학으로 진로를 바꾸어 과학 지성과 기독교 영성을 겸비한 신학자가 되었다. 그는 2000년대 중반 이후 리처드 도킨스나 크리스토퍼 히친스 등이 기독교를 공격하며 신무신론 논쟁을 일으켰을 때, 그들의 과학적 맹점을 짚어내면서 무신론의 허점을 반박했다. 특히 도킨스의 《만들어진 신》(김영사)에 맞서 《도킨스의 신》(SFC), 《도킨스의 망상》(살림) 등 다수의 책을 펴내며 적극적으로 기독교를 변증했다.

옥스퍼드 대학교에서 역사신학을 가르쳤고 위클리프 홀 학장을 지냈다. 이후 런던 대학교 킹스 칼리지의 CTRC(Centre for Theology, Religion & Church) 학장으로 지내다가 2014년 4월부터 옥스퍼드 대학교의 과학과 종교 석좌교수로 재직하고 있다. 베스트셀러 저자로 50여 권이 넘는 책을 썼으며, 수백 편의 논문을 발표하는 등 왕성한 활동을 펼치고 있다. 주요 저서로는 《기독교, 그 위험한 사상의 역사》《C. S. 루이스와 점심을 먹는다면》《구속사로 본 핵심 주석》《고난이 묻다, 신학이 답하다》(이상 국제제자훈련원), 《신 없는 사람들》《과학신학》(이상 IVP), 《신학이란 무엇인가》《C. S. LEWIS》(이상 복있는사람) 등이 있다.

KB211220

알리스터 맥그래스는 이 시대, 전 세계를 통틀어 가장 탁월한 복음주의 신학자 중 한 사람이다. 그는 신학을 넘어 역사와 과학, 영성과 변증의 영역에서도 가장 권위 있는 목소리를 내왔다. 현대 복음주의권이 맥그래스와 같은 신학자를 배출했다는 것은 영예롭고 자랑스런 일이 아닐 수 없다. 본서는 기독교 변증에 대한 맥그래스의 심오한 통찰과 풍부한 지혜를 담고 있다. 특별히 포스트모더니즘 시대를 살아가면서 무신론적 회의에 빠진 사람들, 그리고 삶의 의미를 찾아 구도의 여정에 있는 사람들을 위한 책이다. 맥그래스의 방대한 학식과 개인적 삶의 경험, 그리고 예수 그리스도를 소개해주려는 뜨거운 열정이 어우러진 본서는 한국 교회와 그리스도인들에게 커다란 유익을 줄 것이다. 영적 혼돈과 상실의 시대를 살아가면서 분투하고 있는 모든 그리스도인들에게 일독을 권하며 적극 추천한다.

정성욱

덴버(Denver) 신학대학원 조직신학 교수, 《티타임에 나누는 기독교 변증》(홍성사) 저자

무관심하거나 적대적인 문화와 마주해야 한다는 점에서 변증은 복음 선포의 불가피한 요소다. 하지만 변증 혹은 변증학이라는 단어는 종종 소통이라는 본연의 역할 대신 공감 없는 독백 또는 독선적 자기변호의 냄새를 풍길 때가 많았다. 그런 점에서 복음과 소통하는 방식으로 변증을 이해하는 맥그래스의 관점은 신선하다. 복음 자체의 타당성에 대한 논의도 있지만, 저자의 관심은 많은 부분 '복음을 어떻게 소통할 것인가?' 하는 물음으로 기운다. 소통의 대상에 관심을 기울이고,

그 대상과 복음의 접촉점을 찾아내고, 이를 통해 복음적 소통을 도와줄 다양한 통로들을 탐색한다. 물론 이런 소통은 전인적이며, 그 통로에는 설명과 논증이라는 합리적인 방식뿐 아니라, 이야기와 이미지 같은 인격적, 예술적 차원들도 포함된다. 그러기에 변증 연습은 복음을 나누려는 나 자신에 관한 탐색이기도 하다. 소통(전도)을 위한 집요한 열정과 차분한 분석을 하나로 엮은 이 책은 복음에 대한 세상의 물음에 답해야 하는 우리들에게 매우 유용한 참고서가 될 것이다.

권연경

숭실대학교 기독교학과 교수, 《갈라디아서 어떻게 읽을 것인가》(성서유니온선교회) 저자

톰 라이트와 함께 우리 시대 기독교 신앙의 대변자로 인정받는 알리스터 맥그래스는 이 책에서 기독교 신앙을 설득력 있게 증언하는 방법에 대해 안내하고 있다. 특별히 포스트모더니즘 시대의 특징을 정리하고, 그 시대정신에 호소하는 길에 대하여 논하고 있는 것이 이 책의 가장 큰 장점이다. '변증'은 다른 사람에게 나의 믿음을 변호하고 증언하는 것인데, 이 책은 읽는 사람의 믿음의 기초부터 든든히 다져줄 것이다. 내가 설득되지 않으면 다른 사람도 설득할 수 없는 법이다.

김영봉

와싱톤한인교회 담임목사, 《사귐의 기도》(IVP) 저자

알리스터 맥그래스는 변증이 대화라면 전도는 초대라고 명확히 정의한다. 초대는 흔하지만 대화는 별로 없는 한국 교회에, 변증에 대한 공부와 훈련이 필요함을 여실히 보여주는 대목이다. 기독교 신앙에 대한 논증이 꼭 전도와 영접으로 귀결되지는 않으나, 논증이 없다면 신앙은 쉽게 무너질 수 있음을 기억해야 한다. 훌륭한 변증학 입문서인 이 책에서 저자는 변증의 역사적 흐름을 살피고, 다양한 청중에 대한 이해

를 강조하면서, 변증을 위한 구체적이고 다양한 방식을 소개한다. 저자가 제시한 '믿음을 가리키는 여덟 가지 포인터'는 대화를 나눌 때 값진 도구가 될 것이다. 자신만의 변증방식을 개발하라는 저자의 도전은 모든 그리스도인이 숙고해야 할 과제이며 이 책은 그 출발점이 되리라 확신한다.

우종학

서울대학교 물리천문학부 교수, 《무신론 기자, 크리스천 과학자에게 따지다》(IVP) 저자

변증학을 단지 말로만 하는 것이 아니라 멋지게 실행하고 있는 사람이 쓴, 분명하고 실제적인 변증학 입문서다. 특별히 이 책이 유익한 까닭은, 변증학과 친해지는 길을 막아버리는 변증학파들 사이의 열매 없는 다툼질을 피하기 때문이다.

오스 기니스 Os Guinness

《소명》(The Call, IVP) 저자

여러 해 동안 보고 느낀 바, 알리스터 맥그래스는 여러 주제에서 우리를 인도하는 지혜롭고 통찰력 뛰어난 안내자였다. 성경에 충실할 뿐 아니라 기본적이고 실제적이며 창의적인 책이다. 정말로 좋은 책이다!

폴 코팬 Paul Copan

《하나님은 도덕적인 괴물인가?》(Is God a Moral Monster?) 저자

이 책은 우리가 복음을 어떻게 효과적으로 전달하고, 또 변호할 것인가에 대해 자신만의 방법을 찾을 수 있도록 도와준다. 우리를 변증학의 길로 안내하며, 변증학이 무엇인지 경험하게 해주는 탁월한 교과서다.

제임스 사이어 James W. Sire

《기독교 세계관과 현대사상》(The Universe Next Door, IVP) 저자

알리스터 맥그래스의
기독교 변증

알리스터 맥그래스의

기독교
변증

Mere Apologetics

구도자들과 회의자들이 진리를 찾도록 어떻게 도울 것인가

알리스터 맥그래스 지음 | 전의우 옮김

국제제자훈련원

'옥스퍼드 기독교 변증학 연구소' 동료들과 학생들에게

차례

이 책은 변증학apologetics, 또는 '변증' 입문서다. 변증학이란 기독교 학문의 한 분야로, 기독교 신앙의 핵심을 변호하고, 그것을 비기독교 세계에 효과적으로 전하는 일에 초점을 맞춘다. 변증학은 **소통** engagement을 독려한다. 다시 말해 변증학은 그리스도인들에게 우리 문화의 사상에 대해 꽁무니를 빼거나 그 사상을 무시해도 되는 척하지 말고, 오히려 그 사상과 소통하라고 독려한다. 변증학은 믿는 사람을 생각하는 사람으로, 생각하는 사람을 믿는 사람으로 변화시키는 데 목적이 있다. 변증학은 우리의 이성과 상상력 그리고 가장 깊은 갈망과도 소통한다. 변증학은 우리의 가슴과 눈과 마음을 연다. 위대한 변증가 G. K. 체스터턴 G. K. Chesterton, 1874~1936이 재치 있게 말했듯이, "입을 열 때처럼, 마음을 여는 목적도 무엇인가를 그 안에 넣고 단단히 닫기 위해서다".[1] 변증학은 복음이 갖는 지적인 견실함과 풍부한 상상력과 영적 깊이를 우리 문화에 적합한 방식으로 알리고 선포한다.

변증학을 세상에 맞서는 방어적이고 적대적인 반발로 보면 안 된다. 오히려 기독교 신앙의 보물상자를 열어젖힐 좋은 기회로 여겨야 한다. 변증학은 자기 신앙의 진정한 가치를 인정하고 교회 밖 사람들에게 설명하고 권하라며 신자들을 독려한다. 변증학은 기독교 신앙이 내포하는 풍부한 지성과 도덕성, 상상력과 관계성을 제시하는 데 목적이 있다. 부분적으로는 신자들에게 거듭 확신을 주고 신앙을 발전시키도록 돕기 위해서지만, 일차적인 목적은 신앙 공동체 밖에 있는 사람들이 기독교 복음의 중심에 자리 잡은 강력한 비전을 깨닫게 하는 데 있다.

이 책을 쓴 목적은 변증학에서 가장 중요한 몇몇 주제를 소개하고, 변증학의 논제와 방식을 기본적으로 이해시키기 위해서다. 가급적 쉽고 재미있으면서도 유익한 책을 쓰려고 노력했다. 또한 독자들이 시간을 내어 더 깊이 생각해볼 수 있도록 한 단계 높은 자료도 활용했다. 그렇더라도 이 책은 완전하지 못하다. 따라서 독자들이 한 단계 높고 특화된 자료를 직접 활용하여 부족한 점을 보완해야 할 것이다. 이것은 특정 변증학파를 대변하는 책이 아니다. 이 책은 특정 학파나 특정한 변증방식을 고집하지 않으며, 오히려 이들이 함께 자아내는 풍성함을 의지한다. 이 책을 쓴 목적은 독자들이 변증적으로 생각하도록 격려하고 도우며, 복음을 우리 문화에 어떻게 설명하고 권해야 하는지 자세히 탐구하기 위해서다. 여러 면에서 이 책은 20세기의 가장 위대한 변증가로 꼽히는 C. S. 루이스C. S.Lewis, 1898~1963의 방식을 본떴다. 쟁점이 무엇인지, 그리고 그리스도인들이 그것에 어떤 반응을 보이는지 알 수 있도록 도우려고 이 책을 썼다. 모든 입문서가 그렇듯 이 책도 당신의 모든 의문에 답을 주지는 못한다. 이 책을 다 읽고 나면 더 알고 싶고, 한 발짝 더 깊이 들어가고 싶을 것이다.

이 책에 사용된 모든 자료는 지난 6년간 학생들과 강의실에서, 그리고 공개강연의 청중들을 통해, 일차적으로는 옥스퍼드 기독교 변증학 연구소에서 '기독교 변증학 입문'이란 제목으로 내가 가르친 기초강의 과정을 통해 검증되었다. 이런 자료에다가 내가 옥스퍼드 대학과 밴쿠버의 리젠트 칼리지에서 여름학기 중 변증학의 몇몇 핵심 주제를 다루고, 또한 이런 주제들이 어떻게 우리 문화가 교회를 향해 던지는 여러 물음에 적극적이면서도 힘 있게 답하도록 해주는지를 다루며 사용한 자료를 덧붙였다. 내가 가르치는 학생들에게 깊이 감사한다. 이들의 피드백과 아이디어, 이들에게 받은 자극은 내가 이 책에서 제시한 방식을 전개하는 데 더없이 중요한 역할을 했다. 왜 변증학이 한편으로는 그토록 재미있기도 하고, 다른 한편으로는 기독교 신앙의 미래에 그토록 중요한지 독자들이 깨닫는 데 이 책이 조금이나마 도움이 되길 바랄 뿐이다.

2010년 12월
런던 킹스 칼리지에서
알리스터 맥그래스 Alister E. McGrath

1

시작: 변증학이란 무엇인가?

Alister E. McGrath

MERE
APOLOGETICS

지상명령을 통해 모든 그리스도인은 역사의 마지막 순간까지 좋은 소식을 전할 특권과 책임을 부여받았다. "너희는 가서 모든 민족을 제자로 삼아⋯." 마 28:18-20 이 시대를 사는 모든 그리스도인은 복잡한 사슬처럼 얽힌 숱한 역사적 사건을 통해 이 중추적인 명령과 연결된다. 우리들 각자에게는 시간의 뒤안길로 거슬러 올라가는 믿음의 족보가 있다. 역사라는 거대한 이어달리기 경주에 출전한 선수들처럼, 사람들은 시대를 내려오면서 이 좋은 소식을 한 세대에서 다음 세대로 물려주었다. 그렇게 해서 바통이 우리 손에 넘어왔다. 이제 우리 차례다. 우리는 좋은 소식을 주변 사람들과 다음 세대에 전해야 할 사명을 맡았다.

이런 생각을 하면 흥분된다. 이런 생각은, 우선 우리가 더 큰 그림에 어떻게 맞아 들어가는지 확인하는 데 도움이 된다. 그러나 사람들에게 이것은 적잖이 부담스러운 생각이기도 하다. 엄청난 요구처럼 보인다. 우리에게 이 책임을 감당할 능력이 있는가? 이 막중한 책임을 어떻게 수행할 수 있는가? 그리스도인들은 자신의 신앙을 물려주는 책임에 늘 과도한 부담을 느낀다. 우리 자신은 지혜도 없고 통찰력도 없으며 이런 일을 할 만한 능력도 없다고 느낀다. 당연한 느낌이다. 그러나 하나님이 우리를 아시며, 그것도 정확히 아신다는 사실을 직시해야 한다.시 139편 하나님은 우리의 내밀한 비밀을 아시며 우리의 장점과 약점도 다 아신다. 하나님은 우리 안에서 일하시며, 우리를 도구로 삼아 그리스도께서 생명을 바치신 세상을 향해 말씀하신다.

하나님은 우리더러 그분을 위해 무엇인가 하라고 하실 때마다 그 일에 필요한 은사를 주신다. 이것이 성경의 큰 주제 가운데 하나다. 하나님은 우리가 무엇을 위해 존재하는지 아신다. 그러기에 그분이 바라는 일을 해낼 수 있게끔 우리를 준비시키신다. 지상명령은 명령과 약속을 모두 포함한다. 부활하신 그리스도께서 제자들에게 내리신 **명령**은 대담하고 도전적이다. "가서 모든 민족을 제자로 삼아…."마 28:19 부활하신 그리스도께서 제자들에게 하신 **약속**도 이에 못지않게 확신과 용기를 준다. "내가 세상 끝날까지 너희와 항상 함께 있으리라."마 28:20 생각해보면 큰 위로가 되는 말씀이다. 우리는 혼자가 아니다. 우리가 좋은 소식, 곧 그리스도가 누구며 그분이 우리를 위해 무엇을 하셨는지 최선을 다해 전하고 물려줄 때, 부활하신 그리스도께서 우리와 함께 계신다.

그러나 그리스도께서 믿음의 여정에 동행하시고 힘을 주신다는 사실을 안다고 해서, 우리가 복음을 전하고 선포하는 과정 동안 여지없이 맞닥뜨리고 탐구해야 하는 숱한 물음이 저절로 해결되지는 않는다. 기독교 복음이 주는 흥분과 기쁨과 경이를 그 누가 제대로 평가할 수 있으랴. 기독교 복음의 풍성함을 적절한 말로 표현 못할 때가 허다하다. 하나님과 복음의 실체는 늘 우리의 표현력을 넘어선다. 우리 문화가 하나님을 향해 던지는 질문에, 또는 기독교 신앙을 향해 제기하는 반론에 효과적으로 대응하려면 어떻게 해야 하는가? 복음을 설명하고 표현하는 생생하고 충실하며 역동적인 방법을 찾아내려면 어떻게 해야 하는가? 복음을 주변 사람들의 희망과 연결하고 두려움과 연결하는 방법을 찾아내려면 어떻게 해야 하는가?

그리스도인이 자신의 신앙을 교회 밖 사람들에게 알아듣게 설명하려면 어떻게 해야 하는가? 기독교 신앙에 대한 오해나 와전에 대응하려면 어떻게 해야 하는가? 복음의 진리와 매력과 기쁨을 우리 문화에 전달하려면 어떻게 해야 하는가? 그리스도인들은 신약시대 이후로 지금껏 이런 문제와 씨름했다. 전통적으로 이런 분야를 가리켜 **변증학**이라고 한다. 바로 이 책의 주제이기도 하다.

변증학이란 무엇인가?

그렇다면 변증학이란 무엇인가? 히포의 아우구스티누스Augustine of Hippo, 354~430는 교회가 낳은 가장 위대한 신학자로

손꼽히고, 뛰어난 성경해석자이자 설교자이며 하나님의 은혜를 강론하는 자로 널리 존경받는다. 아우구스티누스는 기독교 신학의 발전에 여러모로 크게 기여했는데, 그중 하나는 삼위일체론에 대한 고찰이다. 독자들도 곧 알게 되겠지만, 사람들은 삼위일체론 때문에 자주 어려움을 겪는다. 그러나 아우구스티누스는 '삼위, 한 하나님' three persons, one God 이라는 공식 때문에 자신만의 어려움을 겪었다. 그는 왜 그리스도인들이 여기서 '위'位, person, 인격체라는 단어를 사용하느냐며 불평했다. 그가 보기에 이것은 전혀 도움이 되지 않았다. 틀림없이 더 적절한 단어가 있어야 했다. 하지만 결국 아우구스티누스는 더 나은 단어를 찾지 못할 것이니 교회는 '위'라는 단어를 이런 식으로 계속 사용해야 한다는 결론에 이르렀다.

나는 '변증학'이란 용어를 사용하면서 이런 느낌을 자주 받는다. 변증학은 별로 도움이 안 되는 단어로 보인다. 대부분의 사람들에게 변증학이란 용어는 '미안하다고 말하기' saying you're sorry 라는 뜻으로 이해된다. 확신컨대 교회가 미안하다고 말해야 할 부분이 적지 않다. 그러나 실제로 변증학은 '미안하다고 말하기'가 아니다. 이것만으로는 충분하지 않은듯, '변증학' apologetics 이란 단어는 's'로 끝나기 때문에 복수複數 명사처럼 들린다. 그러나 실제로 변증학은 단수명사다(s로 끝나는 'scissors, 가위'가 단수명사이듯). 후대의 기독교 저자들이 대체 용어를 모색했으나 그중 어느 하나도 주목받지 못한 것 같다. 그러니 우리로서도 '변증학'

이란 용어를 계속 사용하는 수밖에 없다. 이렇듯 용어를 바꾸지 못한다면, 기존 용어가 내포하는 풍성한 의미를 분명하게 이해해야 한다.

'변증학'이란 용어는 **아폴로기아** *apologia* 라는 그리스어에서 파생했다. 따라서 **아폴로기아**라는 단어의 의미를 살펴보면 '변증학'이란 용어가 훨씬 쉽게 이해된다. **아폴로기아**란 '변호', defense 즉 법정에서 피고의 무죄를 증명하는 논리 정연한 주장 또는 논증이나 신념의 정확성에 대한 입증을 말한다. 아폴로기아란 말은 베드로전서 3장 15절에 나오는데, 많은 사람이 이것을 성경에서 변증학의 중요성을 말하는 고전적인 구절로 본다.

> 너희 마음에 그리스도를 주로 삼아 거룩하게 하고 너희 속에 있는 소망에 관한 이유 *logos* 를 묻는 자에게는 대답 *apologia* 할 것을 항상 준비하되 온유와 두려움으로 하고.

전체 문맥을 살피며 읽어야 하는 중요한 본문이다. 베드로전서는 로마제국의 소아시아 지역 현대의 터키에 거주하는 그리스도인들에게 보낸 편지다. 박해의 위협을 받고 있는 이들에게 베드로는 거듭 확신을 주며 위로한다. 베드로는 신앙의 기본과 내용을 부드럽고 정중하게 설명함으로써 그리스도인들을 비판하고 따지고 묻는 자들에게 대응하라고 독려한다.

베드로는 기독교 사상이 오해받거나 와전되고 있다고 보

는 게 틀림없다. 그래서 자신의 편지를 읽는 사람들에게, 잘못된 부분을 바로잡되 정중하면서도 신중하게 하라고 촉구한다. 베드로가 보기에, 변증이란 진리를 부드럽고 정중하게 변호하는 일이다. 변증의 목적은 교회 밖 사람들을 적대시하거나 그들에게 굴욕감을 주는 데 있지 않다. 변증의 목적은 교회 밖 사람들이 눈을 떠서 기독교 신앙의 실체와 신빙성과 적합성을 보도록 도와주는 것이다. 선포되는 메시지와 메시지 선포자의 어조語調가 조화를 이루어 서로 모순되지 않아야 한다. 우리는 호감을 사고 너그러우며 자애로워야 한다. 복음이 문제를 일으킨다면, 복음을 선포하는 방식 때문이 아니라 복음의 고유한 본성과 내용 때문이어야 한다.[1] 복음이 귀에 거슬린다는 말과 복음을 변호하는 자들이 언어를 지혜롭게 선택하지 못하거나 외부인들에게 공격적이고 얕잡아보는 태도를 취해, 듣는 이의 귀에 거슬린다는 말은 전혀 다르다.

그리스도인들은 초대교회 시기부터 지금까지 이런 조언을 진지하게 받아들였다. 신약성경 자체에, 특히 사도행전에 다양한 청중에게 기독교 신앙을 설명하고 권하며 변호하는 중요한 단락이 여럿 나온다. 예를 들면 베드로는 유명한 오순절 설교에서, 나사렛 예수야말로 이스라엘이 품은 소망의 완성이라고 말한다.[행 2장] 이에 못지않게 유명한 설교에서 바울도 아테네 철학자들에게 나사렛 예수는 인간이 지혜를 추구하는 기나긴 과정의 절정이라고 주장한다.[행 17장]

이러한 소통은 교회 역사 내내 계속되었다. 초기 기독교 저자들은 특별히 플라톤주의와의 소통에 관심이 깊었다. 이들이 플라톤적 사고에 길들여진 청중에게 복음의 진리와 능력을 어떻게 전달했을까? 초기 저자들은 여러 가능성과 도전을 규명했으며, 그런 후에 그 가능성을 활용하고 도전을 헤쳐나가는 방식을 취했다. 그러나 플라톤주의는 대체로 중세 초기에 시들해졌다. 13세기부터 16세기 초까지 서구 대학 대부분이 아리스토텔레스 철학을 선택했다. 기독교 변증가들은 또 다른 도전에 직면했다. 이들은 아리스토텔레스주의가 제기한 여러 도전을 — 이를테면 아리스토텔레스주의는 세상이 영원하다고 믿는다 — 규명했다. 이들은 아리스토텔레스주의가 믿음으로 들어가는 어떤 문을 여는지도 규명했다. 우리가 새로운 지적·문화적 도전과 기회를 마주할 때처럼, 이러한 작업은 지금도 계속된다. 문화적 변화에서 비롯되는 도전에 압도당하는 느낌을 받기 쉽다. 그래서 문화적 변화가 주는 기회를 보지 못하고 지나치기 쉽다.

기독교 변증학의 기본주제

이러한 여러 가능성을 탐구하기 전에 변증학의 본질에 대해 좀 더 생각해봐야 한다. 변증학은 어떤 이슈를 다루는가? 변증학은 복음의 선포와 전달에 어떻게 도움이 되는가? 과거와 현재의 변증가들이 맞닥뜨린 세 가지 과제를 변호하기,defending

권하기, commending 번역하기 translating 라는 세 개의 큰 제목으로 요약할 수 있다.

변호하기

이 단계에서 변증가는 신앙의 장애물을 찾아내기 시작한다. 오해나 잘못된 설명 때문에 생겨난 장애물인가? 그렇다면 오해나 잘못된 설명을 바로잡아야 한다. 기독교의 진리 주장이 정말로 어려워서 생겨난 장애물인가? 그렇다면 기독교의 진리 주장을 쉽게 다뤄야 한다. 변호란 일반적으로 반응 전략 reactive strategy 이라는 점에 주목해야 한다. 어떤 사람이 관심을 보인다면 우리는 그의 관심에 반응할 책임이 있다. 다행스럽게도 우리가 취할 수 있는 탁월한 반응의 예가 여럿 있으며, 변증가는 이러한 여러 반응을 알고 이해해야 한다. 누군가 정직하고 진지하게 묻는다면, 정직한 대답을 힘 있게 그러면서도 부드럽게 제시해야 한다.

그러나 사람마다 질문과 관심사와 걱정거리는 제각각이다. 따라서 변증가는 청중을 알아야 한다. 사람들이 기독교 복음과 관련해 어떠한 어려움을 겪는가? 변증가가 변증할 때, 단지 변증서를 읽을 때와는 달리 가장 먼저 숙지해야 할 점은 청중이 천차만별이라는 것이다. 각 사람마다 신앙 믿음 과 관련해 겪는 어려움이 제각기 다르다. 따라서 모두를 뭉뚱그려 일반화해서는 안 된다.

이들이 겪는 어려움은 신앙의 확실한 기초나 기독교의 핵심 교리와 관련된 지적인 질문일 때가 많다. 그러나 모든 어려움이 이 범주로 귀결되지는 않는다. 몇몇 어려움은 훨씬 더 깊으며, 합리적 이해보다는 실존적 헌신 existential commitment과 관련이 있다. 프랑스의 변증가 블레즈 파스칼Blaise Pascal, 1623~1662은 "마음에는 이성이 알지 못하는 이유들이 있다"면서 예리한 통찰력을 보였다. 변증가는 신앙을 가로막는 장애물과 그 특징을 규명하고, 그것을 극복하는 데 도움이 되는 반응을 제시하려 한다.

따라서 변증가는 '지성의 제자도'discipleship of the mind를 기르라며 그리스도인들을 독려한다. 사람들이 우리의 믿음에 관하여 묻는 여러 질문에 답하려면, 먼저 그 질문을 놓고 자신에게 답해야 한다. 그리스도께서는 자신을 따르는 자들에게 마음heart을 다하고 혼soul을 다하며 지성mind을 다해 하나님을 사랑하라고 명하신다(마 22:37, 한글 개역개정은 "네 마음을 다하고 목숨을 다하고 뜻을 다하여" — 옮긴이). 바울도 지성한글 개역개정은 '마음'을 새롭게 하는 것이 삶을 변화시키는 과정의 일부라고 말한다.롬 12:2 그리스도인이 된다는 말은 자신의 신앙을 생각하고, 자신의 물음에 대한 대답을 벼리기 시작한다는 뜻이다. 변증학이란 기독교 신앙에 더 멀리, 더 깊이 들어가 그 풍성함을 찾아내는 것이다. 변증학은 신앙의 풍성함과 합리성을 제대로 이해하는 데 도움이 된다. 그러나 이에 못지않게 중요한 것이 있다. 변증학은 우리로 다른 사람들이 던지는 물음에 답할 수 있게 해준다.

중요한 것이 한 가지 더 있다. 교회 밖 사람들만 신앙에 관해 묻는 게 아니다. 그리스도인들 중에도 신앙과 관련해 어려움을 겪으며, 신앙을 유지하는 데 도움이 되는 설명이나 방법을 구하는 사람들이 적지 않다. 변증학은 일차적으로 문화 전반에 초점을 맞춰야 하지만, 그렇더라도 신앙과 관련해 도움이 필요한 그리스도인이 숱하게 많다는 사실을 절대 잊지 말아야 한다. 왜 하나님은 고통을 허락하시는가? 삼위일체를 어떻게 이해해야 하는가? 애완동물도 죽으면 천국에 가는가? 어느 목회자에게나 친숙한 변증적 질문이다. 우리는 이러한 물음에 답해야 한다. 다행스럽게도 성경에 기초하면서 오랜 기독교 전통에 뿌리를 둔 해답이 있다.

그리스도인들은 이러한 여러 주제들을 이해하며, 그것을 그저 가볍고 손쉽게 무시해도 되는 주장으로 여기지 않음을 보여줘야 한다. 우리는 여러 관심 주제들을 섬세하고 동정 어린 마음으로 다뤄야 하며, 이러한 주제들 때문에 골머리를 앓는 사람들의 마음에 들어가봐야 한다. 왜 이것이 문제인가? 당신이 보기에 이들에게는 무엇이 부족한가? 이들이 새로운 방식으로 문제를 제거하거나, 그 문제가 이미 삶의 다른 영역에선 익숙한 것임을 선명히 드러냄으로 상황을 직시하게끔 도우려면 어떻게 해야 하는가? 무시하는 태도를 버리고 자애롭고 동정적인 태도를 보여야 한다. 변증학은 우리의 논증 및 분석과 관련된 만큼이나 우리 개개인의 태도 및 성품도 깊이 관련된다. 우리는 방어적 태도를 취하지 않고도 복음을 변호할 수 있다.

권하기

이 단계에서 변증가는 청중이 복음의 진리와 적합성을 깨닫도록 돕는다. 청중은 한 사람일 수도 있고 대규모일 수도 있다. 각 상황에 맞춰, 변증가는 청중이 기독교 신앙의 경이와 광휘光輝를 온전히 이해하고 인정하도록 돕는다. 복음을 청중에 적합하도록 변경할 필요는 없다. 청중이 복음의 적합성을 이해하게끔 어떻게 돕느냐가 중요하다. 이를 위해 청중과 복음을 연결하기에 유익한 예화나 비유 또는 이야기를 사용해도 좋다.

따라서 변증학은 매우 적극적인 측면이 있다. 변증학은 신앙 밖 사람들이 왜 그리스도를 진지하게 생각해야 마땅한지 이해하게끔 예수 그리스도의 온전한 매력을 제시한다. 그리스도께서도 친히 천국을 값진 진주에 비유하셨다. "또 천국은 마치 좋은 진주를 구하는 장사와 같으니 극히 값진 진주 하나를 발견하매 가서 자기의 소유를 다 팔아 그 진주를 사느니라."마 13:45-46 상인은 진주를 볼 줄 알았다. 자신의 모든 소유를 다 줘도 아깝지 않을 만큼 이 특별한 진주가 심히 아름답고 값지다는 것을 알았다.

앞으로 살펴보겠지만 그리스도의 온전한 매력을 제시하는 고전적인 방법 한 가지가 있다. 기독교가 이성적으로 설득력이 있음을 보여주는 것이다. 기독교는 경쟁자들보다 아귀가 잘 맞는다. 그러나 복음의 호소력을 인간의 이성에 국한시켜서는 안 된다. 인간의 감성은 어떤가? 복음서가 거듭 말하듯이, 사람들이 나사렛 예수에게 끌린 까닭은 그들의 삶을 바꿀 능력이 그분께 있음을 깨달았기 때문이다. 변증학에서 논증은 중요하다. 그러나 논증은 한계가 있다. 우리 시대 많은 사람이 기독교에 끌리는 까닭은, 기독교가 자신의 삶을 바꿀 수 있다고 믿기 때문이다. 그들은 "이것이 참인가"보다는 "이것이 효과가 있는가"를 기준으로 판단한다.

우리의 과제는 기독교 신앙이 그 무엇과도 비교될 수 없을 만큼 흥미진진하고 놀랍다는 사실을 사람들이 깨닫도록 돕는 것이다. 이는 사람들이 신앙의 매력을 십분 이해하도록 도와야 한다는 뜻이다. 신학은 우리가 기독교 신앙의 요소를 하나하나 규명하고 그 진가를 이해하게끔 돕는다. 이것은 보물상자를 열고 온갖 보석을 끄집어내어 보여줌으로 각자가 직접 눈으로 그 진가를 깨닫게 하는 것과 같다. 다이아몬드를 햇빛에 비추어 각 면이 반짝이게 함으로써 다이아몬드의 아름다움과 광채를 알아보게 하는 것과 다름없다.

번역하기

변증가는 기독교 신앙의 몇 가지 핵심 개념이나 주제가 여러 청중에게 친숙하지 않다는 점을 감안해야 한다. 따라서 친숙하고 쉬운 이미지와 용어 또는 이야기를 활용해 기독교 신앙의 핵심 개념과 주제를 설명해야 한다. C. S. 루이스는 이러한 기술의 대가로 꼽힐 만한데, 그가 이런 기술의 중요성을 어떻게 평가하는지 마음에 꼭 새겨야 한다.

우리는 청중의 언어를 배워야 한다. 이것이 가장 먼저 하고 싶은 말이다. '평범한 사람'*plain man*이 무엇을 이해하고 무엇을 이해하지 못하는지 **선험적으로***a priori* 말해봐야 소용없다. 당신이 경험을 통해 찾아내야 한다…. 당신 자신의 신학을 한 올 한 올 토착어로 번역해야 한다…. 내가 내린 결론은 이렇다. 당신의 사상을 배우지 못한 사람들의 언어로 번역해내지 못한다면 당신의 사상은 뒤죽박죽인 셈이라고. 번역해내는 능력이야말로 당신이 말하려는 뜻을 당신이 실제로 이해했는지 테스트하는 기준이 된다.[2]

핵심은 이것이다. 전통적인 기독교 용어나 개념을 이해하지 못할 법한 문화에 기독교 신앙을 충실하게, 효과적으로 전달하려면 어떻게 해야 하는가? 우리는 기독교 복음의 깊은 매력을 우리 문화가 이해할 법한 언어와 이미지를 활용해 제시하고 설명해내야 한다. 그리스도께서 비유를 활용해 하나님 나라를 가르치신 점은 결코 우연이 아니다. 그리스도는 그 시대의 팔레스타인 문화에서 익숙한 언어와 이미지를 활용해 더 깊은 영적 진리를 전달하셨다.

그렇다면 대속^{代贖}과 구원 같은 기독교 신앙의 핵심 개념을 문화적 토착어로 번역하려면 어떻게 해야 하는가? 오늘의 사람들이 이해하려면 성경용어를 설명하고 해석해야 한다. 예를 들어 설명하면 더 명확하다. 바울은 "우리가 믿음으로 의롭다 하심을 받았으니 우리 주 예수 그리스도로 말미암아 하나님과 화평을 누리자"^{롬 5:1}라고 말한다. 틀림없이 이것은 기독교 복음의 핵심 요소에 관한 진술이다. 그러나 현대의 청중은 이 진술을 이해하지 못할 테고, 바울이 말하는 '칭의'^{稱義, justification}를 다음 두 가지 중 하나의 방식으로 오해할 여지가 크다.

1. "고용주에게 내가 취한 행동의 정당성^{justification}을 제시했다"는 의미에서 나의 깨끗함^{integrity}과 "의"^{rightness}를 변호하는 것이다. 이는 내가 옳음을 보여주는 것이다.
2. 특히 워드 작업을 할 때, 문서를 양쪽 여백에 맞춰 정렬하는 것이다. 곧 너저분한 본문을 정돈하는 것이다(justification 은 '양쪽 정렬'을 뜻하는 편집용어다 — 옮긴이).

어느 한쪽도 바울이 로마서 5장 1절에서 하는 말의 실제 의미를 전달하지 못한다. 두 가지 정의 모두 사람들이 바울의 의도와 관심사를 오해하게 할 만하다. 따라서 바울이 말하는 칭의를 그의 본래 의도에 충실하면서도 현대의 청중이 이해하는 용어로 설명해야 한다. 예를 들면 하나님과의 관계가 '바로 됨'

을 말하면서 칭의에 대한 설명을 시작하고, 칭의의 관계적 측면과 법정적 측면을 탐구할 수 있다.

지금까지 말한 내용을 토대로 보면, 변증학은 분명히 세 가지 주제와 관련 있으며, 각 주제는 개인 신앙에 새로운 깊이를 더하고 그리스도인이 하는 증언의 질을 새롭게 한다.

1. 변증학이란 복음에 대한 반대나 어려움을 규명하고 여기에 대응하며 신앙을 가로막는 장애물을 극복하도록 돕는 것이다.
2. 변증학이란 인간의 처지situation를 바꾸는 기독교 신앙의 잠재력을 알 수 있도록, 기독교 신앙이 주는 흥분과 경이를 전달하는 것이다.
3. 변증학이란 기독교 신앙의 핵심 개념을 외부인들이 이해하는 언어로 번역하는 것이다.

각 항목은 뒤에서 자세히 알아보기로 하고, 여기서는 변증학이 전도와 어떻게 연결되는지 살펴보자.

변증학과 전도

지금껏 말한 내용을 토대로 알 수 있듯이, 기독교 변증학은 한 문화나 한 무리의 사람들이나 한 개인이 제기한 '궁극적 질문'을 진지하고 일관되게 다루며, 기독교 신앙이 그 질문에 어떻게 의미 있는 답변을 제시해내는지 보여주려 한다. 사람들이 세상에서 고통당할 때 하나님은 어디 계시는가? 하나님을 믿는 게 합리적인가? 마치 세례 요한이 나사렛 예수께서 오실 길을 예비했듯이, 변증학은 전도의 기반을 닦는다.

전도는 기독교 신앙의 문화적 타당성을 입증하려는 변증학적 시도 그 이상이다. 변증학이 그리스도를 믿는 신앙의 기반을 닦는다면, 전도는 복음에 반응하라고 사람들을 초청한다. 변증학이 **동의**를 끌어내려 한다면, 전도는 **헌신**을 끌어내려 한다. 데이비드 보쉬 David Bosch는 전도에 대해 영향력 있고 널리 인정받는 정의를 내렸는데, 그의 정의가 이러한 핵심을 잘 짚어 낸다.

> 전도란 믿지 않는 자들에게 그리스도 안에 있는 구원을 선포하고, 회개와 회심을 촉구하며 죄 용서를 선언하는 것이다. 그리고 그리스도 지상 공동체의 살아 있는 구성원이 되어 성령의 능력으로 다른 이들을 섬기는 삶을 시작하라고 초청하는 것이다.[3]

우리의 목적은 이와 동일한 방식을 취하면서, 변증학이란 그리스도 안에 있는 구원의 타당성을—문화사를 토대로 인간의 타락과 죄악을 뒷받침하는 지적인 주장을 전개하거나, 또는 영적 갈망을 인간이 하나님에게서 멀어졌다는 사실과 인간이 맞을 진짜 운명을 보여주는 하나의 상징으로 여기고 이러한 영적 갈망의 경험에 호소함으로─세우는 데 있다고 해도 좋을 것이다. 그러므로 변증학의 과제는 그리스도께서 오실 길을 예비하는 것이다. 길을 막는 바위를 비롯하여 장애물을 깨끗이 치우듯이 말이다.

변증학과 전도의 경계선은 분명하지 않다. 그렇더라도 둘을 구분하면 도움이 된다. 변증학이 대화라면 전도는 초대다.[4] 기독교 신앙에 관한 변증적 대화는 믿으라는 초대로 쉽게 이어진다. 그렇다 하더라도 변증적 대화는 오해를 풀고 개념을 설명하며 믿음과 개인의 관련성을 탐구하는 데 훨씬 깊은 관심을 둔다. 변증학이 다른 세계로 들어가는 문이 있음을, 사람들이 그 실체를 전혀 깨닫지 못했을 문이 있음을 납득시키는 일이라면, 전도는 사람들이 그 문을 열고 저 너머에 있는 새로운 세계로 들어가도록 돕는 일이다.

전도를 대략 정의하면 '그리스도인이 되라는 초대'가 아닐까 싶다. 그렇다면 변증학은 이러한 초대에 좀 더 긍정적으로 반응하도록 초대의 기반을 다지는 일이라고 보면 된다. 다시 말해 전도가 빵을 건네는 일이라면, 변증학은 저기 빵이 있으며 그 빵이 맛있다고 납득시키는 일이다.

예를 들어 설명하면 핵심이 더 분명해질 것이다. 나사렛 예수께서는 하나님 나라를 종종 잔치에 비유하셨다.눅 14:15-24

변증학은 실제로 잔치가 열린다고 설명하는 일이라고 생각하면 된다. 변증학은 잔치에 차려진 것, 곧 음식과 음료를 생각해보라며 사람들을 초대한다. 잔치에 초대받다니 얼마나 멋진가! 이것이 참말이기만 하다면 말이다! 블레즈 파스칼이 재치 있게 말했듯이, 우리는 "선량한 사람들이 [기독교 신앙은] 참이라고 소망하게 해야 하며, 그런 뒤에는 그것이 참임을 보여줘야 한다".[5] 파스칼의 핵심은 기독교 신앙이 약속하는 바를 사람들이 갈망하도록 돕고, 그런 뒤에는 그것이 실제로 참되고 진짜라는 것을 보여줘야 한다는 뜻이다. 어떤 대상을 갈망하면 갈망은 그 대상을 확인하고 싶은 동기로 작용한다.

전도는 변증학과 다르다. 전도는 개인적인 초대다. "당신을 잔치에 초대합니다. 꼭 와주세요!" 변증학은 이러한 초대의 기반을 다진다. 전도는 이러한 초대를 확대한다. 변증학과 전도 모두 교회의 필수 사명이다. 변증학은 복음이 타당하고 바람직하다는 점을 확고히 하고 선포한다. 전도는 복음에 들어와 복음의 유익을 맛보라고 초대한다. 변증학은 전도가 아니지만 전도가 빠진 변증학은 불완전하다. 변증학은 그리스도인들의 신앙을 독려하고 북돋우는 일뿐 아니라 기독교 공동체와 세상의 소통에서도 중요하고 두드러진 역할을 한다.

그러나 변증학에는 여러 어려움이 내재되어 있으며, 우리는 이러한 어려움을 규명해야 한다. 모든 도구를 활용해 변증학의 장점과 약점을 파악해야 한다. 어떤 조건에서 변증학이 본연의 임무를 수행하고, 어떤 조건에서 곁길로 빠지기 쉬운지 알아야 한다. 이 문제에 대해 다음 단락에서 살펴보자.

변증학의 한계

적절하게 이해하고 적절하게 활용할 때, 변증학은 교회 사역에 더없이 중요한 역할을 한다. 변증학은 평범한 신자들의 삶에 새로운 질을 더하고 지적인 깊이를 더한다. 그런가 하면 변증학은 평범한 신자들이 자신의 신앙에 관한 각자의 질문에 답하게 할 뿐 아니라 친구들의 물음에도 답하도록 준비시켜 준다. 변증학은 우리와 문화를 잇는 다리를 놓으며, 복음이 선포될 길을 준비해준다. 그러나 변증학은 오해를 받거나 오용되기 쉽다.

변증학의 한 가지 목적은 기독교 신앙의 핵심을 세상이 이해하는 말로 번역하는 것이다. 어떤 성경용어는 — 예를 들면 칭의 — 엉뚱하게 이해되기 십상이기 때문에 세속문화에 맞게끔 해석해야 한다. 복음의 핵심 개념을 문화에 맞게 옮기는 이러한 '문화적 번역' cultural translation 과정은 기독교 신앙이 도대체 무엇인지 이해하도록 돕는 데 엄청나게 중요하다. 그렇더라도 이러한 과정은 유익하지 못한 두 결과를 초래하기도 한다.

첫째, 복음을 문화적 용어로 번역하면 기독교 사상이 그 사회의 문화적 등가물로 축소되기 쉽다. 예를 들어 예수 그리스도를 인간과 하나님의 중보자로 생각하는 것이 유익하며 신약성경도 그리스도를 중보자로 표현하는 것을 강력히 지지한다. 그리스도를 중보자로 보면, 그리스도에 관해 무엇이 중요한지를 그리스도인의 시각에서 밝히는 데 도움이 된다. 그러나 현대 서구문화에서는 '중보자' mediator, 중재자를 직업적 의미로 이해한다. 즉, 갈등 해결 경험이 풍부하여 양 진영 간의 분쟁을 해결해 달라고 요청받은 사람으로 이해한다. 예수님을 중보자라고 말하면, 그분을 현대문화가 이해하는 중보자 역할로, 화평케 하는 자 peacemaker로 축소할 위험이 있다. 예수 그리스도나 기독교 복음을 우리 시대의 문화가 이해하는 용어로 축소하지 않도록 조심해야 한다. 변증학을 잘못 활용하면 기독교의 뚜렷한 정체성을 잃기 쉽다.

물론 기독교와 현대문화를 잇는 다리를 놓는 것이 변증학의 목적이라는 점을 분명하게 밝힌다면 이런 위험을 피할 수 있다. 결론적으로 복음은 서구문화의 기준으로 축소될 수도 없고 축소되어서도 안 된다. 오히려 문화적 유비類比와 가치관과 이야기를 신중히 선택하고 활용할 때, 복음의 진리와 적합성을 더욱 효과적으로 전달할 수 있다. 그러나 복음은 문화적 유비나 가치관이나 이야기 중 그 어느 것과도 똑같지 않다. "…와 약간 비슷하다"와 같은 표현을 사용할 수는 있다. 그렇더라도 우리는 복음이 복음 전달의 통로로 활용되는 모든 문화 개념 cultural ideas을 초월하고 변화시킨다는 점을 깨달아야 한다. 모든 문화 개념은 복음을 전달하는 도구이자 통로일 뿐 문화 개념이 복음

자체는 아니다.

둘째, 변증학은 기독교 신앙의 합리성만 보여주면 그만이라는 인상을 심어줄 위험을 안고 있다. 이것이 전도의 중요성을 강조하는 여러 이유 가운데 하나다. 마르틴 루터^{Martin Luther,}^{1483~1546}의 유비를 활용해 말하자면, 신앙^{믿음}이란 배를 타고 바다를 건너서 섬에 이르는 항해와 같다. 변증가들은 배가 있음을 믿는 게 합리적이고, 그 배를 타고 항해하는 게 안전할 터이며, 수평선 너머에 섬이 있다는 사실을 확고히 하도록 도울 수 있다. 그렇더라도 직접 그 배를 타고 그 섬까지 가야 한다. 신앙이란 단지 하나님을 믿는 게 아니라 하나님께 헌신하는 것이다. 거듭 말하건대 변증학과 전도는 기독교가 세상으로 나아갈 때 꼭 필요한 파트너라는 사실을 깨닫는다면, 이러한 어려움을 피할 수 있다.

다음 장에서 살펴볼 주제

지금껏 기독교 변증학의 기본주제를 몇 가지 살펴보았다. 기독교 신앙을 현대문화와 어떻게 연결해야 하는가? 앞으로 계속 살펴보겠지만 기독교 신앙을 현대문화와 연결하는 가장 좋은 방법 한 가지는 우리 자신이 기독교 신앙을 제대로 이해하고, 기독교 신앙이 갖는 지적 호소력, 관계적 호소력, 미적 호소력, 상상력을 자아내는 호소력, 윤리적 호소력의 진가를 제대로 파악하는 것이다. 진가를 파악해야 할 게 많다!

　뿐만 아니라 문화적 맥락, 곧 우리가 복음을 선포하고 설명하며 권하는 환경도 고찰해야 한다. 사람들은 문화적 진공상태에서 살아가는 게 아니다. 구체적 상황에서, 그 상황의 사상이나 가치관에 함몰되어 살아가는 경우가 허다하다. 다음 장에서는 문화가 변증학에서 어떤 역할을 하는지 살펴볼 것이다.

- Craig, William Lane. *Reasonable Faith: Christian Truth and Apologetics*, 3rd ed. Wheaton: Crossway, 2008. (《오늘의 기독교 변증학》, 그리스도대학교 출판국).

- Kreeft, Peter, and Ronald K. Tacelli. *Handbook of Catholic Apologetics: Reasoned Answers to Questions of Faith*. San Francisco: Ignatius Press, 2009.

- Markos, Louis. *Apologetics for the Twenty-First Century*. Wheaton: Crossway, 2010.

- Peters, James R. *The Logic of the Heart: Augustine, Pascal, and the Rationality of Faith*. Grand Rapids: Baker Academic, 2009.

- Sire, James W. *A Little Primer on Humble Apologetics*. Downers Grove, IL: InterVarsity, 2006.

- Sproul, R. C. *Defending Your Faith: An Introduction to Apologetics*. Wheaton: Crossway, 2003.

- Stackhouse, John G. *Humble Apologetics: Defending the Faith Today*. Oxford: Oxford University Press, 2002.

- Taylor, James E. *Introducing Apologetics: Cultivating Christian Commitment*. Grand Rapids: Baker Academic, 2006.

2

기독교 변증과 현대문화:
모더니즘에서 포스트모더니즘으로

Alister E. McGrath

MERE
APOLOGETICS

기독교 변증은 늘 구체적인 문화 상황에서 이뤄진다. 중국과 인도로 건너간 선교사들은 서유럽에서 잘 통하던 변증방식이 아시아에서는 효과적이지 않음을 이내 알았다. 그래서 해당 지역만의 문화 분위기와 사고방식에 부합하는 새로운 변증방식을 찾아내야 했다. 한 지역에서 꽤 효과적이던 변증방식이 다른 문화 환경에서는 효과가 훨씬 떨어지거나 역효과를 내기도 한다.

변증학과 모더니즘

대략 1750년부터 1960년까지 서구사회를 지배한 문화적 환경을 일컬어 일반적으로 '모더니즘'이라고 한다. 인간의 보편적 이성에 대한 믿음, 즉 어느 시대 누구에게나 공통된 이성이 있고 이를 활용하여 세상 구조에 더 깊이 접근할 수 있다는 믿음에서 형성된 세계관이다. 이성은 생명의 신비를 푸는 열쇠고, 논증은 이성이 타인을 설득하는 도구였다. 이성적 rational, 합리적 논증은 이러한 문화 시대에 신뢰받는 도구가 되었다. 기독교 변증가들은 이러한 발전이 내포하는 중요성을 재빨리 깨달았다. 기독교 신앙을 이성적으로 변호하는 일이 더없이 중요해졌다.

기독교 저자들이 모더니즘과 소통하려고 발전시킨 여러 유형의 변증학은 신앙을 지탱하는 논리적이고 합리적인 근거를 제시하는 데 초점을 맞추었다. 진정한 신앙은 정확한 추정correct assumption에 근거했고, 정확한 추정은 다시 합리적인 논리에 근거했다. 따라서 변증학은 논리에 근거한 논증으로, 인간의 지성에 호소한다고 보았다. 이러한 접근은 장점이 많지만, 그럼에도 신앙이 갖는 관계적, 상상적, 실존적 측면을 소홀히 했다. 앞서 언급했듯이 프랑스 철학자이자 기독교 변증가인 파스칼이 지나치게 이성에 집중하는 이런 행태를 꼬집은 것은 널리 알려진 바다. 인간의 감성은 어떻게 되는가? 파스칼이 말했듯이, 마음heart, 감성이 믿는 데는 자신만의 이유, 곧 이성이 알지 못하는 까닭이 있다.

합리주의rationalism가 기독교 변증학에 끼친 한 가지 중요한 영향은, 기독교 사상 가운데 삼위일체 교리처럼 '비합리적'이거나 '비논리적'으로 보이는 부분을 깡그리 경시한 점이다. 18~19세기의 기독교 변증가들 중 극소수가 삼위일체 교리를 변호했는데, 이들은 이것이 그 시대를 지배하는 견고한 합리주의 앞에서 행해야 하는 일종의 의무라고 믿었다. 삼위일체 교리의 신학적 의미를 재발견하고 삼위일체 교리의 기초와 일관성을 새롭게 확신하게 된 것은 제1차 세계대전 이후였는데, 계몽적 합리주의의 손쉬운 추정들이 제1차 세계대전의 비합리성에 심각한 타격을 입었기 때문이다.

그러나 기독교 변증가들은 합리주의의 도전에 대체로 잘 대응했고, '시대정신'과 조화되는 새로운 변증방식을 발전시켰다. 이 시기에 변증학의 이정표가 될 만한 저작들이 나왔다. 에드워드 존 카넬 Edward John Carnell, 1919~1967의 저작은 복음주의 입장에서 기독교 신앙을 변호하는 고전이 되었다.[1] 그러나 시간이 흐르면서 이러한 저작들을 지속적으로 사용하는 데 문제가 생겼다. 이유는 두 가지였다.

첫째, 각 시대는 기독교 신앙에 대해 그 시대만의 특별한 관심을 보이고 그 시대만의 특별한 비판을 쏟아낸다. 카넬을 비롯하여 그 시기의 변증가들이 중요하다고 본 쟁점이 이제는 별로 중요해 보이지 않는다. 실제로 오래전 변증가들의 저서를 읽어보면 추억의 뒤안길을, 더 이상 적합해 보이지 않는 저자의 이름이나 논쟁거리를 더듬어 올라가는 듯할 때가 허다하다.

둘째, 현대의 많은 변증가들이 청중과 조화되리라고 믿은 접근방식을 활용해, 예를 들면 합리적 논증이 신뢰할 만한 믿음의 근거라 여기고 합리적 논증에 호소하는 방식을 활용해 자신이 속한 문화와 소통했다. 앞으로 살펴보겠지만, 훌륭한 변증가의 표징은 구체적인 청중과 소통하는 능력이다. 그러나 합리성을 으뜸으로 꼽는 모더니즘의 추정은 이제 의문의 대상이 되었고, 따라서 합리성에 근거하거나 합리성에 호소하는 변증방식은 난관에 봉착했다.

여기에 여러 문제가 있다. 예를 들면 합리주의적 변증방식은 기독교를 이성에 더 가깝게 보이게 하려고 기독교 신앙이 내포하는 신비적 요소를 최소화하는 경향이 있다. 그러나 기독교 복음은 하나님이 주셨으며 인간 지성만으로는 절대 찾아내지 못하는 개념을 표현한다. 변증가들은 특정 상대와의 논쟁에서 이기려 애쓰다가 이따금 상대방이 세워놓은 가정^{추정}을 받아들이기도 한다. 전술적 장점이 쉽게 전술적 약점으로 변하기도 한다. 합리주의에 대응하는 변증방식은 복음을 합리주의 문화에 수출하는 게 아니라 오히려 합리주의를 기독교 안으로 빈번하게 들여올 위험이 있다.

포스트모더니즘의 발흥

21세기 초 서구 기독교는 20세기 중반에 변증가들이 접한 문화보다 훨씬 다양하고 복잡한 문화와 맞닥뜨린다. 개인과 기독교 공동체가 포스트모더니즘 시대를 살아간다. 1950년대와 1960년대 초에 잘 통하던 변증방식이 다음 세대의 문화 양상과는 도무지 맞지 않는다.

'포스트모더니즘'이란 용어는 1971년 무렵 처음 나타났다. 초창기에 포스트모더니즘은 새로운 건축양식을 가리키는 말로 사용되었으나 곧 사상세계에 적용되었다. 포스트모더니즘은 확산되는 문화적 신념을, 즉 모더니즘은 실패했으며 따라서 수정되어야 한다는 신념을 지칭하게 되었다. 초기에 포스트모더니즘은 인간의 상상력과 소통하지 못하는 '모던 아트' modern art 의 실패에 초점을 맞추었으나, 발전은 필연이라는 순진한 믿음이 낳은 사회문제, 급속한 산업화나 도시화 같은 문제에까지 확대되었다. 새로운 운동이 '반모더니즘' antimodernism 형태를 띠지 않았다는 사실에 주목해야 한다. 포스트모더니즘이 모더니즘의 모든 면을 전면적으로 부정하지는 않는다. 오히려 포스트모더니즘 지지자들이 보기에, 포스트모더니즘은 모더니즘의 가장 좋은 부분을 고전적인 여러 전통의 좋은 요소들과 결합시키고 양쪽의 바람직하지 못한 부분은 제거하려는 시도다.

포스트모더니즘은 지적 깊이가 얕다고, 특히 그 절충주의 eclecticism 때문에 혹독한 비판을 받았다. 우리가 과거와 현재에서 무엇을 선택해서 혼합할지 누가 결정하는가? 다른 한편으로 포스트모던 저자들은, 포스트모더니즘이란 과거의 가장 좋은 통찰을 활용하되 거기에 매이지 않는 방식으로 사회와 사상을 진보시키려는 시도라고 주장한다. 이들의 주요 관심사 중 하나는 모더니즘의 대표적인 전형이었으며 이제는 지적, 문화적 구속복(죄수나 정신병자가 난폭한 행동을 하지 못하도록 막기 위해 입히는 옷—옮긴이)인 마르크스주의와 같은 거대한 '전체주의적 구조' totalizing schemes 와 맞서 싸우는 것이다. 곧 살펴보겠지만, '획일주의' uniformitarianism 에 대한 이러한 비판은 기독교 변증에 무척 중요하다.

그렇다면 우리는 이렇듯 중대한 문화 변화에 어떻게 대응해야 하는가? 첫 단계로, 이러한 변화를 감지하는 균형감각을 익혀야 한다. 교회사를 살펴보면 이런 변화를 적절한 시각으로 볼 수 있다. 어느 세대든 간에 자신이 역사상 더없이 중요한 시점에 있다고 믿는다. 히포의 아우구스티누스는 5세기 초에 쓴 글에서 그 시대의 사람들이 좋았던 옛 시절을 그리워한다고, 즉 로마제국이 기독교를 지원하고 안전하게 지켜주던 시절을 그리워한다고 했다. 클레르보의 베르나르Bernard of Clairvaux는 이보다 700년 후에 쓴 글에서, 당시의 많은 사람들이 아우구스티누스 시대에 대해 향수를 느낀다고 했다. 그리고 16세기의 많은 저자들도 베르나르가 살던 시대를 깊이 동경하며 그 시대에 살아보고 싶어 했다. 그때 상황이 지금보다 훨씬 나았다! 과거의 상황이 훨씬 나았다고 믿기란 전혀 어렵지 않다. 우리는 반드시 기억해야 한다. 과거는 쉽게 이상화되고 낭만적으로 그려지는데, 특히 소외받고 쫓겨났다고 느끼는 사람들이 과거를 이상화하고 낭만적으로 그리기 쉽다.

그러나 우리는 과거의 향수에 젖지 말고 현재의 도전을 이겨내야 하며, 그 과정에서 도움이 된다면(자주 도움이 된다) 과거의 변증방식을 활용해야 한다. 기독교 변증은 늘 문화 변화를 배경으로 이뤄진다. 복음은 늘 동일하다. 하지만 복음에 관한 물음과 복음이 맞닥뜨리는 도전은 문화 상황에 따라 천차만별이다. 모더니즘의 밀물이 밀려들더니 이제 썰물처럼 빠져나가고 있다. 이제는 포스트모더니즘이 우세해 보인다. 그러나 한 세대 후면 상황이 또 달라질 것 같다.

기독교 변증가들이 포스트모더니즘의 발흥에 불안해할 필요는 없다. 기독교 신앙은 이러한 도전에 대응할 자원이 충분하다. 단지 이런 자원 가운데 몇몇을 수 세대 동안 사용하지 않았을 뿐인데, 그것들이 모더니즘의 세계관과 어울리지 않아 보였기 때문이다. 포스트모더니즘의 발흥 때문에 기독교 변증학이 몇몇 실제적인 도전에 직면한 것은 분명하다. 그러나 포스트모더니즘의 발흥 때문에 몇몇 실제적인 기회를 맞은 것도 분명하다. 분명한 사실이 또 하나 있다. 이러한 새로운 문화적 분위기는 교회에 여러 도전을 주는데, 특히 교회가 심각하게 다시 생각하게 된다는 점이 그렇다. 이것이 기독교 복음을 전하는 가장 좋은 방식인가? 이런 방식이 이전 세계관에 너무 깊이 스며들어 모더니즘이 사라지면서 함께 무너졌는가?

서구의 숱한 젊은 변증가들이 볼 때 기독교는 모더니즘의 사회통념구조plausibility structures에, 대략 1750년부터 1960년에 이르는 유럽 문화사의 위대한 시대에 깊이 배어든 것 같다. 따라서 포스트모더니즘의 발흥으로 이러한 발전을 되돌아볼 기회가 생겼다. 옛 저자들이 신학적 필연으로 여기던 것이 문화적 편의나 역사적 우연으로 드러나기도 한다.

그렇다면 우리는 이처럼 급변하는 문화 상황에서 기독교

복음을 어떻게 설명하고 변호하며 전달해야 하는가? 내 생각에 포스트모더니즘은 지적으로 변호하고 유지하기가 상당히 어렵다. 그럼에도 나는 포스트모더니즘이 문화인식에 지속적으로 영향을 미친다고 본다. 복음을 사람들이 실제 있는 곳과 연결해야지, 우리 생각에 사람들이 마땅히 있어야 할 곳과 연결하려 해서는 안 된다. 어쨌든 나는 포스트모더니즘이 복음을 전할 새로운 기회를 준다고도 믿는다. 이제 이 부분을 살펴보자.

옛 변증가들 중에 더러는 사람들을 모더니즘으로 되돌리는 것이 포스트모더니즘 문화에서 복음을 전하는 가장 좋은 방법이라고 생각하는 것 같다. 이것은 옳지 않을 뿐만 아니라 가능하지도 않다. 이 책에서는 모더니즘이나 포스트모더니즘을 변호하지 않을뿐더러 비판하지도 않겠다. 단지 이 둘을 역사의 우연들이 빚어낸 문화적 '기정사실'로 받아들이고, 둘 모두 분명히 장점과 약점을 아울러 갖는다고 생각하겠다. 포스트모더니즘은 우리에게 몇 가지 도전을 준다. 그러나 나는 교회가 이러한 도전에 대응할 수 있고 또 이런 기회를 유익하게 활용할 수 있다고 믿는다.

변증학과 포스트모더니즘

그렇다면 우리가 말하는 '포스트모더니즘'의 핵심 주제는 무엇인가? 포스트모더니즘의 역사적 출현과 철학적 뿌리와 문화적 의미를 학문적으로 세밀하게 고찰하고, 포스트모더니즘이라는 용어가 궁극적으로 유동적이며 모호하기까지 하다는 신중한 암시를 남기면서, 교회가 포스트모던 세계에서 어떻게 살아내고 어떻게 증언해야 하는지 숙고하는 일이 신성한 전통이 되었다. 그럼에도 지난 세대의 서구문화에, 설령 정확히 콕 집어 말하기는 힘들다 하더라도 뭔가 중요한 일이 일어난 게 분명하다.

포스트모더니즘의 가장 뚜렷한 특징이라면 앞서 말한 획일주의에 대한 거부가 아닐까 싶다. 올바른 사고방식은 오직 하나이며 올바른 행동방식도 오직 하나뿐이라는 주장을 거부하는 것이다. 포스트모던 저자들은 이러한 태도를 나치주의와 스탈린주의의 근간으로 보며, 나치주의와 스탈린주의를 용납할 수 없는 획일주의의 대중적 얼굴public face, 위장된 얼굴로 여긴다. 이들은 획일성을 요구하는 사회는 탄압으로 이어진다고 주장하는데, 미리 형성된 단 하나의 틀에 자신을 끼워 맞춰야 한다는 점에서 그렇다는 뜻이다. 주도적인 포스트모던 철학자들의 언어로 표현하자면, '타자'他者, the other가 '동자'同者, the same로 쉴 새 없이 축소된다.

포스트모더니즘은 이러한 사고방식에 대한 반발이라고 볼 수 있는데, 이것은 포스트모더니즘이 이러한 사고방식을 억압적이라고 여기기 때문이다. 이러한 사고방식 대신 다양성을 인정하고, 경직되고 제한적이며 억압적인 세계관을 제시하는 사람들을 깎아내리려는 문화적 분위기가 형성되었다. 포스트모더니즘이 일차적으로 모더니즘에 반발한 것은, 모더니즘이 모든 것을 일련의 획일화된 개념으로 축소하려 했기 때문이다. 포스트모더니즘이 봤을 때 모더니즘은, 사람들을 제어하고 지배하려는 시도이며 세상을 읽는 다양성을 허용하지 않는 지적 스탈린주의나 문화적 스탈린주의의 한 형태이다. 그리고 포스트모더니즘은 인간의 자유란 이러한 지배적인 '거대담론' metanarratives 을 성공적으로 규명하고 여기에 도전하며 궁극적으로 이것을 뒤엎는 데 달려 있다고 여긴다.

그러나 포스트모더니즘에도 그 자체의 뚜렷한 거대담론이 있으며, 이러한 거대담론도 결코 비판에서 자유롭지 않다. 실제로 이러한 거대담론 가운데 몇은 적어도 서구문화의 몇몇 분파에서 유력한 정통이 되었고, 이러한 정통이 제시하는 실체의 '큰 그림'에 동의하지 않는 사람들은 몇 가지 근본적인 의문을 제기했다. 예를 들면 특정 주제를 보는 모든 관점이, 설령 서로 양립할 수 없는 게 분명하더라도 똑같이 타당하다고 주장하는 상대주의자를 생각해보라. 이러한 입장 상대주의 은 궁극적으로 실체에 대한 기본적인 이해(이것을 '실체에 관한 내러티브' narrative of reality 또는 거대담론이라 부를 수 있겠다)에 근거하는데, 이러한 이해는 실체에 관한 다른 내러티브들, 곧 실체란 공적인 경험과 논의에 적어도 원칙적으로 열려 있다고 여기는 내러티브들과 분명하고 확연하게 충돌한다.

사실, 포스트모더니즘이 실제로 무엇인지 정의하기란 쉽지 않다. 포스트모더니즘의 주도적인 해석자들은 포스트모더니즘을 다양한 방식으로 본다. 실제로 어떤 사람들은 포스트모더니즘이란 본질적으로 필연적으로 모든 형태의 정의를 거부한다고 말한다. 우리가 할 수 있는 최선은 포스트모더니즘을 묘사하는 것, 이를테면 스케치하는 것이다. 이제 일리노이즈 주 휘튼 칼리지의 복음주의 신학자 케빈 밴후저Kevin Vanhoozer 교수가 포스트모더니즘의 선도적 주제에 관해 최근 제시한 명쾌하고 통찰력 있는 설명을 활용해보고자 한다.[2]

밴후저 교수에 따르면, 복합적인 포스트모더니즘 현상은 포스트모더니즘이 옛 사고방식을 비판할 때 언급하는 네 가지 용어로 요약된다.

1. **이성**. 밴후저 교수에 따르면, 포스트모던 저자들은 논증을 통해 추론하는 모더니즘 방식을 의심의 눈으로 본다. 모더니즘이 단 하나의 보편 이성universal reason을 믿는 반면, 포스트모더니즘은 다양한 합리성을 주장한다. "이들은 보편적 합리성 개념을 거부한다. 이성은 다소 정황적이고 상대적이다."

2. **진리**. 밴후저 교수의 주장에 따르면, 포스트모더니즘은 진리 개념을 의심하는데, 진리 개념이 억압을 합법화하거나 기득권을 정당화하는 데 이용되기 때문이다. 이런 시각으로 보면 진리란 "힘 있는 자리를 차지한 사람들이 자연세계와 사회세계

를 바라보는 관점과 이를 조직하는 자신들의 방식을 영구화하려고 들려주는 설득력 있는 이야기다".

3. **역사**. 밴후저 교수에 따르면, 모더니즘은 역사에서 보편적 패턴을 찾으려 노력한 반면 포스트모더니즘은 "보편적 역사를 말하는 내러티브를 의심한다". 기독교 변증학의 관점에서 보자면 이것은, 오늘의 문화에서는 나사렛 예수의 내러티브에서 보편적 의미를 찾으려는 모든 시도에 대해 어떤 사람들은 강한 의심의 눈길을 보내리라는 뜻이다.

4. **자아**. 이어서 밴후저 교수는 포스트모더니즘이 "자기 역사를 기술하는 하나의 참된 방식이" 있다는 모든 개념을 어떻게 거부하며 따라서 "자기 정체성을 서술하는 참된 방법이란 없다"고 어떻게 결론 내리는지 말한다. 개인을 이해하는 모든 방식은 개방적이고 부분적이다.

밴후저 교수의 분석은 중요하다. 그의 분석은 기독교 변증학의 몇몇 옛 방식이 포스트모더니즘 상황에서 맞닥뜨릴 장애물과 의심을 규명하는 데 도움이 되기 때문이다. 그러나 먼저 두 가지 핵심을 파악하는 게 중요하다.

1. 절대로 포스트모더니즘이란 무엇이 '옳거나' '참된지' 정의하는 것이라고 생각해서는 안 된다. 포스트모더니즘이란 특정 가치관과 신념이 빚어낸 문화적 분위기다. 모더니즘처럼 포

스트모더니즘은 필연적으로 세상적인 시각이며, 반기독교적이지도 않지만 그렇다고 친기독교적이지도 않다. 포스트모더니즘은 우리가 기독교를 변증해야 하는 문화적 정황을 기술記述할 뿐이다.

2. 우리가 '전통적'이라고 말하는 많은 변증방식이 실제로는 꽤 근래의 창작품이며, 모더니즘적 상황에 대한 반응을 보여준다. 모더니즘과 소통하려 한 변증가들은 특별히 모더니즘의 추정에, 무엇보다도 이성의 우위성에 맞춘 방식을 전개했다.

우리는 기독교 복음에 충실한 변증방식을 자유롭게 전개하면서도, 다른 한편으로 자신이 처한 문화적 상황에 적응할 자유가 있음을 깨달아야 한다. 이렇게 함으로 '전통적인 변증학'을 되풀이하면서도 그것이 향하는 문화적 정황에서 변화에 대응할 수 있다. 18세기에 합리주의와 싸우기 위해 고안된 변증방식을 21세기 사람들을 상대로 기독교 신앙을 변호하는 데 사용할 수는 없다. 21세기 사람들은 합리주의가 고리타분하고 숨막힌다고 생각하기 때문이다!

예를 들어 포스트모더니즘은 합리적 논증에 호소하는 방식이 문제가 있다고 본다. 그 대신 포스트모더니즘은 이야기와 이미지에 깊이 끌린다. 더 나아가 포스트모더니즘은 합리적 논증이 입증하는 진리보다, 삶이 증명하는 진리에 더 관심을 둔다. 이것은 성실한 삶이 기독교 변증에서 얼마나 중요한지를 강조하는 '성육신적 변증학'incarnational apologetics 의 영향력이 최근에 그토록 막강해진 까닭을 이해하는 데 도움이 된다. 뒤에서 더 살펴보겠지만, 우리는 일반적으로 새로운 변증방식을 고안해냄으로써가 아니라 합리주의의 발흥으로 무용지물이 된 듯한 옛 방식을 되살림으로써 이러한 새로운 도전에 쉽게 대응할 수 있다.

앞으로 볼 테지만, 포스트모더니즘의 발흥 때문에 우리가 채택한 몇몇 방식이 달라진다. 그렇다고 기독교 변증학의 과제나 지적 기초가 사라지는 것은 아니다. 기독교 변증학의 근본 원리는 언제나 변함없다.

1. 기독교 복음을 이해한다.
2. 기독교를 변증하는 정황을 이해한다.
3. 복음에 충실한 '공통 기반'이나 문화적 정황과의 '접촉점'을 세우는 변증방식을 개발한다.

이 책의 접근방식

기독교 변증은 매우 다양한 방식으로 이뤄진다. 어떤 책은 '사례연구' 방식을 사용하면서 기독교 신앙과 관련된 몇몇 반대나 어려움을 살펴본다. 그런 후에 이러한 반대와 어려움을 하나씩 꼼꼼히 들여다보고 해답을 제시한다. 어떤 책은 기독교 신앙을 뒷받침하는 역사적 증거나 합리적 증거에 호소한다. 어떤 책은 하나님을 말하지 않고는 세상이 이해되지 않는다고 말한다. 이 책에서는 특정 변증학파의 방식을 살펴보지 않는다. 대신 이 책을 활용하는 사람들이 변증적으로 생각하도록 준비시키고, 뛰어난 변증가들의 도움을 받아 여러 쟁점을 탐구하도록 도울 것이다.

이 책에서 사용되는 기본방식은 다음 몇 단계로 요약할 수 있다. 각 단계는 뒤에서 더 자세히 탐구할 것이며 여기서는 간단하게 소개만 하고 넘어가도록 하겠다.

1. 신앙을 이해하라

기독교 신앙을 제대로 이해하는 게 필수다. 그러나 복음을 아는 지식은 기독교 변증에 초점을 맞춰야 한다. 신앙의 주요주제가 어떻게 사람들과 연결되고 사람들의 경험 및 개념과 소통될 수 있는지 숙고해야 한다. 이것은 신앙을 보는 '외부인의 시각'을 취하려 노력하고, 그리스도인 사이에서만 이루어질 법한 논의에 초점을 맞추는 대신 불신자들이 복음의 핵심에 어떻게 반응할지 물어야 한다는 뜻이다.

예를 들면 성경학자는 이렇게 질문할 수 있을 것이다. "탕자의 비유는 나사렛 예수와 유대교의 관계를 이해하는 데 어떻게 도움이 되는가?" 변증가는 다소 어려운 질문을 던진다. "이 비유는 우리를 불신자들의 세상과 연결하는 데 어떻게 도움이 되는가?" 변증가는 기독교 신앙의 개념과 내러티브와 이미지를 일상적인 현실과 어떻게 연결할 수 있는지 탐구하고자 한다.

2. 청중을 이해하라

우리의 청중을 이해해야 한다. 누가 청중인가? 내 경험으로 보건대 청중은 그야말로 천차만별이다. 신약시대에도 마찬가지였다. 베드로가 유대 청중을 대하는 방식[행 2장]과 바울이 그리스 청중을 대하는 방식[행 17장]을 비교해보라. 둘의 방식은 하늘과 땅 차이다. 똑같은 복음을 매우 다른 방식으로 권하고 전달하며, 매우 다른 사람들에게 맞도록 마름질한다. 각 청중은 신앙에 이르는 그들만의 '접촉점'과 문이 있듯이, 그들만의 물음과 반대와 어려움이 있다.

뚜렷한 예를 몇 가지 들어보자. 청중은 기독교 신앙을 아는 지식이 그야말로 천양지차다. 어떤 청중은 성경 지식이 아예 없고 성경을 고리타분하게 여긴다. 어떤 청중은 "여호와는 나의 목자시니"[시 23:1] 같은 몇몇 구절을 암송하거나 좋아한다. 청중마다 문화적 배경도 사뭇 다르다. 어떤 청중의 시각은 상당히 모더니즘적이다. 어떤 청중의 시각은 매우 포스트모더니즘적이다. 어떤 청중은 고전문학을 좋아한다. 어떤 청중은 최신판 텔레비전 쇼에 관한 이야기를 더 좋아한다. 어떤 청중은 추상적으로 생각한다. 어떤 청중은 이미지나 이야기와 연관시켜 생각한다. 각각의 경우, 어떻게 하면 기독교 신앙을 청중의 경험과 지식에 가장 잘 어울리게끔 전달할 수 있을지 궁리해야 한다.

3. 명쾌하게 전달하라

우리의 신앙을 청중이 이해하는 언어로 번역해야 한다. 성경번역과 관련된 굵직한 논쟁들이 이 부분에서 도움이 될 수 있는데, 이러한 논쟁들이 성경 메시지를 우리 시대의 사람들에게 **전달해야 하는**communicate 필요성에 우리의 주의를 집중시키기 때문이다. C. S. 루이스가 지혜롭게 말했듯이, "우리의 일은 영원한 무엇(어제도 오늘도 내일도 동일한 것-히 13:8)을 우리 시대의 특정 언어로 제시하는 것"[3]이다. 우리의 특권과 의무는 청중에게 맞는 언어와 이미지를 활용해 영원한 복음의 진리를 표현하는 것이다. 따라서 변증가는 믿음의 실체를 문화적 토착어로 번역하는 사람이다.

4. 접촉점을 찾아라

우리는 복음과 만나는 접촉점을, 인간의 문화와 경험에 이미 깔려 있는 접촉점을 찾아내야 한다. 하나님은 역사와 문화와 인간의 경험을 통해 자신을 증언하셨다.행 14:17 우리는 이러한 하나님의 증언을 찾아내어(자연에서든 사회에서든 도덕률에서든 간에) 기독교 복음을 선포하는 접촉점으로 활용해야 한다.

5. 온전한 복음을 제시하라

기독교 신앙을 개인적으로 즐기거나 끌리는 대상으로 제한함으로써 기독교 신앙의 호소력을 약화시켜서는 안 된다. C. S.

루이스는 변증가라면 '기독교 메시지'와 '자신의 생각'을 세밀하게 구분해야 한다고 강조했다. 이 둘을 구분하지 못하면, 청중에게 기독교 복음이 아니라 복음의 일부분을, 자신이 어쩌다가 중요하고 재미있다고 여기는 부분을 제시하게 된다. 루이스가 볼 때, 개인적으로 좋아하거나 동의하는 부분에 초점을 맞추려는 유혹은 복음을 빈약하게 할 뿐이다. 그렇게 되면 결국 그리스도를 높여야 할 때 자신을 높이는 것으로 끝나고 만다.

그럼에도 불구하고 기독교 신앙이 우리 삶에 미치는 영향자체가 기독교 신앙의 변증에 중요하다. 왜 그런가? 기독교 신앙이 우리 삶에 미치는 영향은 사람을 변화시키는 복음의 능력을 증언하기 때문이다. 루이스의 핵심은 이것이다. 우리는 기독교를 개인적 취향에 맞춰 제시해서는 안 되며, 인간 실존의 더없이 깊은 부분 — 마음, hearts 생각, minds 영혼 souls — 까지 파고드는 복음의 능력을 밝히는 데 집중해야 한다.

그뿐만이 아니라 기독교 신앙을 전하는 수단을 제한함으로써 기독교의 호소력을 공연히 억제해서도 안 된다. 서구 기독교에서는 많은 사람이 기독교의 핵심 개념에 초점을 맞추고, 변증학이란 기독교의 진리 주장을 합리적으로 변호하는 것이라고 여긴다. 분명히 말하자면, 어느 정도는 옳은 생각이다. 그러나 이것이 온전한 진리는 아니다. 한 발 더 나아가 성경이 자신의 핵심 메시지를 전달하려고 이미지와 이야기와 개념을 어떻게 활용하는지 주목해야 한다. 나사렛 예수는 비유를 활용해 하나님 나라와 관련된 중요한 주제를 전달하셨다. 이러한 비유를 통해 예수님은 청중의 머릿속에 핵심 개념을 심으셨다. 오늘 우리는 어떤 방법으로 이렇게 할 수 있겠는가?

6. 실천하고 실천하고 실천하라

변증학은 단지 이론이 아니다. 변증학은 실천이다. 우리는 변증의 개념과 방식을 일상에 적용할 줄 알아야 한다. 대화나 논쟁이나 인터뷰를 비롯해 사람들과 상호작용을 할 때마다 그렇게 해야 한다. 변증학은 **학문** science이자 **기술** art이다. 변증학은 단지 지식이 아니다. 변증학은 지혜다. 변증학은 의학 이론에 능통하고 경험이 풍부한 의사와 같다. 의사는 자신의 이론과 경험을 환자에게 적용해야 하며, 이것은 환자와 소통하는 법을 배워야 한다는 뜻이다. 환자들이 그들의 진짜 문제를 의사에게 말할 수 있게 돕는 법을 익히고, 전문 의학용어를 평범한 일상 용어로 전달하는 법을 찾아내며, 환자들을 어떻게 치료할지 설명한다는 뜻이다.

이러한 여섯 가지 주제를 앞으로 여러 장에 걸쳐 탐구하면서 기독교 변증학의 중요한 주제와 방식을 살펴보려고 한다.

다음 장에서 살펴볼 주제

지금까지 변증학에 관한 기본적인 질문을 간략하게 살펴

보았다. 이제 더 자세한 논의를 위한 무대가 마련되었다. 뒤이은 논의에서는 이러한 주제들을 더 깊이 탐구하고자 한다. 먼저 기독교 변증학이 딛고 선 깊은 신학적 기초를 살펴보자.

■ Allen, Diogenes. *Christian Belief in a Postmodern World: The Full Wealth of Conviction*. Louisville: Westminster John Knox, 1989.

■ Craig, William Lane. *Reasonable Faith: Christian Truth and Apologetics*, 3rd ed. Wheaton: Crossway, 2008. (《오늘의 기독교 변증학》, 그리스도대학교 출판국).

■ Middleton, J. Richard, and Brian J. Walsh. *Truth Is Stranger Than It Used to Be: Biblical Faith in a Postmodern Age*. Downers Grove, IL: InterVarsity, 1995.

■ Newbigin, Lesslie. *Truth to Tell: The Gospel as Public Truth*. Grand Rapids: Eerdmans, 1991. (《복음, 공공의 진리를 말하다》, SFC 출판부).

■ Sire, James W. *Naming the Elephant: Worldview as a Concept*. Downers Grove, IL: InterVarsity, 2004. (《코끼리 이름 짓기》, IVP).

■ Vanhoozer, Kevin J., ed., *The Cambridge Companion to Postmodern Theology*. Cambridge: Cambridge University Press, 2003.

3

변증학의 신학적 기초

Alister E. McGrath
MERE
APOLOGETICS

변증학은 사람들을 그리스도께로 끌어오는 기교가 아닙니다. 변증학은 논쟁에서 이기려고 고안된 논증 기법도 아니다. 변증학은 사람들이 하나님의 영광을 발견하고 그곳으로 시선을 향하도록 돕기 위해 하나님과 더불어 일하려는 의지다. 에이버리 덜레스Avery Dulles가 상당히 슬픈 어조로 말했듯이, 변증가는 흔히 "공격적이고 기회주의적인 사람으로, 공정한 방식은 물론 반칙까지 써서 사람들과 논쟁하여 그들을 교회에 끌어들이려 하는 사람"으로 여겨진다.[1]

이러한 전형적인 인식이 어떻게 생겨나는지 알기란 어렵지 않다. 이런 태도가 얼마나 위험한지 알아내기도 어렵지 않기는 매한가지다. 변증학의 핵심은 원하는 결론에 이르려고, 논증을 조작할 요량으로 고안된 기교를 숙지하고 암기하는 게 아니다. 변증학의 핵심은 기독교 신앙의 개념과 주제와 가치가 머리와 가슴에 깊이 박히도록 기독교 신앙에 단단히 붙들리는 것이다.

변증학은 개념을 기계적으로 되뇌는 일과 사뭇 거리가 멀다. 변증학이란 사람들의 질문과 관심에 제시할 수 있는 답변이, 자기 신앙의 실체에 깊고 뜨겁게 잠긴 상태에서 나오는 답변이, 자연스럽게 실현되는 것이다. 최고의 변증은 기독교 복음의 고유한 실체를 보는 풍성한 관점에서 비롯되는데, 기독교 복음은 인간 본성을 보는 깊고 실제적인 통찰을 낳기 때문이다. 그렇다면 우리의 문제는 무엇인가? 우리의 필요는 무엇인가? 어떻게 우리의 필요를 해결할 수 있는가? 각각의 경우 각 질문에 강력한 답변을, 상황의 본질에 대한 기독교의 이해에 기초한 답변을 제시할 수 있다.

이 책에서 강조하겠지만, 한편으로 위대한 기독교 신앙의 진리를, 다른 한편으로 청중의 정체성을 오래, 열심히, 기도하는 마음으로 숙고하는 일을 그 무엇도 대신할 수 없다. 이 장에서는 기독교 신앙의 핵심 주제를 신학적으로 숙고할 때 훌륭한 기독교 변증학이 어떻게 형성되는지 살펴보겠다.

상황 속에서

우리가 적절한 상황에서 숙고하는 데 도움이 되도록, 나사렛 예수의 사역과 관련해 복음서가 들려주는 가장 오래된 사건을 하나 되새겨보자.

갈릴리 해변으로 지나가시다가 시몬과 그 형제 안드레가 바다에 그물 던지는 것을 보시니 그들은 어부라 예수께서 이르시되 나를 따라오라 내가 너희로 사람을 낚는 어부가 되게 하리라 하

시니 곧 그물을 버려두고 따르니라.^{막 1:16-18}

멋진 내러티브이면서 묘사가 세밀하고 통찰력이 넘친다. 우리는 예수님이 **어부들**을 부르셨다는 사실에 주목해야 한다. 동시대의 유대 문학에는 사실상 직업 때문에 모세의 율법을 지키지 못하는 사람들의 이야기가 많이 나온다. 특히 두 그룹의 사람들이 (부정적으로) 언급되는데, 바로 목수와 어부였다. 목수는 장의사를 겸하는 터라 늘 시체를 만져야 했기 때문이며, 어부는 뒤섞인 물고기 가운데 깨끗한 물고기와 부정한 물고기를 분류해야 했기 때문이다. 두 그룹 모두 정결 의식과 관련된 유대교의 엄격한 규범을 지키지 못했다. 유대교의 규범은 부정한 대상과는 접촉을 일절 금했기 때문이다. 그런데 예수님이 이러한 어부들을, 유대 사회의 종교생활에서 변두리로 내몰린 사람들을 부르신다. 이 장면은 기독교 복음이 모두에게 다가가는 방식을 강하게 일깨운다. 다시 말해 기독교 복음은 사회에서 힘없고 무가치하다고 여기는 사람들이라도 절대 외면하지 않는다.

이는 중요한 핵심이다. 그러나 변증학적 관점에서 보면 가장 중요한 핵심은 아니다. 우리가 물어야 하는 변증학적 질문이 있다. 왜 시몬과 안드레는 모든 것을 버려두고 예수님을 따르는가? 예수님이 하나님의 존재를 증명하는 강력한 논증을 제시하시는가? 예수님은 이들에게 자신이 구약에 기록된 위대한 예언의 성취자라고 설명하시는가? 아니다. 예수께는 강력한 설득력을 지닌 그 무엇이 있었다. 시몬과 안드레는 그 즉시 직감적으로 반응했다. 마가는 예수님이 그분의 존재 자체로 상대방의 동의를 끌어내는 더없이 강력한 인물이라는 인상을 준다.

나사렛 예수와 첫 제자들이 갈릴리 호수에서 만나는 기사는 우리에게 매우 친숙하다. 그렇더라도 우리는 변증학적 목적을 염두에 두고 이 기사를 읽어야 하며, 그렇게 하면 변증학을 적절한 시각으로 보는 데 도움이 된다. 이 기사는 논증이 전략의 일부에 지나지 않음을 일깨워준다. 여러 면에서, 우리의 과제는 사람들을 그리스도께로 인도해 그들로 살아계신 하나님을 발견하게 하는 것이다. 변증학은 아무도 회심시키지 않으며 그렇게 하지도 못한다. 그러나 변증학은 하나님을 만나는 데 방해되는 장애물을 제거함으로, 또는 그리스도를 보게끔 창문을 열어줌으로써 사람들을 바른 방향으로 인도한다. 변증학은 사람들이 복음의 깊은 의미를 깨닫도록 돕는다. 변증학은 인도하고 설명하며 문을 열고 장애물을 제거한다. 그러나 사람들을 회심시키는 주체는 변증학이 아니라 하나님과 부활하신 그리스도라는 더 큰 실체다.

이러한 핵심을 설명하기 위해, 예수님이 첫 제자들을 부르시는 또 다른 장면에 눈을 돌려보자.

빌립이 나다나엘을 찾아 이르되 모세가 율법에 기록하였고 여러 선지자가 기록한 그이를 우리가 만났으니 요셉의 아들 나사렛 예수니라 나다나엘이 이르되 나사렛에서 무슨 선한 것이 날 수 있느냐 빌립이 이르되 와서 보라 하니라.^{요 1:45-46}

나사렛 예수를 만난 뒤, 빌립은 예수님이 지금껏 자신이 소망하던 바로 그분임을 확신한다. 그래서 나다나엘을 찾아가 예수님이야말로 이스라엘의 소망을 성취하신 분이라고 납득시키려 한다. 나다나엘은 빌립의 말에 콧방귀를 뀌고 대뜸 의심부터 하며 이의를 제기한다. 그렇게 대단한 분이 어떻게 나사렛에서 나올 수 있겠어? 그러나 빌립은 나다나엘의 이의에 이성적인 논증으로 대응하지 않는다. 대신 나사렛 예수를 만나보고 직접 판단하라며 나다나엘을 초대한다.

빌립은 세밀한 논증으로 나다나엘에게 답할 수도 있다. 어쩌면 예수님이 나사렛 출신이라는 사실이야말로 성경 예언의 성취라고 주장할 수도 있다. 자신과 안드레와 베드로가 나사렛 예수를 따르고 그분을 이스라엘이 품은 소망의 완성이라 믿게 만든 다양한 요소를 제시할 수도 있다. 그러나 빌립은 **만남**이 **논증**보다 우선해야 한다는 것을 배웠다. 문제를 해결하는 더 직접적이고 적절한 방법이 있는데 왜 굳이 나다나엘과 논쟁하려 들겠는가? 그래서 빌립은 말한다. "와서 보라."

예수님을 만나 그분의 말씀을 들을 때 나다나엘은 스스로 결론에 이른다. "랍비여 당신은 하나님의 아들이시요 당신은 이스라엘의 임금이로소이다."^{요 1:49} 여기서 보듯이 사람들을 나사렛 예수께로 향하게 하는(인도하는) 게 중요하다. 빌립처럼 우리도 예수님에 관해 발견한 그 무엇을, 더없이 설득력이 강하고 더없이 매력적인 그 무엇을 설명할 수는 있다. 그러나 최종적으로, 궁극적인 설득은 우리의 증언이 아니라 부활하신 그리스도와의 만남에서 비롯된다.

이 핵심이 중요하다. 흔히 변증학은 사람들에게 기독교 신앙의 진리를 납득시키는 것이라고 말한다. 어느 정도 진리다. 그러나 온전한 진리는 아니다. 논증은 심각한 한계가 있다. 어떤 개념이 옳다고 누군가를 설득할 수는 있다. 그런다고 그의 삶이 달라지는가? 빌립은 나다나엘이 논증은 물론이고 개념을 통해서가 아니라 예수님을 직접 만남으로써 변화될 것을 제대로 알았다. 빌립은 예수님을 **위해 논쟁**하지 않는다. 다만 상대방을 **예수께로 향하게** 한다. 우리는 예수님이야말로 인간의 갈망을 성취하는 분이요, 우리가 품은 열망의 절정이라는 사실을 깨닫는다. 그렇다면 사람들을 이러한 예수께로 향하게 하고, 우리의 논증과 설명에 기대기보다는 직접 그분을 만나게 해주는 것이야말로 그리스도를 증언하는 유익한 모델이 아니겠는가?

그러나 이야기는 계속되고, 짚어봐야 할 변증의 핵심이 더 있다. 며칠 후 예수님과 제자들은 갈릴리 가나의 혼인 잔치에 참석한다. 그곳에서 예수님은 '표적'을 행하신다. 물이 변하여 포도주가 되게 하신다. 이 표적은 제자들에게 중요한 영향을 미친다. 복음서 내러티브가 말하듯이, "예수께서 이 첫 표적을 갈릴리 가나에서 행하여 그의 영광을 나타내시매 제자들이 그를 믿으니라".요 2:11 여기서 보듯이 믿음은 그리스도의 영광이 계시된 결과다. 이것은 이성적 논증을 훨씬 초월한다. 믿음은 그리스도의 충만한 위엄과 영광과 경이로움이 나타난 데 대한 반응이다. 이와 관련하여 가장 두드러진 예는 '의심하는 도마'가 아닐까 싶다. 도마는 그리스도께서 실제로 죽은 자 가운데서 다시 살아나셨음을 깨달았을 때 그리스도를 믿었다. "나의 주님이시요 나의 하나님이시니이다." 요 20:28

변증학의 성격에 관한 이러한 짧은 논의마저도 변증학에는 매우 신학적인 면이 있음을 암시한다. 이 부분을 조금 더 살펴본 후에 다음으로 넘어가는 게 좋겠다.

첫째, 요한복음은 하나님의 영광이 계시될 때 믿음이 일어난다고 말한다. 이것은 회심이 인간의 지혜나 추론의 산물이 아니라 가장 깊은 의미에서 하나님이 일으키는 사건임을 상기시켜준다. 이 주제는 신약성경에서 끊임없이 나타난다. 바울은 고린도에서 설교하면서 사람의 지혜를 의지하지 않았는데, 그 까닭을 이렇게 설명한다. "너희 믿음이 사람의 지혜에 있지 아니하고 다만 하나님의 능력에 있게 하려 하였노라." 고전 2:5 믿음이란 단지 생각이 바뀌는 게 아니다. 믿음이란 살아계신 하나님을 만남으로 인격이 변화되는 것이다.

둘째, 신약성경은 인간의 본성이 죄 때문에 상하고 찢겨져 있다고 말한다. 우리는 대상을 본래 그대로 보지 못한다. "그 중에 이 세상의 신이 믿지 아니하는 자들의 마음을 혼미하게 하여 그리스도의 영광의 복음의 광채가 비치지 못하게 함이니 그리스도는 하나님의 형상이니라."^{고후 4:4} 논증은 혼미 blindness를 치료하지 못한다. 증거나 강력한 수사어구나 강력한 개인적인 증언을 산더미처럼 쌓아도 혼미를 치료하지 못한다. 혼미는 **치유**되어야 한다. 이러한 치유는 오직 하나님만이 하실 수 있다. 하나님만이 맹인의 눈을 열고 삶의 실체를 보게 하신다. 따라서 변증학은 치유하고 새롭게 하는 하나님의 은혜와 능력을 의지한다. 우리가 할 수 있는 일이 아니다. 이것을 알면 변증학을 바른 시각으로 보는 데 도움이 된다.

셋째, 이러한 신학적 시각이 있으면 변증학의 과제를 정확히 파악할 수 있다. 우리가 알듯이, 사람들을 신앙으로 인도하는 과정에서 우리의 역할은 중요하지만 제한적이다. 회심하게 하시는 분은 하나님이다. 우리는 사람들을 어느 지점에 데려오는 특권을 가졌으나, 그 지점에 이르면 하나님이 인수하신다. 우리는 사람들을 치유의 근원으로 인도한다. 그러면 하나님이 치유하신다. 우리는 용서의 능력을 증언한다. 그러면 하나님이 용서하신다. 우리는 하나님이 우리의 삶을 어떻게 변화시키고, 우리의 삶을 어떻게 더 나아지게 만드셨는지 설명한다. 그러면 하나님이 각 사람의 삶에 들어가 그 삶을 변화시키신다. 우리는 이 과정에서 실제적이고 특권적인 역할을 한다. 그러나 우리는 혼자 애쓰지 않는다. 변증은 언제나 부활하신 그리스도의 능력으로, 그분의 임재 가운데 이루어진다.

비유를 들어 설명하면 이 중요한 핵심이 좀 더 선명히 이해될 것이다. 몇 년 전 당신이 패혈증을 앓았다고 가정해보자. 특정 징후들이 나타나고, 당신 스스로도 심각한 병에 걸렸음을 감지했다. 노련한 의사가 문제가 뭔지 일러주었다. 다행히 페니실린이라는 치료제가 있었다. 페니실린을 신속하게 투여하고, 며칠 후 조금씩 회복되었다. 상상하기 쉬운 시나리오다. 범위가 확대되도록 시나리오를 고쳐 쓰기도 쉽다.

여기 중요한 질문이 있다. 의사가 당신을 낫게 했는가? 어떤 의미에서는 그렇다. 또 어떤 의미에서는 그렇지 않다. 의사는 당신의 어디가 잘못되고, 나으려면 어떻게 해야 하는지 일러주었다. 그러나 실제로 낫게 한 장본인은 페니실린이다. 의사의 진단은 당신에게 무엇이 문제인지 알려주었다. 그러나 페니실린이 발명되기 전이라면 이런 상황은 오직 하나, 죽음만 의미할 뿐이다. 어떻게 해도 당신을 구해낼 재간이 없다. 문제를 찾아내더라도 그것만으로 치료할 수는 없다. 치료제가 필요하다.

이런 비유를 통해 변증학이 어떻게 작용하는지, 우리가 더 큰 틀 안에서 어떻게 맞아 들어가는지 파악할 수 있다. 의학적인 비유를 계속하자면, 변증학은 인간의 본성이 상처 입고 훼손되며 찢기고 타락했음을, 하나님의 은혜가 인간의 본성을 치유할 수 있음을 설명하는 것이다. 변증가는 많은 전략을 활용해 인간의 본성 어딘가가 잘못되었음을 설명하고 전달하며 변호할 수 있다. 이와 동일하게 우리는 여러 전략을 활용해 실제로 치료제가 있다는 사실을 설명하고 전달하며 변호할 수 있다. 그러나 변증학 자체가 치료하지는 않는다. 변증학은 치료제가 어디에 있는지 알려줄 뿐이다.

이러한 치료제가 존재한다는 탁월한 논증을 제시할 수도 있다. 치료제를 발견함으로 삶이 달라진 사람들의 증언을 제시할 수도 있다. 그러나 결국 사람들이 치료를 받으려면 치료제를 찾아내고 복용하여 그 치료제가 효능을 발휘하게 하는 수밖에 없다. 우리는 사람들이 자신의 병을 깨닫도록 도와주고 어떻게 하면 나을 수 있는지 말해주는 과정에서 실제적이고 중요한 역할을 할 수도 있다. 우리가 없으면 이들은 치료제를 찾아내지 못할지도 모른다. 그러나 실제 치료과정은 우리의 말이 아니라 페니실린의 힘에서 비롯된다.

변증학과 실체를 보는 신학적 시각

변증학은 기독교 신앙의 지적인 넓이와 영적인 풍성함을 깊이 인식하는 데서 시작된다. 변증가의 과제는 기독교 신앙을 매력적으로 보이게 하거나 세상에 적합하도록 바꾸는 게 아니다. 오히려 변증가는 사람들이 기독교 신앙의 능력과 적합성과 설득력을 인식하고 발견하게 도와야 한다. 변증가는 기독교 신앙의 본질적인 진·선·미를 드러낼 방법을 찾아내야 한다.

이러한 핵심을 분명히 하기 위해 비유를 하나 더 들어보자. 당신이 친구와 함께 산 위에 서서 눈앞에 펼쳐진 경치에 감탄하고 있다고 상상해보라. 당신은 그곳에 자주 왔다. 그래서 그곳 경치가 눈에 익다. 발아래로 멋진 경치가 아득하게 펼쳐진다. 숲도 보이고 강도 보이며 들판도 보이고 마을도 보인다. 당신은 이 마을 저 마을을 가리키며 친구에게 각 마을에 얽힌 역사를 들려준다. 친구에게 강을 보여주고 오래된 숲에 얽힌 이야기도 들려준다. 당신은 미리 생각하지 않으면 지나치기 쉬운 작은 폭포를 손가락으로 가리킨다. 친구는 눈앞에 펼쳐진 경치에 기쁨을 감추지 못한다. 그러나 여기서 명심해야 할 핵심이 있다. 당신이 이 아름다운 경치와 그에 얽힌 역사를 만들어내지 않았다는 사실이다. 당신은 단지 이미 거기 있는 것을, 친구가 알지 못하거나 주목하지 않은 것을 알게끔 도왔을 뿐이다.

변증학은 기독교 신앙의 합리성이나 상상력이나 도덕적 깊이를 만들어내지 않는다. 변증학은 손끝으로 그것들을 가리키며, 사람들이 그 참모습을 그대로 분명하게 보고 인식하도록 도울 뿐이다. 변증가가 기독교 신앙을 깊고 세밀하게 인식할 수 있어야 하고, 또한 인식하려 해야 한다는 뜻이다. 그러나 그것만으로는 부족하다. 외부인의 시각을 길러야 한다. 기독교 신앙의 큰 주제들이 기독교의 어휘나 관습에 익숙하지 않은 사람들 앞에서 어떻게 변호되고 설명될 수 있는지 알아야 한다. 어쩌면 이것이 훨씬 더 중요하기에, 이러한 여러 주제를 사람들과 연결할 줄 알아야 한다. 그래야 사람들이 이러한 여러 주제의 적합성과 변화를 일으키는 능력을 인식하기 시작한다.

그렇다면 어떻게 신학적 분석을 통해 기독교 신앙의 능력과 깊이를 인식할 수 있는가? 먼저 많은 사람이 변증학에서 신학이 차지하는 중요성을 인식할 때 도움이 되었다고 말하는 유비類比, analogy를 하나 살펴보자. 나는 1980년대 말에 이 유비를 처음 사용했으며, 숱한 사람들이 이것을 채택한다(그리고 이따금 각색한다!)는 사실에 힘을 얻었다. 무슨 유비인가? 프리즘이다.

1666년 영국의 위대한 수학자이자 물리학자 아이작 뉴턴 Isaac Newton, 1642~1727이 케임브리지에 위치한 트리니티 칼리지의 자기 방에서 놀라운 발견을 했다. 백색광을 유리 프리즘에 통과시켰더니 무지개의 일곱 색깔로 — 빨강, 주황, 노랑, 초록, 파랑, 남색, 보라색 — 분리되었다.[2] 뉴턴은 무지개의 여러 빛깔이 형성될 때도 비슷한 과정을 거치며, 빗방울이 태양의 백색광을 여러 색깔로 분리한다는 것을 발견했다. 각각의 색은 이미 백색광 속에 존재했다. 그러나 각 색깔의 정체는 분명하지 않았다. 프리즘이 색깔을 분리시켰고 그러자 각 색깔이 눈에 보이고 인식될 수 있었다.

이것은 간단한 유비다. 하지만 이 유비를 통해 강력한 핵심을 제시할 수 있다. 백색광처럼 기독교 복음은 부유하고 복합적인 실체이며 여러 요소로 구성된다. 각 요소는 그 자체로 연구하고 음미해볼 만하다. 신학적 분석은 기독교의 선포를 구성하는 이러한 요소를 하나하나 규명하는 작업이며, 이러한 요소 하나하나가 갖는 변증적 잠재력을 찾아내 적절하게 활용하는 것이다.

이러한 핵심을 더 분명히 하기 위해 한 가지 신학적 분석을 진행하고 이것을 변증적으로 활용해보겠다. 간단한 질문을 던져보자. 그리스도의 십자가는 어떤 의미가 있는가? 이것은 신학적으로 중요한 질문이며 변증학적으로도 동일하게 중요한 질문이다. 사람마다 필요와 관심사가 제각각 다르다. 복음의 한 면이 한 그룹의 필요와 맞물리는 반면, 복음의 다른 면은 다른 그룹의 필요와 잘 맞아떨어진다.

예제: 십자가에 대한 신학적 분석

엄청나게 풍성하고 복잡한 십자가의 메시지를 몇 마디로 요약하기란 불가능하다. 신학은 그리스도의 십자가[3]와 같은, 기독교 메시지의 큰 주제가 내포하고 있는 충만한 의미를 깊이 (그리고 느긋하게!) 숙고할 기회를 주며, 실제로 이것은 신학의 큰 기쁨 가운데 하나다. 그러나 기독교 메시지 안에서 몇몇 부분을 찾아낼 수 있다는 사실에 주목해야 한다. 그리고 각 부분은 특정 그룹의 사람들과 특별히 관계가 있다. 기독교는 그리스도의 십자가를 선포하는데, 이 선포의 각 부분은 교회 밖에 있는 구체적인 그룹들에게 특별한 반향을 불러일으킬 것이다.

이 단락에서는 우리의 목적에 맞춰, 그리스도의 십자가와 관련된 주요주제 네 가지를 살펴보겠다. 네 가지 주제 모두, 신약성경이 그리스도의 죽음에 내포된 의미를 증언하는 일뿐 아니라 뒤이어 그리스도의 죽음에 내포된 폭넓은 의미를 기독교의 신학적 전통 내에서 숙고하는 데도 중요한 역할을 한다.

1. 그리스도의 십자가는 인간의 죄를 용서하는 기초다.
2. 그리스도의 십자가와 부활은 죄와 사망을 이긴다.
3. 그리스도의 십자가는 깨지고 상한 인간을 치유한다.
4. 그리스도의 십자가는 인간을 향한 하나님의 사랑을 입증한다.

이 짧은 목록에 다른 주제를 쉽게 추가할 수 있다. 나는 십자가를 신학적으로 철저하게 분석하려는 게 아니라 십자가와 관련된 주제를 확인하는 작업이 십자가를 변증학으로 적용하는 데 얼마나 의미 있고 중요한지 보여주려는 것이다. 네 가지 신학적 핵심을 간략히 살펴본 후에, 각각에 내포된 변증학적 의미를 탐구해보겠다.

1. 그리스도의 십자가는 인간의 죄를 용서하는 기초다

"그리스도께서 우리 죄를 위하여 죽으셨다"는 바울의 선포는^{고전 15:3} 고찰을 위한 좋은 출발점이다. 이 선포는 단지 그리스도의 죽음이라는 야만적이고 잔혹한 역사적 사실을 말하는 게 아니다. 그리스도의 죽음이 우리에게 갖는 의미를 말한다. 예수님이 죽었다는 것은 역사다. 예수님이 **우리의 죄를 용서하기 위해** 죽었다는 것은 복음이다. 바울에게 십자가는 구원과 용서와 죽음에 대한 승리를 의미했다. 따라서 '십자가의 메시지'는 예수님이 십자가에서 죽었다는 단순한 사실에 국한되는 게 아니라 이 사건이 우리에게 갖는 의미까지 포함한다. 예수님은 죽었다. 우리를 살리려고 죽었다. 예수님은 죄인들 가운데 하나로 여김을 받으셨다. 죄인들이 용서받게 하기 위해서다.

용서의 신학에 관해서는 할 말이 무척 많다. 그러나 이 책은 신학이 아니라 변증학을 다루기 때문에 여기서는 외부인의 시각에 초점을 맞추고자 한다. 그리스도의 죽음을 통해 진짜로 죄를 용서받을 수 있다는 선포가 기독교 신앙 바깥에 있는 사람들과는 어떻게 연결되는가? 이러한 신학적 진리가 그들의 불안 및 열망과 어떻게 맞물릴 수 있는가? 변증적으로 생각하고, 십자가의 이런 부분이 어떻게 누군가에게 복음의 실체를 발견하는 출입문이 되는지 생각하는 법을 배워야 한다. 어떻게 이러한 용서의 개념을 우리와 하나님을 잇는 다리로 활용할 수 있는가?

이러한 연결을 시작하는 한 가지 방법은 인간의 죄책^{罪責, guilt} 문제, 곧 많은 사람이 깊이 고민하는 문제에 초점을 맞추는 것이다. 철학자 임마누엘 칸트^{Immanuel Kant, 1724~1804}는 많은 사람이 깊은 죄책감 때문에 도덕적 행동을 주저한다고 했다. 어느 정도 옳은 말이다. 그러나 지적해야 할 훨씬 깊은 핵심이 있다. 어떤 사람들은 자신이 한 일에, 또는 어떤 경우에는 자신에게 일어난 일에 죄책감을 깊이 느끼는 나머지 문제가 해결될 때까지 정상적인 생활을 하지 못한다. 이들은 문제를 어떻게 해결할지 계속해서 고민한다.

물론 이것은 영문학에서 가장 널리 알려진 작품 중 하나인 존 버니언 John Bunyan, 1628~1688 의 《천로역정》The Pilgrim's Progress 이 다루는 중심주제이다. 존 버니언은 자신의 순례를 '죄짐'을 지고 가는 고투로 묘사한다. 죄짐에 눌려 무릎이 꺾이고 제대로 걷지도 못한다. 마침내 그는 죄짐을 십자가 아래 내려놓고 난생처음 제대로 걷는다. 많은 사람이 이렇게 느낀다. 많은 사람이 죄책에 짓눌리며, 자신이 제대로 용서받았다는 것을 알기 전에는 제대로 살 수 없음을 깨닫는다.

'죄'라는 단어는 오늘도 사람들을 괴롭힌다. 이것이 최근에 나온 사상이라 생각해서는 안 된다. 1945년으로 돌아가 보면, C. S. 루이스는 현대문화에서 "죄의식이 거의 사라졌다"고 한탄했다. 변증가는 "세상에서 잘못되는 일이 있으면 무엇이든 남 탓이라 믿으며 자란 사람들을" 상대하지 않으면 안 된다.[4] 변증가의 모든 어휘처럼 죄라는 단어도 설명이 필요하다.[5]

2. 그리스도의 십자가와 부활은 죄와 사망을 이긴다

복음의 큰 주제 중 하나는 예수 그리스도의 십자가와 죽음이 우리를 죽음의 공포에서 해방한다는 것이다. 그리스도가 죽은 자 가운데서 다시 살아나셨고, 믿는 자들은 어느 날 그리스도처럼 부활해 그분과 영원히 살게 된다. 우리에게 죽음은 더 이상 두려움의 대상이 아니다. 그렇기 때문에 그리스도인들에게는 부활절이 무척 특별한 날이다. 우리는 주님이 거두신 값비싼 승리를 감사하는 마음으로 기억하고 기뻐한다. 이 놀라운 메시지는 고난과 죽음이라는 현실 앞에서 모두에게 희망을 준다. 그중에서도 한밤중에 깨어나 죽음을 생각하며 두려워하는 숱한 사람에게 특별한 의미가 있다. 많은 서구인이 인간은 유한하다는 현실을 직시하지 못하거나 직시하려 들지 않는다. 이들은 죽음의 문제를 다루지 않고도 수월하게 살아갈 수 있길 바란다. 그러나 우리는 현실에서 도망칠 수 없다. 우리는 현실과 고스란히 맞닥뜨려야 한다.

서구세계는 인간이 유한하다는 사실을 직시하길 꺼리는데, 어니스트 베커 Ernest Becker, 1924~1974는 퓰리처상을 받은 저서 《죽음의 부정》The Denial of Death, 인간사랑에서 이에 관한 고전적인 연구를 제시한다. 베커의 주장에 따르면, 숱한 서구인들이 무한한 척하면서 자신이 유한하다는 사실에 동의하지 않으려 한다. 인간의 유한성은 생각하기가 너무 힘들고 고통스럽다. 그래서 이 문제를 한쪽으로 제쳐두고 무시해버린다. 하지만 그런다고 이 문제가 사라지는 것은 아니다.

십자가는 우리를 죽음의 공포와 거짓된 삶에서 해방한다.

십자가는 세상에서 자신이 처한 상황에 겁먹거나 불안해하는 인간의 자연스런 성향을 해소하는 강력한 해독제로 작용한다. 십자가가 죽음의 침을 뽑아버렸고, 십자가를 통해 승리가 쟁취되었다. 우리는 이것을 알기에 확신을 갖고 조용하고 차분하게 죽음을 맞을 수 있다. 히브리서는 이 부분을 강하게 강조하면서 예수님이 죽은 목적은 "죽음을 통하여 죽음의 세력을 잡은 자 곧 마귀를 멸하시며 또 죽기를 무서워하므로 한평생 매여 종노릇 하는 모든 자들을 놓아주려 하심"히 2:14-15이라고 선포한다.

이러한 접근이 "죽음이 패배한 척하자. 죽음의 권세가 깨진 척하자. 마치 죽음이 우리를 괴롭히지 않는 척하며 살자"라고 말하지 않는다는 데 주목하라. 이렇게 말한다면 암담한 현실에 눈감고 망상의 세계에 사는 셈이다. 우화의 세계로 들어가거나 던전스 앤 드래곤스(Dungeons & Dragons, 테이블에 모여 앉아서 하는 일종의 역할 게임 ─ 옮긴이) 속으로 들어가는 격이다. 하지만 그게 아니다! 이러한 접근은 실제 전혀 다른 말을 한다. "예수 그리스도의 십자가와 부활을 통해 죽음의 능력이 산산조각 났다. 우리는 그리스도를 통해 죽음을 이겼다. 우리는 이것을 알기에 달라져야 한다. 우리의 생각이 달라지고 삶이 달라져야 한다. 더이상은 죽음을 두려워하지 않아도 된다. 그리스도께서 십자가에서 죽음과 맞붙어 싸웠고 죽음을 이기셨기 때문이다." 과도하게 흥분한 인간의 상상력으로 자아낸 가상세계가 아니다. 복음이 만들어내고 하나님이 친히 보증하시는 실제세계다.

이것은 변증학적으로 엄청난 의미를 내포한다. 특히 죽음의 공포를 알기에 죽음의 사슬에서 벗어나려는 사람들에게 큰 의미를 지닌다. 수많은 사람이 죽음이 너무 두려운 나머지 생명으로 나오지 못했다. 기독교 복음은 이러한 문제를 정면으로 다룬다. 더 이상은 현실을 피해 달아나지 않아도 된다.

3. 십자가는 깨지고 상한 인간을 치유한다

성경의 핵심 주제 중 하나는 하나님이 상한 세상을 치유하고 상처 입은 사람들을 회복시키신다는 것이다. 선지자들은 이러한 치유의 희망을 강조하면서 하나님을 의사나 "치료하는 광선을 비추는 공의로운 해"에 비유했다.^{말 4:2} 나사렛 예수의 치유 사역은 이 주제를 확대하고, 하나님이 그분의 대리자를 통해 창조세계를 새롭게 하시는 일을 가리킨다.

십자가에 초점이 맞춰지면서 이러한 주제도 강조되는데, 신약성경은 십자가가 이사야 선지자가 말한 "고난받는 종"이라는 주제를 성취했다고 본다.

그는 실로 우리의 질고를 지고 우리의 슬픔을 당하였거늘 우리는 생각하기를 그는 징벌을 받아 하나님께 맞으며 고난을 당한다 하였노라 그가 찔림은 우리의 허물 때문이요 그가 상함은 우리의 죄악 때문이라 그가 징계를 받으므로 우리는 평화를 누리고 그가 채찍에 맞으므로 우리는 나음을 받았도다.^{사 53:4-5}

따라서 십자가에 달리신 그리스도의 상처와 고난을 더 깊은 빛에서 본다. 어떤 면에서, 예수님이 이러한 아픔과 고난을 견디신 까닭은 사람들이 치유받도록 하기 위해서였다.

초기 기독교 저자들은 이 주제가 사도들에게 얼마나 중요한지 알았다. 1세기 안티오크의 이그나티우스Ignatius of Antioch는 '불멸의 약'을 말했다. 그는 복음을 인간의 치명적인 질병을 고칠 수 있고, 더는 죽음을 두려워하지 않아도 되게 해주는 약에 비유했다. 5세기에 히포의 아우구스티누스는 교회를 병원에 비유했다. 교회에는 상처 입고 병든 사람들이 가득하며, 이들이 훌륭한 의사와 의술 덕분에 회복해가는 병원과 같다고 했다. 미흑인영가는 동일한 주제를 무척 감동적으로 노래한다.

길르앗의 향유
상처를 깨끗이 치료하네
천국에 능력 넘치네
죄로 병든 영혼 치유할 능력이.

그렇다면 이 주제를 기독교 변증에 어떻게 활용할 수 있는가? 이 주제는 문화적 분위기를 향해, 평범한 사람들의 열망과 관심사를 향해 어떻게 말하는가? 많은 사람이 사회에 문제가 있거나 자신이 상처 입었다고 생각한다. 정상적 상황이 아니라는 느낌을 토로하는 강력하고 의미 깊은 방식이다. 상황을 본래 의도대로 회복해야 한다. 하지만 치유의 길은 어디에 있는가?

이 시점에서 기독교 신앙과 이어지는 강력한 고리를 만들 수 있다. 이러한 고리를 **상징적으로** iconically 이미지를 통해 만들 수 있다. 상처받고 십자가에서 고통당하시는 그리스도는 우리에게 익숙한 이미지다. 그러나 정확히 해석하면, 이러한 이미지는 하나님이 자신을 고통당하는 자들과 연결하신다는 사실을 말하며, 갱신과 회복의 가능성을 말한다. 이러한 고리는 **지적으로** intellectually 그리스도께서 인간의 슬픔과 아픔을 바꾸려고 친히 그 슬픔과 아픔의 골짜기로 들어가신다는 관점에서도 형성될 수 있다. 신약성경이 새 예루살렘을 말하면서, 거기는 슬픔도 없고 고통도 없다고 강조하는 것은 우연이 아니다. 새로운 질서에서는 슬픔도 없고 고통도 없을 것이다. 하나님이 "모든 눈물을 그 눈에서 닦아주시니 다시는 사망이 없고 애통하는 것이나 곡하는 것이나 아픈 것이 다시 있지 아니하리니 처음 것들이 다 지나갔음이러라". 계 21:4

4. 십자가는 인간을 향한 하나님의 사랑을 입증한다

기독교 신앙의 중심에는 우리를 사랑하시는 신실하신 하나님을 믿는 믿음이 자리한다. 그런데 이게 다가 아니다. 하나님은 인간을 향한 그분의 사랑을 그리스도의 십자가에서, 그리스도의 죽음을 통해 입증하신다. "우리가 아직 죄인 되었을 때에 그리스도께서 우리를 위하여 죽으심으로 하나님께서 우리에 대한 자기의 사랑을 확증하셨느니라."^{롬 5:8} 하나님의 사랑이 그리스도의 십자가에서 온전히 계시된다. 예수님은 죄인들을 향한 하나님의 온유한 사랑을 우리에게 확인시키려고,^{요 3:16} 그렇게 해서 우리를 하나님께 인도하려고 십자가에서 돌아가셨다. 어떤 사람들은 자신이 죄에 너무 깊이 빠져 도저히 하나님께 사랑받지 못할 거라고 생각한다. 하지만 신약성경은 이와는 반대로, 그 무엇도 우리를 그리스도 안에 있는 하나님의 사랑에서 끊지 못한다고 단언한다.^{롬 8:31-39}

기독교 신앙은 하나님의 사랑이 행위로 계시되고 확증된다고 선언한다. "하나님은 사랑이심이라."^{요일 4:8} 이는 틀림없는 사실이다. 그러나 이것을 일종의 시대를 초월한 진리, 곧 하나님을 **인간들의** 사랑의 참된 이상理想으로 여기는 진리라고 오해하기 쉽다. 기독교의 하나님을 이렇게 묘사하는 것은 적절하지 못하다. 성경은 양 한 마리를 잃어버린 목자처럼 하나님도 나가서 그 양을 찾아 기뻐하며 돌아오신다고 증언한다.^{눅 15:4-7} 이것은 그리스도의 십자가에서 더없이 분명하게 증명된다. 하나님은 이러한 사랑을 행동으로 증명하셨다. "하나님의 사랑이 우리에게 이렇게 나타난 바 되었으니 하나님이 자기의 독생자를 세상에 보내심은 그로 말미암아 우리를 살리려 하심이라."^{요일 4:9} 우리가 끊임없이 상기하듯이, 행동이 말보다 큰 소리를 낸다. 하나님은 역동적이고 살아계신 하나님이며 **행동하는** 하나님, 곧 우리를 향한 그분의 사랑을 온전히 드러내고자 행동하시는 분이다.

그렇다면 이러한 중요한 신학적 통찰을 기독교 변증에 어떻게 활용할 수 있는가? 이것이 우리 문화가 처한 상황을 향해 어떻게 말하는가? 누구나 중요한 존재가 되고 싶어 한다. 우리는 너나없이 '안전한 기초'가 필요하다. 우리는 사랑받고 확신을 얻으며 성장하고 발전할 수 있는 정황이 필요하다. 가족, 친구, 공동체 모두 우리를 뒷받침할 잠재력이 있다. 그러나 수많은 사람이 인생길에서 자주 외로움을 느끼고 길을 잃으며, 우주는 거대하나 이에 비해 인간의 삶은 덧없고 무의미하다는 생각에 사로잡힌다. 누가 우리를 돌보는가?

하나님의 사랑이라는 주제는 우리 곁에 계시고 우리를 돌보시는 하나님을 말한다. 우리는 하나님께 더없이 중요한 존재다. 하나님은 우리 한 명 한 명의 이름을 다 아신다. 시편기자가 별들이 반짝이는 거대한 하늘을 보며 선포했듯이 말이다.

주의 손가락으로 만드신 주의 하늘과 주께서 베풀어두신 달과 별들을 내가 보오니

사람이 무엇이기에 주께서 그를 생각하시며 인자가 무엇이기에 주께서 그를 돌보시나이까

그를 하나님보다 조금 못하게 하시고 영화와 존귀로 관을 씌우셨나이다. 시 8:3-5

이처럼 강력한 단언은 그리스도의 십자가가 전하는 메시지를 통해 깊어지고 견고해진다. 왜냐하면 그리스도의 십자가는 만물을 창조하신 하나님이 우리를 구원하려고 친히 그분의 창조세계 속으로 **들어오셨다고** 말하기 때문이다. 그리스도께서 우리들 한 명 한 명을 위해 죽기로 선택하실 만큼 하나님은 우리들 한 명 한 명에게 '마음을 쓰신다'. 하나님은 자신의 전부를 우리에게 주셨다. C. S. 루이스가 말했듯이, 그리스도인들은 "우리가 선하기 때문에 하나님이 우리를 사랑하시리라 생각지 않고, 하나님이 우리를 사랑하기 때문에 우리를 선하게 하시리라 생각한다".[6]

다음 장에서 살펴볼 주제

이 장에서는 기독교 복음의 핵심 주제를 신학적으로 고찰할 때 우리와 청중이 어떻게 연결되기 시작하는지 살펴보았다. 동일한 생각의 틀이 거듭거듭 적용될 수 있다. 복음을 사람들의 삶과 연결하는 일이 중요하다. 신학은 우리가 한 사람, 한 사람과 연결되는 가장 적절한 접촉점을 찾아내도록 도우며, 그럼으로써 그들이 신앙의 기쁨을 발견할 수 있게 해준다. 이것은 복음을 하나의 핵심으로 축소한다는 뜻이 아니다! 이것은 복음에서 청중에게 가장 적절한 부분을 찾아낸다는 뜻이다. 복음의 나머지 부분도 적절한 때에 연결될 것이다. 우리는 구체적인 각 청중에서 시작해야 한다. 그리고 신학은 각각의 경우에 가장 적합한 출발점을 찾도록 도와준다.

다음 장에서는 청중의 정체성을 집중적으로 살펴보려고 한다. 청중은 우리가 기독교를 변증하는 방식에 어떻게 영향을 미치는가?

■ Allen, Diogenes. *Christian Belief in a Postmodern World: The Full Wealth of Conviction.* Louisville: Westminster John Knox, 1989.

■ Grenz, Stanley J., and William C. Placher. *Essentials of Christian Theology.* Louisville: Westminster John Knox, 2003.

■ McGrath, Alister E. *Christian Theology: An Introduction*, 5th ed. Oxford: Wiley-Blackwell, 2011.

■ Sire, James W. *A Little Primer on Humble Apologetics.* Downers Grove, IL: InterVarsity, 2006.

■ Sproul, R. C. *Defending Your Faith: An Introduction to Apologetics.* Wheaton: Crossway, 2003.

4

청중의 중요성: 가능성과 쟁점

Alister E. McGrath

MERE
APOLOGETICS

십자가의 메시지를 최대한 효과적으로 선포해야 한다. 복음을 위한 접촉점이 무엇인지 물어야 한다는 뜻이다. 가려운 부분을 복음으로 긁어주려면 어떻게 해야 하는가? 전문용어로 쓰자면, 복음은 **수용자 중심**으로 선포되어야 한다. 다시 말해 복음은 복음을 기다리는 청중에게 선포되어야 한다. 변증학은 기독교의 선포를 신학적으로 분석하는 일과 일정 부분 연관이 있다. 이와 마찬가지로, 변증기술도 각각의 구성요소를 상상력과 창의성을 가미해 청중에게 적용하는 일과 관련이 있다.

그렇다면 청중에 따라 변증방식이 어떻게 달라져야 하는가? 어쨌든 우리는 누구에게나 동일한 복음을 전하려 노력하지 않는가? 복음의 본성과 의미를 한 가지 방식으로 제시해야 하지 않는가? 그렇게 하면 변증가의 일은 훨씬 단순해질 것이다. 그러나 조금만 더 생각해보면, 지나치게 단순한 이런 방식은 적용이 불가능하다는 게 분명해진다. 앞으로 살펴보겠지만, 신약성경 자체가 변증적 논증과 소통 형식을 다양하게 전개하고 활용하는데, 이는 각각의 청중과 쉽게 연결하려는 의도가 분명하다.

바울이 구원을 설명하는 강력하고 가시적인 이미지로 입양_{양자}을 활용한다는 사실을 생각해보라.[1] 분명히 바울은 편지를 쓰는 중에 입양 이미지를 사용하면서, 읽는 사람들이 이 이미지에 친숙하고 이것이 그리스도의 죽음과 부활의 결과를 어떻게 설명하는지도 이해하리라고 기대한다. 그러나 유대 율법은 입양 개념을 알지 못할뿐더러 입양을 허용하지도 않는다. 반면 그리스-로마 세계 사람이라면 누구에게나 입양은 친숙한 법률적 개념이었다. 놀랄 것도 없이, 바울은 로마를 비롯해 당시 그리스-로마 세계 곳곳에, 이를테면 에베소와 갈라디아 지역에 산재한 교회들에게 편지하면서 입양 이미지를 활용한다.[2] 신약성경 저자들 중에 유대인들에게 편지하면서 입양 이미지를 사용하는 사람은 없다.

대부분의 복음주의 변증가들은 당연히 바울의 저작을, 특히 로마서를 변증전략의 토대로 삼는다. 그러나 바울 서신은 **그리스도인들**에게 쓴 편지다. 이미 믿는 사람들에게, 가르침과 격려와 인도가 필요한 사람들에게 쓴 편지다. 바울 서신은 관심 있는 불신자나 질문자에게 쓴 편지가 아니다. 물론 바울이 이런 사람들을 염두에 두었다는 것은 틀림없는 사실이다. 바울이 편지 곳곳에서 특정 그리스도인들이 이런 사람들에게 끼칠 법한 부정적 인식을 걱정하는 것도 분명한 사실이다. 예를 들면 고린도전서에서, 관심 있는 불신자들이 고린도의 공중예배에서 벌어진다고 소문난 일을 토대로 복음을 판단하면 어쩌나 하는 바울의 염려가 분명하게 드러난다!

신약성경에서 청중이 관심 있는 불신자들이라고 예상하는 책이 있다. 복음서와 사도행전이다. 복음서는 예수님과 사람들의 만남을 기록하는데, 이 부분은 예수 그리스도와 그분이 하신 일을 우리 문화에 어떻게 하면 가장 효과적으로 전달할지 궁리하는 매우 귀중한 자료가 분명하다. 그러나 이 장에서는 특별히 사도행전에 관심을 기울이려고 한다. 사도행전에는 바울을 비롯해 뛰어난 초기 그리스도인들이 사용한 변증방식이, 특히 베드로가 한 연설^{설교}과 이들이 사용한 변증방식이 기록되어 있기 때문이다. 일련의 연설과 사건에서, 바울을 비롯한 사람들이 몇몇 중요한 그룹의 사상 및 관심과 직접 소통한다. 사도행전의 내러티브에서(그리고 실제로 초대교회 역사에서) 분명하게 나타나듯이, 이러한 각 그룹이 초대교회에서 나타났으며 초대교회의 확장에 중요한 역할을 했다.

사도행전에 나타난 초기 변증방식들은 진정한 성경적 변증방식에 관해 중요한 통찰을 제시할 뿐 아니라 초대교회의 발전에 아주 중요한 몇몇 구체적인 그룹과 소통하는 전략도 제시한다. 사도행전에 기록된 몇몇 핵심 연설에서 베드로와 바울이 전개한 폭넓은 변증전략을 탐구해보려고 하는데, 이들은 주요한 세 그룹인 유대인, 그리스인, 로마인의 관심사를 직접 다루었다. 각각의 경우 관심사와 접근방식이 제각기 다르다. 그러나 각 경우 동일한 복음을 변호한다. 복음은 대상에 따라 다른 방식으로 전달되고 확증되는데, 각 방식은 예수 그리스도의 복된 소식을 구체적인 각 그룹에 전하는 가장 적절한 방식이 무엇인지 숙고한 끝에 결정된다. 먼저 사도행전 2장에 기록된 유명한 오순절 설교에서, 베드로가 유대인들에게 어떻게 복음을 변호하고 전하는지 살펴보자.

유대인을 향한 변증: 베드로의 오순절 설교(행 2장)

기독교는 유대교 내부에서 기원했다. 기독교와 유대교의 관계는 초기 기독교 저자들이 맞닥뜨린 중요한 문제였던 게 분명하다. 예수 그리스도는 어떤 면에서 이스라엘과 연관이 있었는가? 하나님이 유대 민족을 다루시는 일과 예수 그리스도의 삶과 죽음과 부활을 통해 시작된 새로운 시대는 서로 어느 정도의 연속성과 불연속성을 갖는가?

그리스도인들은 지금껏 기독교가 유대교와 연관이 있다고 늘 분명하게 말했다. '아브라함과 이삭과 야곱의 하나님'은 '예수 그리스도의 하나님'이다. 초기 기독교는 유대교 내부에서 등장했고, 기독교 운동에 귀의한 최초의 회심자들은 대부분 유대인이다. 신약성경은 그리스도인들이 지역 회당에서 복음을 전했다고 자주 언급한다. 유대교와 기독교는 너무나 비슷했기에, 로마 당국자들을 비롯한 외부인들은 기독교를 정체성이 뚜렷한 새로운 운동으로 생각하기보다는 유대교의 한 분파로 여겼다. 그렇다면 복음이 유대인들에게 어떻게 설명될 수 있었는가? 한 가지 핵심 문제는 예수님의 정체성, 특히 이스라엘 백성과 관련해 예수님이 누구였느냐는 문제였다.

여기서 분석하려는 주요 본문은 베드로가 오순절에 했던 유명한 설교다.[행 2:14-40 3] 누가복음과 사도행전의 저자로 널리 인정되는 누가는 베드로의 설교를 들은 청중의 정체를 뚜렷하게 밝힌다. 이들은 "경건한 유대인들" 곧 "천하 각국으로부터 와서 예루살렘에 머물러 있던" 유대인들이었다.[행 2:5] 설교의 핵심은 예수님의 도래가, 좀 더 정확하게 말하자면 나사렛 예수의 부활과 성령강림을 비롯한 구원의 섭리 전체가 구약성경의 예언을 성취한다는 것이다. 설교의 기본 틀은 이렇다.

1단락[2:14-21]: 오순절 사건들을 구약성경의 예언에 비춰본다. 유대 청중의 눈앞에서 펼쳐진 놀라운 사건들은 하나님이 구약성경에서 자기 백성에게 하신 약속들, 이제 성취된 약속들에 비춰볼 때만 이해가 가능하다.

2단락[2:22-28]: 나사렛 예수가 높임을 받으셨다고 구약성경의 대망에 비추어 단언한다. 다시 한 번 구약성경과 예수님의 도래 사이의 연속성이 입증된다. 지속적으로 예언에 호소하는데, 이런 방식이 이방인 청중에게는 의미 없을 테지만 경건한 유대인들에게는 대단히 중요했을 것이다.

3단락[2:29-36]: 나사렛 예수가 높임을 받으셨다고, 다음과 같은 신학적 해석과 더불어 단언한다. "너희가 십자가에 못 박은 이 예수를 하나님이 주와 그리스도[메시아]가 되게 하셨느니라."

4단락[2:37-40]: 이렇게 주신 구원을 얻기 위해 회개하라고 외친다.

주목해야 할 첫째 핵심은 베드로의 변증이 유대 청중에게 중요했으며 그들이 이해하고 있는 주제와도 직접 연결되는 방식이라는 점이다. 메시아 대망은(유대인들은 지금도 이런 기대를 계속한다!) 유대교에서 무척 중요하다. 여기서 베드로는 변증학적으로 매우 중요한 세 가지 움직임을 보인다. 첫째, 베드로는 예수님이 이스라엘의 구체적인 기대를 충족시켰음을 입증한다. 둘째, 베드로는 청중에게 무게 있는 구체적인 권위에(여기서는 구약성경의 예언 구절에) 호소한다. 셋째, 베드로는 청중이 쉽게 받아들이고 이해하는 언어와 용어를 사용한다. 특히 베드로가 예수님을 "주와 메시아[그리스도]"라고 말한다는 점에 주목하라. 베드로는 두 전문용어를 전혀 설명하지 않는다. 그럴 필요가 없었다. 주[Lord]라는 개념과 메시아라는 개념은 베드로의 청중에게 익숙했고, 또한 **중요했다.** 베드로의 메시지에서 새로운 점이 있다면, 예수님의 부활이야말로 그분이 주와 메시아로 인정받는 토대였음을 일관되게 강조한다는 것이다.

여기서는 변증학에서 해석이 얼마나 중요한지 강조할 필요가 있다. 베드로는 예수님의 죽음과 부활이 역사적 사실이라고 **단언**하는 데서 그치지 않고 예수님과 죽음과 부활을 구체적으로 **해석**한다. 역사에 호소하기^{appeal to history}는 기독교 변증가의 무기 중에서 중요하고 뚜렷한 역할을 한다. 이 방식은 신앙의 토대가 되는 위대한 역사적 사건을 보도하는 복음서 기사의 신뢰성을 내부인들에게 재확인시킨다.

그렇다면 외부인들은 어떤가? 역사적 증거에 호소하는 방식이 신앙 밖 사람들에게는 어떤 역할을 하는가? 이런 방식으로 외부인들을 신앙으로 인도해 들일 수 있는가? 역사적 증거에 호소하는 방식이 중요한 역할을 한다는 데는 의문의 여지가 없다. 이렇게 할 때 믿음을 가로막는 큰 장애물이자 무신론자들이 제기하는 비판, 즉 신약성경은 '꾸며낸 이야기'며 실제적인 역사적 뿌리가 전혀 없다는 비판이 최소화된다. 이렇게 할 때, 우리는 기독교를 태동시킨 역사적 사건을 강조함으로써, 대체로 빈약한 근거를 들어 기독교가 소원 실현^{wish-fulfillment}에 지나지 않는다고 말하는 외부인들의 주장에 강한 타격을 입히는 셈이다. 기독교 신앙은 부분적으로 나사렛 예수의 역사에 대한 반응으로 생겨났다.

그러나 역사 변증학(historical apologetics, 역사에 근거를 두는 변증학 — 옮긴이)에는 약점이 있다. 이러한 변증학은 사건을 자세히 기술한다. 반면 복음은 사건 **해석**에 관심을 둔다. 역사 변증학은 '이 사건이 실제로 일어났는가'라고 묻는다. 그러나 삶의 큰 물음은 단지 사건 자체가 아니라 사건의 의미에 관심을 둔다. 실제로 어떤 사건이 역사적으로 오래 남는 까닭은 그 사건이 **내포하는 의미** 때문이라는 말은 옳다. 이것은 중요한 핵심이며, 따라서 더 깊이 살펴봐야 한다. 이해를 돕기 위해, 로마 군인이자 정치가인 율리우스 카이사르Julius Caesar, BC 100~BC 44의 일생에서 매우 중요했던 순간을 살펴보자. BC 49년, 카이사르는 고올Gaul, 갈리아에서 군대를 이끌고 남쪽으로 내려가 이탈리아로 들어갔다. 어느 시점에 이들은 강을 건너야 했다. 루비콘 강이었다. 그 시대 기록에 따르면 루비콘 강은 특별히 넓지도 깊지도 않았다. 루비콘 강을 건너기란 물리적으로 그다지 어렵지 않았다. 따라서 루비콘 강을 건너는 행위 자체는 역사적으로 아무런 의미도 없었다.

그러나 루비콘 강은 정치적 이정표였고, 로마 원로원이 직접 통치하는 영토의 북쪽 경계선이었다. 따라서 허락 없이, 더군다나 군대를 이끌고 이 경계선을 넘는다는 말은 카이사르가 로마에 선전포고를 한다는 뜻이었다. 루비콘 강을 건너는 행위가 중요한 까닭은 이로써 역사상 가장 유명한 내전 중 하나가 시작되었다는 표시이기 때문이다. 그러나 당시 상황에 능통한 관찰자만이 카이사르의 행동이 내포하는 의미를 십분 깨달을 수 있다. 반면 훈련되지 않은 관찰자라면, 어떤 군대가 별로 중요하지도 않은 어떤 강을 건넜나보다 할 것이다. 사람들은 매일 강을 건넌다. 군대가 강을 건넌다고 특별할 게 없다. 도하 훈련은 군대에서 수시로 하는 일이기 때문이다. 그러나 이 특별한 강을, 역사에서 이 특별한 순간에 건너는 행위는 그야말로 선전 포고였다.

그러므로 단지 일어난 사건을 확고히 할 게 아니라 그 사건을 해석하는 방식을 분명히 해야 한다. 그 사건을 의미 있게 하는 정황을 확인해야 한다. 루비콘 강을 건너는 카이사르를 다루든 아니면 십자가에 달려 죽었다가 다시 살아나신 나사렛 예수를 다루든 간에, 이런 원칙은 똑같이 적용된다. 사건이 내포하는 역사적 의미를 파악해야 한다. 신약성경에서, 특히 바울의 저작에서 이러한 과정을 확인할 수 있다. 바로 이 부분에서 순전한 역사 변증학이, 일어난 사실을 확고히 하는 데 몰두하는 변증학이 흔들리기 시작한다. 사건에 해석을 덧붙여야 한다. 바울이 로마서에서 말했듯이, 그리스도는 "우리가 범죄한 것 때문에 내줌이 되고 또한 우리를 의롭다 하시기 위하여 살아나셨"롬 4:25다. 바울이 역사적 단언(그리스도께서 죽음에 내줌이 되었고 죽은 자 가운데서 다시 살아나셨다)과 신학적 해석(이런 일들 때문에 우리가 용서받고 의롭게 되었다)을 어떻게 매끄럽게 연결하는지 주목하라.

그렇다면 베드로의 설교는 오늘 우리에게 어떤 의미인가? 그것은 하나님께서 그분의 선민選民을 대하시는 일 중에서 그야말로 백미임을 보여주는 강력한 사례가 바로 예수님임을 우리에게 상기시켜 준다. 베드로의 주장처럼, 예수님의 부활은 그분이 '주와 메시아'라는 결론을 도출하는 숱한 실마리 가운데 으뜸이다. 훌륭한 변증이란 역사적 사실을 단언하는 게 아니다. 우리는 단지 예수님이 십자가에서 죽고 다시 살아나셨음을 증명하려는 게 아니다. 우리는 이러한 사실이 타락하고 길 잃은 세상에 주는 의미를 전달하고 싶다.

훌륭한 변증이란 단지 영적 통찰을 단언하는 게 아니다. 인간의 가장 깊은 필요를 채우는 기독교 신앙의 능력을 단언하는 게 아니다. 이러한 통찰은 역사적 사건을 통해 얻어진다. 사건을 올바르게 이해하면 거기 내포된 깊은 영적 의미도 파악할 수 있다. 따라서 사건과 그 의미는 함께 주어지고 함께 선포되어야 한다. 베드로의 오순절 설교는 이렇게 하는 가장 좋은 방법과 관련해 몇 가지 중요한 실마리를 제시한다.

그리스인을 향한 변증: 바울의 아테네 설교(행 17장)

신약성경 저자들이 복음을 선포할 때 가장 중요하게 여긴 청중들 중 하나가 '그리스인' the Greeks 이다. 바울이 쓴 고린도전서에서 '그리스인'은 '유대인'과 더불어 상당히 중요한 그룹으로 등장한다.고전 1:22 사도행전의 몇몇 단락이 보여주듯이 바울은 그리스 수사학뿐 아니라 이러한 고전시대(classical period, 그리스-로마 시대를 말한다—옮긴이)의 신앙과 관습에도 적잖이 익숙하고 정통했다.[4]

기독교와 이러한 고전적인 철학 신념 사이에 이뤄진 가장 중요한 초기 소통 가운데 하나가 바울이 그리스 도시 아테네, 곧 플라톤 아카데미가 위치한 도시에서 행한 설교에 나타난다. 아테네는 페리클레스 Pericles, BC 495?~BC 429 치하의 고전시대에 정치와 문화의 중요한 중심이었으나 바울이 방문했을 때는 이미 쇠퇴의 길에 접어들었다. 이제 아테네는 로마제국의 일개 지방 도시에 지나지 않았고, 예전의 영광과 명성을 상당 부분 잃어버렸다. 그리스는 지혜롭지 못하게도 로마 내전의 패배자 쪽에 섬으로써 심각한 좌절을 겪었다. 현실은 아테네가 추구하는 이미지와 그다지 부합하지 않았으나, 그럼에도 아테네는 상징적 중요성을 유지했다. 기독교가 아테네에서 뿌리내리려면, 아테네의 어마어마한 철학적 전통과 소통해야 했다. 바울은 연단에 올라 이러한 도전을 감행했다.

누가에 따르면, 바울은 아테네 사람들을 상대로 연설을 시작하면서 먼저 살아계신 하나님을 서서히 소개하고, 그럼으로써 아테네 사람들의 종교적, 철학적 호기심에 맞춰 자신의 신학을 설명해나갔다.[5] 바울은 개개인의 '신 의식' sense of divinity을 기독교 신앙에 다가서는 접촉점으로 활용한다. 이렇게 함으로 바울은 기독교 복음을 기존에 존재하는 그리스의 유신론적 추정과 연결하는 동시에 기독교 복음이 이러한 추정을 어떻게 넘어서는지 보여준다. 바울은 스토아 철학에 잠재된 변증능력을 분명하게 인정하며, 복음이 스토아 철학의 주요 관심사에 부합한다고 말하지만, 그와 더불어 알 수 없는 것의 범위를 확대한다. 바울은 그리스인들이 알려지지 않았다고 주장한, 어쩌면 알 수 없다고 주장한 그 무엇이 그리스도의 부활을 통해 알려졌다고 선포한다. 바울은 복음을 청중의 경험세계 및 인지세계와―온전한 기독교 신앙을 훼손하지 않은 채―연결할 줄 안다.

그렇다면 바울은 아테네 청중과 복음을 연결하기 위해 어떤 권위를 활용하는가? 아테네 사람들이 구약성경을 전혀 몰랐다는 사실에 주목해야 한다. 베드로의 오순절 설교는 그 대상이 구약성경을 잘 아는 유대 청중이었다. 반면 바울의 아테네 설교는 문화적 정황이 전혀 다른 사람들에게 행한 설교다. 바울은 복음을 이스라엘의 역사와 소망과 연결하지 않으면서 복음을 선포해야 하는 상황에 처했다. 그렇다면 바울은 이런 상황에서 어떻게 복음을 선포하는가?

베드로는 '성경이라는 책'에 호소한다. 반면 바울은 '자연이라는 책'으로 눈을 돌린다. 이것은 성경에 깊이 뿌리박은 개념이다. "하늘이 하나님의 영광을 선포하고 궁창이 그의 손으로 하신 일을 나타내는도다."시 19:1 바울은 이러한 통찰에 내포된 신학적 진리와 변증적 의미를 굳게 믿었다(특히 로마서 1-2장을 보라). 따라서 창조자 하나님께 대한 호소가 그리스도 안에서 이뤄지는 대속을 소개하는 통로가 된다.

바울은 청중의 뚜렷한 정체성과 특징을 분명하게 알고, 그 지역의 다양한 신앙과 상징물을 자기주장을 변증하는 기반으로 활용한다. 바울의 청중은 구약성경을 모른다. 그래서 바울은 이들에게 친숙한 문학의 대가들을 토대로 삼는다. 이 경우 그 시대의 위대한 문화적 상징 중 하나로 널리 인정받던 아테네 시인 아라토스Aratus를 인용한다. 아라토스는 BC 4세기 말에서 3세기 초에 살았던 인물이며, 바울의 고향이기도 한 길리기아 지역의 솔리Soli에서 태어났다. 아라토스는 제노Zeno가 아테네에 세운 학교에서 철학을 공부했다. 그의 작품은 거의 남아 있지 않다. 그러나 왜 바울이 아라토스를 인용했는지는 분명하다.

> 이는 사람으로 혹 하나님을 더듬어 찾아 발견하게 하려 하심이로되 그는 우리 각 사람에게서 멀리 계시지 아니하도다 우리가 그를 힘입어 살며 기동하며 존재하느니라 너희 시인 중 어떤 사람들의 말과 같이 우리가 그의 소생이라 하니.행 17:27-28

여기서 바울은 하나님이 가까이 계시다는 자신의 주장을 강조하기 위해 — 확립하기 위해서가 아니라 — 아라토스의 말을 반 줄가량 인용한다.

두 번째 상징물도 바울의 변증방식에서 중요한 역할을 한다. 그 상징물이란 어느 제단에 새겨진 "알지 못하는 신에게"라는 글귀다.행 17:23 디오게네스 라에르티우스Diogenes Laertius의 저작처럼, 당시 문헌들은 이 무렵 '익명의 제단들'이 있었다고 전한다. 바울은 여기서 그리스인들이 어렴풋이, 직관적으로 아는 신이 이제 복음을 통해 이름을 비롯해 속속들이 알려졌다고 주장한다. 창조질서를 통해 간접적으로 알려진 하나님을 이제는 예수 그리스도의 부활을 통해 완전하게 알 수 있다.

바울이 아테네에서 행한 변증적 설교는 복음을 어떻게 지역 청중에 맞게 선포해야 하는지와 관련하여 몇 가지 중요한 통찰을 제시한다. 베드로가 예루살렘에서 유대 청중에게 접근한 방식을 바울이 아테네에서 그리스 청중에게 사용했다면 효과가 없었을 것이다. 마찬가지로 바울이 아테네에서 사용한 방식을 베드로가 예루살렘에서 유대 청중에게 사용했더라도 효과가 없었을 것이다. 바울은 지역 상황에 맞게 수사학을 수정하고 지역의 권위자(시인 아라토스)를 인용하며, 지역의 상징물(익명의 제단)이 갖는 변증학적 잠재력을 활용하여, 자연질서 속에 존재하는 신에 관한 아테네 사람들의 생각에 부합하는 사고체계를 전개한다. 이러한 방식은 오늘날에도 쉽게 받아들이고 수정해 적용할 수 있다.

로마인을 향한 변증: 바울의 법정 연설(행 24-26장)

초기의 기독교가 만난 셋째 청중은 로마인들이다. 당시 로마는 지중해 세계를 호령하는 제국이었다. 로마제국의 권위자들은 기독교의 출현을 의심의 눈초리로 보았을 게 분명하다. 그 이유 중 하나는 로마제국 가운데 사회적으로 불안한 지역에서 기독교가 문제를 일으킬 소지가 있기 때문이었다. 그러나 로마제국이 기독교를 껄끄럽게 생각하는 더 중요한 이유가 있었다. 이른바 황제숭배였다.

황제숭배는 로마황제를 떠받드는 일종의 시민 종교였다.[6] 황제숭배는 아우구스투스 Augustus 시대에 생겨났고, 특히 그리스도께서 태어나기 직전 몇 십 년 동안 중요해졌다. AD 50년경, 기독교가 로마제국의 동쪽 지역에서 심상찮게 성장하고 있을 때, 황제숭배는 이미 로마제국의 식민지 지역, 특히 지중해 동부의 여러 식민지에서 확고히 자리 잡은 상태였다. 황제숭배는 로마제국 전역에서 사회적 결속과 안정을 확보하는 중요한 수단이었다. 황제숭배 거부는 정치적 전복행위나 반역행위와 다름없었다. 그리스도인들의 경우 황제숭배를 거부하면 선동 혐의로 고발당하기 십상이었다.

바울은 정확히 이러한 선동 혐의로 고발당했다. 당시 바울을 고발한 사람은 전문 웅변가 더둘로 Tertullus였다.[행 24:1-8] 더둘로에 따르면 바울은 "천하에 흩어진 유대인을 다 소요하게 하는 자요 나사렛 이단의 우두머리"였다.[행 24:5] 이것은 로마제국의 권위에 맞서 정치적 전복과 반란을 꾀한다는 고발과 다르지 않았다. 문제가 심각했다. 바울은 이러한 고발에 효과적이고도 설득력 있게 답해야 했다. 그리스어 **아폴로기아**는— '변증학'이란 단어가 여기서 파생했다—흔히 '법적 변호'라는 의미를 내포한다.

바울은 자신을 법적으로 변호했다. 로마 관리들 앞에서 기독교를 강변하는 중요한 연설들이 사도행전 24-26장에 나온다. 최근의 여러 연구는 이 연설이 당시에 잘 알려진 소송 형식을 따른다는 점을 강조한다.[7] 초기 로마제국의 공식 재판이 기록된 파피루스가 250개 넘게 현존하는데, 이것들은 당시의 법적 절차가 어떻게 진행되고 어떤 방식으로 기록되었는지에 관해 몇몇 중요한 사실을 보여준다. 일반적으로 검사의 발언이든 변호사의 발언이든 간에, 법정 발언은 네다섯 가지 기본요소로 구성된다. 변호 발언의 경우 구체적인 고발을 반박하는 내용이 포함되었다.

사도행전 24장 10-21절에 기록된 바울의 자기변호를 살펴보면, 이것이 얼마나 중요했는지 알 수 있다. 바울은 더둘로가 자신을 고발한 내용에 답한다. 바울이 더둘로의 고발을 조목조목 반박하면서 로마의 법 관습이 낳은 '교전交戰 수칙'을 따르는— 많은 학자들이 볼 때 바울은 아주 능숙하게 따른다 — 방식에 주목해야 한다. 바울은 자신의 신앙과 자신을 고발한 유대인들의 신앙이, 특히 성경 및 부활과 관련된 부분에서 연속성을 갖는다는 점을 강조한다. 그러나 바울이 로마의 증거규정rules of evidence에 호소한다는 점이 가장 중요한데, 바울은 상대의 허를 찌를 만큼 이 규정을 능숙하게 활용한다.

이 논의에서 우리의 관심사는 이 중대한 역사적 대결에서 무슨 일이 일어났는지 밝히는 게 아니라, 그 일이 오늘 우리가 처한 변증적 상황과 어떤 관계가 있는지 밝히는 것이다. 여기서 로마의 법률적 논증의 날카로운 핵심은 우리의 관심사가 아니다. 핵심은 이것이다. 바울은 로마 법정이 증거를 어떻게 평가하는지 알았고, 로마의 법률 체계를 속속들이 활용할 줄 알았다. 특히 두 가지 핵심이 분명하게 드러난다.

첫째, 바울이 로마 법체계의 '교전 수칙'을 얼마나 효과적으로 활용했는지 주목해야 한다. 바울은 자신의 미래가 달린 중대한 결정을 내릴 사람들 눈에 몇몇 논증이 얼마나 중요한지 알았다. 실제로 무엇이 중요한지도 알았다. 그러기에 바울은 한 사람의 신자로서 자신과 기독교 복음을 더없이 효과적으로 변호해낸다. 이러한 핵심은 오늘에도 여전히 중요하다. 우리는 숱한 비판자에 맞서 복음을 변호해야 한다. 그러나 기독교를 싫어하거나 거부하는 모든 사람을 하나로 뭉뚱그려 천편일률적으로 대해서는 안 된다. 기독교를 받아들이는 이유가 제각기 다르듯이, 기독교를 거부하는 이유도 제각각 다르다. 어떤 사람에게는 기독교를 변호하고 설득력 강해 보이는 논증이 다른 사람에게는 기독교를 반박하기에 더없이 좋은 논증으로 보일지도 모른다! 우리는 어떤 논증이 청중에게 먹혀들지 알아야 한다.

둘째, 바울을 고발한 자들과 이들의 법적 대리자들이 바울과 기독교 복음을 오해한 게 아주 분명하다. 바울은 대체로 자신이 믿는 바를 분명하게 제시하는 변증전략을 편다. 기독교와는 아예 상종하지 않겠다는 의도적인 결정이든, 아니면 무의식적으로 적대감을 품는 형태든 간에, 기독교를 거부하는 까닭은 선입견 때문이다. 기독교를 희화한 그림이나 기독교에 대한 왜곡을 거부하면서도 진정한 기독교를 전혀 만나지도 못했고 알지도 못할 가능성은 얼마든지 있다. 바울이 볼 때, 기독교 신앙을 변호하는 가장 좋은 방법 중 하나는 그것을 설명하는 것이다.

변증학과 청중: 일반적 원리

지금껏 보았듯이 다양한 청중을 이해하는 게 매우 중요하다. 청중마다 뚜렷한 정체성이 있으며, 이러한 정체성은 이들의 특별한 관심사나 혹은 이들이 기독교 신앙과 관련하여 겪는, 기독교 신앙과의 접촉점으로 활용될 만한 진입로와 관련하여 겪는 여러 어려움으로 나타난다.

사도행전의 변증적 설교를 살펴보면, 일반적인 세 가지 원리가 나타난다. 이 원리를 요약하여 오늘 우리가 어떻게 활용할 수 있을지 생각해보면 도움이 될 것이다.

1. 구체적인 청중에게 말하라. 여기서 탐구하는 세 가지 설교는 염두에 둔 청중이 각각 다르다. 베드로는 구약성경을 훤히 꿰뚫고 있고 유대교의 소망을 잘 아는 유대인들에게 설교한다.

아테네에서 바울은 세속적인 그리스 이교도들의 관심사를 다루며 이들이 이해할 법한 용어를 사용한다. 각각의 경우, 변증 방식은 구체적인 청중에 맞게 마름질된다. 우리도 변하지 않는 복음을 각 청중의 다양한 필요에 맞게 전하는 한결같은 능력을 보여줘야 한다(그리고 그렇게 하기 위해 노력해야 한다).

2. 청중에게 통하는 권위를 찾아내라. 베드로는 구약성경에 호소한다. 자신의 설교를 듣는 유대 청중이 구약성경을 권위 있게 여긴다는 점을 알기 때문이다. 아테네에서 바울은 복음을 변호하면서 그리스 시인들에게 호소한다. 변증가는 각 청중에게 통하는 권위가 무엇인지 알아야 하며, 한 무리의 청중에게 잘 통하는 권위라도 다른 청중은 경멸할지 모른다는 점을 염두에 두어야 한다.

3. 청중에게 통하는 논증방식을 사용하라. 이것이 매우 중요하다. 바울은 로마의 법 관습을 신중히 따르는데, 이것은 복음의 진리를 각각의 청중에게 가장 효과적으로 제시해야 한다는 일반적 원칙을 보여주는 사례다. 바울은 자신의 무죄를 증명하면서 확실하고 탄탄한 증거를 제시한다. 그러나 바울이 청중의 기대와 관습에 어긋나는 방식으로 증거를 제시했다면, 그 증거는 약하고 부적절해 보였을 것이다. 지혜롭게도 바울은 증거를 제시하고 논증을 전개하면서 로마의 기존 틀을 깨지 않고 그대로 활용했다.

변증학과 청중: 구체적 쟁점

그렇다면 우리는 이러한 여러 핵심을 어떻게 전개해야 하는가? 이것들이 역사적으로 중요하고 성경적으로 뒷받침되는 것은 분명하다. 그러나 이러한 개념을 우리의 변증적 대화, 설교와 글에 어떻게 적용할 수 있는가? 이 시점에 이르면 하나의 기술로서 변증학이 갖는 중요성이 부각된다. 이러한 원리를 지혜롭게 적용하려면, 상황을 잘 이해할 뿐만 아니라 상상력과 솜씨도 겸비해야 한다.

진짜 문제는 청중에게 가장 효과적인 진입로를 찾는 일이다. 어떤 사람들에게는 증거에 기초한 추론이 진입로가 된다. 변증가들은 기독교 신앙의 합리성을 입증하는 일이 얼마나 중요한지 오래전에 깨달았으며, 이것은 지금도 현대 변증학의 주요 과제다. 그러나 어떤 청중은 다른 기준을 사용한다. 어떤 청중은 복음의 진리를 가장 중요한 문제로 보지 않는다. 이들에게 문제는 복음의 효력이다. 실용주의적인 청중을 대할 때 변증가는 기독교 신앙이 삶에서 낳는 차이를 강조해야 한다. 어떤 청중은 도덕을 핵심 쟁점으로 여긴다. 복음이 내가 선한 삶을 사는 데 도움이 되는가?

C. S. 루이스가 그의 저서들에서 뚜렷이 다른 세 가지 변증 전략을 펼친다는 사실은 흥미롭다. 그런데 각 저작은 특정한 청중을 겨냥한다. 《순전한 기독교》*Mere Christianity*, 홍성사 와 《기적》*Miracles*, 홍성사 에서 루이스는 이성을 토대로 기독교 신앙을 변

증한다. 《순례자의 귀향》*The Pilgrim's Regress*, 홍성사과 《예기치 못한 기쁨》*Surprised by Joy*, 홍성사에서는 기독교 신앙이 인간 갈망의 성취라는 것이 핵심적인 변증주제다. 유명한 시리즈 소설 《나니아 연대기》*Chronicles of Narnia*, 시공사에서 루이스는 상상력을 인간의 영혼 속으로 들어가는 진입로로 보고 상상력에 호소한다.

여기에 모순은 없다. 루이스는 단지 기독교 신앙의 다양한 요소를 밝히고 이것을 기독교 변증에 활용할 뿐이다. 이것은 앞 장에서 살펴본 방식이다. 루이스는 이러한 방식 하나하나가 다양한 그룹의 사람들과 연결되고, 기독교 신앙의 다양한 요소를 제대로 전달하려면 각 그룹에 맞춰 저술 형식을 조금씩 달리해야 한다는 점을 당연히 알았다.

다음 장에서 살펴볼 주제

이 장에서는 변증방식을 선택하고 변증하는 과정에서 청중이 얼마나 중요한지 살펴보았다. 결론적으로 신앙으로 들어가는 진입로가 다양하다고 했다. 즉, 아름다움이나 상상력이나 정의에 대한 갈망을 통해 신앙으로 들어갈 수 있다. 이런 여러 방식에 대해서는 나중에 살펴보도록 하고, 그 전에 고전 변증학의 큰 주제 중 하나에 주목하고자 한다. 변함없이 지금도 중요한 그 주제는 바로 기독교가 합리적이라는 것이다.

■ Clark, David K. *Dialogical Apologetics: A Person-Centered Approach to Christian Defense.* Grand Rapids: Baker, 1993.

■ Heim, S. Mark. *The Depth of the Riches: A Trinitarian Theology of Religious Ends.* Grand Rapids: Eerdmans, 2001.

■ Placher, William C. *Unapologetic Theology: A Christian Voice in a Pluralistic Conversation.* Louisville: Westminster John Knox, 1989. (《비변증론적 신학》, 은성).

■ Stackhouse, John G. *Humble Apologetics: Defending the Faith Today.* Oxford: Oxford University Press, 2002.

5

기독교 신앙의 합리성

Alister E. McGrath

MERE
APOLOGETICS

변증학은 기독교가 합리적이라는 사실을 납득시키는 것이다. 20세기 최고의 기독교 변증가라 해도 좋을 C. S. 루이스는 특유의 설득력과 간결한 설명으로 기독교 신앙의 능력을 이렇게 묘사한다. "나는 해가 뜬 것을 믿듯이 기독교를 믿는다. 단지 해를 볼 수 있기 때문이 아니라 해를 통해 다른 모든 것을 보기 때문이다."[1] 루이스의 핵심은 기독교 변증학의 근간을 이룬다. 기독교는 그 자체로 설명되고, 다른 모든 것을 설명하는 능력이 있다.

루이스는 소설을 비롯한 여러 작품을 통해, 세상을 바라보는 기독교의 방식이 적절하고 타당하며 설득력 있다고 말한다. 일단 세상을 기독교적 관점으로 보면 나머지 시각들이 비교적 부적절하다는 게 분명해진다. 루이스의 옥스퍼드 동료이자 신약학자인 오스틴 파러 Austin Farrer, 1904~1968는 하나님을 믿는 신앙이 어떻게 **이성적인** 동시에 **자연스러운지** 보여줄 수 있다는 점이 변증가로서 루이스의 큰 장점이라고 했다.

[루이스의] 진정한 힘은 증명이 아니다. 묘사다. 그의 저작에는 생

각하고 느낄 수 있는 기독교적 우주가 살아 있고, 그곳에서 그는
편안해했으며 독자도 편안하게 해주었다. 도덕적 문제들은 날카
롭고 명료하게 제시되고 하나님의 뜻과 연결되었으며 일단 그
렇게 보이면, 절대로 달리 볼 수 없었다.[2]

기독교 신앙의 지적 광대함은 최고의 장점 중 하나이며,
상당한 변증적 잠재력을 갖는다. 이것이 이번 장에서 살펴보고
자 하는 주제다. 내가 볼 때 기독교는 그 어느 관점보다 현실
을 잘 설명한다. 그렇다고 다른 관점이 비합리적이라는 말은 아
니다. 예를 들어 무신론의 형식은 대부분 그들만의 뚜렷한 합
리성을 띠는데 리처드 도킨스Richard Dawkins와 크리스토퍼 히친
스Christopher Hitchens를 비롯한 무신론자들은 무신론이야말로 유일
한 형태의 합리성이라며 섣부르고 지혜롭지 못한 주장을 편다.
대부분의 기독교 변증가들은 기독교가 어느 대안보다 세계를
더 잘 설명한다고 본다.

《다시 찾은 브라이즈헤드》Brideshead Revisited로 잘 알려진 영
국 소설가 에벌린 워Evelyn Waugh, 1903~1966도 비슷한 지적을 했다.
1930년에 기독교로 개종한 에벌린은 친구에게 보낸 편지에서
새로운 신앙 덕분에 처음으로 세상을 또렷이 보았다고 썼다.

회심은, 모든 것이 우스꽝스러운 만화 같은 거울 속 세상Looking
Glass에서 나와 벽난로 위의 선반을 가로질러 하나님이 지으신

진짜 세계로 들어가는 것과 같다네(Looking Glass는 《이상한 나라의 앨리스》에 나오는 거울로, 이상한 세계로 들어가는 입구다 ― 옮긴이). 그러면 그 무한한 세계를 탐험하는 값진 여정이 시작된다네.[3]

신앙을 갖기 전, 에벌린은 진실을 은폐하는 왜곡된 세상만 보았다. 회심 후 에벌린은 세상을 참모습 그대로 보았다. 후기 저작들이 분명하게 보여주듯이, 에벌린은 흥분과 열정과 경이감을 품고 이 새로운 세상을 탐험하는 여정을 시작했다.

그렇다면 우리는 신앙의 합리성을 어떻게 이해해야 하는가? 기독교 신앙의 합리성은, 비록 분명히 상호보완적이기는 하지만 각기 다른 두 방식으로 입증될 수 있다.

1. 기독교 신앙의 몇몇 핵심을 뒷받침하는 논증적 토대나 입증적 토대가 있음을 보여줌으로 기독교 신앙의 합리성을 입증할 수 있다. 이러한 방식에는 하나님의 존재를 뒷받침하는 지적 논증이나 나사렛 예수의 부활을 뒷받침하는 역사적 논증이 포함될 수 있다. 여기서 기독교 신앙을 구성하는 기본요소의 신뢰성을 뒷받침하는 직접적인 사례가 제시된다.

2. 기독교 신앙이 참이라면, 기독교 신앙은 현실을 어느 대안보다 잘 설명한다는 것을 보여줌으로 기독교 신앙의 합리성을 입증할 수 있다. 기독교는 어느 대안보다 우리의 관찰 및

경험과 잘 맞는다. 이것은 과학 이론을 검증하는 것과 아주 비슷하다. 과학 이론은 대개 관찰된 내용을 수용하거나 설명해내는 능력을 기준으로 판단되기 때문이다.

두 방식은 상호배타적이지 않을뿐더러 변증학에서 함께 사용될 수 있다.

이제 변증학으로 기독교 신앙이 우리 문화에 합리적으로 타당함을 입증하려 할 때, 변증학에 매우 중요한 몇몇 접근과 고찰방식을 살펴보고자 한다.

먼저 신앙의 본질을 살펴보면서 고찰을 시작할 수 있다.

신앙의 본질에 대한 이해

2006년에 '신무신론' New Atheism 이 발흥하면서, 신앙의 본질에 대한 관심이 새롭게 일어났다. 하나님의 존재를 절대적으로 확실하게 입증할 수는 없다. 그런데 왜 하나님을 믿는가? 신무신론의 익숙한 표현 중 하나는 "하나님을 믿는 것은 비합리적이다"였다. 전투적인 무신론자 리처드 도킨스에게, 신앙은 증거를 피해 도망치고 모래에 머리를 처박으며 생각하길 거부하는 짓이다. 초기에는 많은 언론이 이런 비판에 긍정적으로 반응했다. 그러나 조금 더 깊이 살펴보니, 이 비판이 얼마나 얄팍한지 드러났다. 다른 모든 시각과 마찬가지로 신무신론 자체도 증명되지 않은 — 그리고 **증명 불가능한** — 신념과 도그마dogma를 담고 있는 것으로 드러난다.

알래스데어 매킨타이어 Alasdair MacIntyre 와 존 그레이 John Gray 처럼, 계몽주의를 비판하는 철학자들은 계몽주의가 지식의 보편적 토대와 기준을 추구했으나 이러한 추구는 엄청나게 축적된 반대 증거의 무게에 짓눌려 흔들리고 비틀거리더니 마침내 와르르 무너졌다고 주장한다.[4] 유일한 보편적 합리성에 대한 비전은 옹호될 수도, 성취될 수 없었다. 인간으로서, 우리는 분명하고 뚜렷하며 절대적이고 순전히 합리적인 진리라고는 없는 세상에서 산다는 사실을 깨닫지 않을 수 없다. 우리는 자신이 믿는 바를 정당화해주는 기준을 분명히 밝히고 변호해야 한다. 그러나 우리는 자신이 믿는 바가 증명을 초월한다는 점도 깨달아야 한다. 우리가 믿는 바는 하버드 대학의 심리학자 윌리엄 제임스 William James 가 대중화시킨 표현을 빌려, '작업가설' working hypotheses 이라는 말로 이해할 수 있다.[5]

예를 들어 설명하면 분명해진다. '강간은 나쁘다'와 같은 윤리적 진술은 참이라고 증명될 수 없다. 이성으로도 증명이 불가능하고 과학으로도 증명이 불가능하다. '민주주의가 파시즘보다 낫다'는 정치적 진술도 참이라고 증명될 수 없기는 마찬가지다. 그렇다고 우리가 이러한 도덕적, 정치적 신념을 믿기를 — 그리고 그 신념을 토대로 행동하길 — 그만두지는 않는다. 이것은 개인 윤리와 정치적 관점에만 적용되는 게 아니다.

정의 같은 중요한 사회적 신념에도 적용된다. 정의 개념이 없다면 어느 나라나 사회도 존속하지 못한다. 그러나 인간의 순수이성을 토대로 정의에 관한 어떤 구체적인 개념이 옳다고 **증명**하지는 못한다.

최근 하버드 대학교 정치학 교수 마이클 샌델Michael Sandel은 모든 정의 개념이 인간 본성과 가치와 목적에 관한 일련의 신념을 비롯해 선한 삶의 개념에 의존한다고 강조했다.[6] 그가 바르게 지적했듯이, 이러한 신념은 증명이 불가능하다. 서구문화에서 계몽주의 시대는 이성이 최고 권위를 갖는다고 외치던 위대한 시기였다. 계몽주의 시대의 몇몇 사상가들은 이성이 실제로 이러한 질문에 명확히 답할 수 있다고 주장했다. 그러나 이러한 시각은 20세기에 혹독한 비판을 받았다. 이제는 거의 아무도 그렇게 생각하지 않는다. 궁극적으로 증명이 불가능한 신념에 의존하지 않고는 정의에 관한 물음에 의미 있는 답을 제시하지 못한다. 정의를 순수이성의 토대 위에 세우려는 계몽주의의 꿈은 무너지고 말았다. '순수이성'이라는 개념은 허구일 뿐이다. 합리성의 개념은 문화적 환경에 의해 형성된다.

스티븐 툴민Stephen Toulmin은 이 문제에 대하여 올바르게 지적했다.

합리적 판단은 그 자체가 특정한 상황에서 이뤄지고 본질적으로 특정한 상황에 의존하는 행위다. 우리가 마주치는 논증은 특정한 때에, 특정한 상황에서 제시된다. 우리가 그 논증에 동의할 때, 이러한 배경을 토대로 그 논증을 판단해야 한다.[7]

많은 계몽주의 사상가들이 이런 당혹스런 사실을 몰랐던 것으로 보이는데, 이들의 역사 연구는 한계가 있었고 고전적인 서구 전통만 고집했기 때문이다. 그러나 이러한 환상은 이제 깨졌다. 그리고 알래스데어 매킨타이어는 지식과 윤리에 대한 합리적 접근을 탁월하게 분석한 끝에, 정의와 윤리에 대한 '합리적' 접근의 순전한 다양성은 필연적으로 이런 결론에 이른다고 말했다. "계몽주의는 합리적 정당화rational justification라는 이상을 유산으로 남겼지만, 이런 이상을 성취하기란 불가능하다는 것을 스스로 증명했다."[8] 이성은 많은 약속을 하지만 그 약속을 지키지 못한다.

이런 예는 얼마든지 들 수 있다. 몇 해 전에 옥스퍼드의 위대한 철학자이자 지적인 역사가인 아이자이어 벌린 경 Sir Isaiah Berlin, 1909~1997은 이 모두가 똑같은 결론을 향한다고 했다. 벌린은 인간의 확신이 세 범주로 분류될 수 있다고 주장했다.

1. 경험적 관찰을 통해 확립될 수 있는 확신
2. 논리적 추론을 통해 확립될 수 있는 확신
3. 둘 중 어느 것으로도 증명이 불가능한 확신[9]

첫째와 둘째 범주는 한편으로 자연과학을 통해 확실히 알 수 있는 것과 관련이 있고, 다른 한편으로 논리와 수학을 통해 증명할 수 있는 것과 관련이 있다. '증명'은 다음과 같이 매우 좁은 범주의 진술에만 적용된다.

$2+2=4$

전체는 부분보다 크다.

물의 화학식은 H_2O이다.

첫째와 둘째 진술은 논리적으로 증명이 가능하고, 셋째 진술은 과학적으로 증명이 가능하다. 셋째 범주는 인간의 문화를 형성하고 인간의 실존을 규정하는 가치와 이상을 포함한다. 달리 말하면 인간의 삶에 이유와 방향과 목적을 주며 이성이나 과학으로 증명이 불가능한 신념을 포함한다.

무엇이 여기에 해당하는가? 1948년 유엔은 '기본 인권'에 대한 믿음을 재천명했다. 이러한 신념이 중요하기는 하다. 그렇더라도 유엔 인권선언은 논리적으로나 과학적으로 증명이 불가능하다. 억압이 악하다거나 강간이 잘못이라는 신념도 증명이 불가능하기는 마찬가지다. 우리는 이런 신념을 증명하지 못한다. 그렇더라도 사람들은 이런 신념이 첫째로 **옳고** 둘째로 **중요하다고** 믿으며 이러한 신념을 필생의 사업으로 삼는다. 영국의 문학비평가 테리 이글턴^{Terry Eagleton}이 리처드 도킨스의 《만들어진 신》*The God Delusion*, 김영사을 강력히 비판하며 지적하듯이, "우리는 확실한 합리적 정당성이 없는데도 불구하고 받아들여야 마땅한 숱한 신념을 붙잡는다".[10] 하나님을 믿는 신앙도 이 가운데 하나다.

철학자 앨빈 플란팅가Alvin Plantinga는 여러 해 전에 이것을 지적하면서 '타인의 마음'이라는 해묵은 문제를 언급한다.[11] 다른 사람들에게 마음이 있음을 완전하게 증명하기란 불가능하다. 그러나 아무도 여기에 대해 그다지 개의치 않는다. 이것은 안전한 추정이며 세상 이치에 맞아 보인다. 그런 다음 플란팅가는 '타인의 마음'의 존재 증명과 하나님의 존재 증명이 비슷하다고 주장한다. 어느 쪽도 증명이 불가능하며 양쪽을 모두 반박하는 훌륭한 논증을 제시할 수 있다. 그러나 이 둘을 변호하는 자들에게는 둘 다 완전히 합리적으로 보인다.

20세기 미국의 가장 위대한 철학자라 할 만한 리처드 로티Richard Rorty, 1931~2007도 몇 해 전 미국철학협회 강연에서 다음과 같이 말하며 비슷한 지적을 했다.

어떤 사람이 실제로 한 이론의 가치는 그 철학적 근거에 달렸다고 믿는다면, 철학 이론들과 관련해 상대주의가 극복될 때까지 그 사람은 물리학이나 민주주의를 실제로 의심하게 됩니다. 그러나 다행스럽게도 거의 아무도 상대주의를 믿지 않습니다.[12]

그가 말하려는 핵심은 무엇인가? 절대적 증거가 없더라도 우리 시대의 위대한 세계관들을 믿어도 좋다는 것이다.

모든 사람이 이런저런 것들이 참이라며 합리적으로 믿으나, 엄격히 말하면 이러한 믿음은 증명이 불가능하다는 것을 깨닫는다. 종교적 신앙을 비판하는 사람들은 흔히 '신앙'은 종교적인 사람들에게만 나타나는 일종의 정신질환이라고 말한다. 최근에 철학자 줄리아 크리스테바^{Julia Kristeva}가 말했듯이, "내가 어느 종교에 속하든 속하지 않든 간에, 내가 불가지론자든 무신론자든 간에, '나는 믿는다'라고 말할 때 내 말은 '나는 [그것이] 참이라고 여긴다'는 뜻이다".[13] 하나님, 정의, 인권에 관한 믿음은 모두 이러한 추정의 문제를 겪는다. 여기서는 이 셋만 언급하지만, 다른 것들도 얼마든지 추가할 수 있다.

무신론 저자들은 흔히 인간 이성의 한계를 고려하지 못한 채 자신의 확신은 철저하고 믿을 만하다고 주장한다. 이들은 **아무것도** 믿지 않는다고, 자신은 옳은 것을 따를 뿐이라고 말한다. 무신론 변증가 크리스토퍼 히친스는 자신 같은 신무신론자들은 믿음을 품지 않는다고 자신 있게 말한다. "우리의 믿음은 믿음이 아니다."[14] 한마디로, 틀린 말이다. 히친스가 자신을 속인다는 생각이 든다. 히친스의 종교 비판은 증명이 불가능한 핵심적인 믿음에 기초하는 게 분명하다. 히친스의 강력한 종교 비판은 (이를테면, '종교는 악하다'거나 '하나님은 선하지 않다'는 등의 비판은) 특정한 도덕적 가치관, 곧 증명이 불가능하고 궁극적으로 믿음으로 귀결되는 가치관에 기초한다. 히친스의 종교 비판은 일차적으로 도덕적이다. 따라서 히친스는 자신이 증명하지 못하는 특정한 도덕적 가치관을 상정해야 한다. 모든 도덕적 가치관은 궁극적으로 믿음에 기초한다. 결국 히친스의 기독교 비판은 그의 믿음^{신념}에 기초하며 그의 믿음을 표현한다. 자신이 참이라고 믿으며 다른 사람들도 참이라 믿을 거라고 추정하지만, 실제로 논리나 과학을 통해 참이라고 증명할 수 없는 것들에 기초하여 이것들을 표현한다.

기독교가 말하는 믿음이란, 단지 특정한 것이 참이라고 믿는 게 아니다. 믿음이란 이보다 훨씬 많은 것을 포함한다. 그리스도인들에게 믿음이란 단순히 **인식**의 문제("나는 이것이 참이라고 믿는다")가 아니라 **관계**와 **실존**의 문제다("나는 이 사람을 신뢰한다"). 믿음이란 단순히 하나님이 존재한다고 믿는 게 아니라 하나님은 지혜롭고 사랑이 넘치며 선하신 분임을 발견하는 것이다. 그리고 그 결과로 이러한 하나님께 자신을 헌신하겠다고 선택하는 것이다. C. S. 루이스가 말했듯이, 우리가 마주하는 대상은 "우리의 동의를 요구하는 논증이 아니라 우리의 신뢰를 요구하는 인격체^{a Person}다".[15]

따라서 믿음이란 단지 누군가가 존재한다고 믿는 게 아니라 그를 신뢰하는 것이다. 덴마크 철학자 쇠렌 키르케고르^{Søren Kierkegaard, 1813~1855}는 이 부분을 지적하면서, 하나님을 믿는 진정한 믿음이란 하나의 존재방식에서 다른 존재방식으로 넘어가는 '질적 도약'이라고 강조했다. 기독교 신앙이란 우리 세계의 기존 항목에 추가 항목, 곧 하나님을 덧붙이는 게 아니다. 기독교 신앙이란 이러한 신뢰로 가능한 새로운 '존재 양식'을 깨닫고 받아들이는 것이다. 20세기가 낳은 위대한 천재로 널리 인정받는 오스트리아 철학자 루트비히 비트겐슈타인 Ludwig Wittgenstein 은 하나님의 존재 '증명'의 핵심에 관해 깊은 의심을 품었다. 그는 논증을 통해 하나님을 믿게 되었다는 사람을 전혀 만나지 못했다고 했다!

미국의 위대한 청교도 신학자 조나단 에드워즈 Jonathan Edwards, 1703~1758 는 이러한 핵심을 예견했다. 에드워즈가 볼 때, 합리적 논증이 기독교 변증에서 가치 있고 중요한 자리를 차지한다. 그러나 합리적 논증은 그저 하나님이 존재한다는 믿음으로 이어질 뿐 변화를 일으키는 힘을 전혀 낳지 못하기 십상이다. 에드워즈가 말하듯이, 어떤 사람들은 "합리적 증거나 논증에 기대어 기독교의 진리에 동의한다".[16] 그러나 이러한 동의가 반드시 회심이나 '진정한 믿음'으로 이어지지는 않는다.

에드워즈의 핵심은, 어떤 사람은 하나님이 존재한다고 믿더라도 그 하나님을 믿지는 believe in 않는다는 것이다. 이것은 신약성경에도 나오는 친숙한 개념이다. "네가 하나님은 한 분이신 줄을 믿느냐 잘하는도다 귀신들도 믿고 떠느니라." 약 2:19 합리적 수용과 인격적 변화는 그야말로 하늘과 땅 차이다. 에드워즈가 외치듯이, 사람들을 회심시키는 주체는 논증이 아니라 하나님의 영광에 대한 '이해', 다시 말해 정보에 입각한 공감이다. 또는 하나님과의 직접적인 만남이나 하나님에 대한 직접적인 체험이다.

> [논증은] 불신자들을 일깨우고 불신자들로 하여금 진지하게 생각하게 하며 진정한 신자들의 신앙을 확증하는 데 크게 기여한다. 논증은 어떤 면에서 사람들의 마음에 구원에 이르는 믿음을 낳는 것에 비하면 부차적이다. 앞서 한 말이 여전히 참이더라도, 신성한 것들divine things의 영적 아름다움과 영광을 이해하는 데서 비롯되는 확신 말고는 심판에 대한 영적 확신이란 없다.[17]

그러나 회심은 궁극적으로 전도와 관련된 일이다. 변증이란 하나님을 믿는 신앙이 이치에 맞음을 보여줌으로써 회심을 위한 길을 트는 것이다. 변증은 전도의 길에서 돌무더기와 잔해를 치우는 것이다. 우리는 하나님이 존재한다고 증명하지 못한다. 증명이라는 단어를 더없이 엄격하게 적용한다면 말이다. 그러나 우리는 하나님이 존재한다는 믿음이 우리의 삶과 역사와 경험을 다른 무엇보다 의미 있게 한다는 점에서 이렇게 믿는 것이 보다 이성적일 수 있음을 확실하게 보여줄 수 있다. 그런 후에 사랑의 하나님께 반응하고 하나님의 약속을 신뢰하라며 누군가를 초대할 수 있다.

왜 기독교의 합리성이 중요한가?

왜 이러한 핵심이 그토록 중요한가? 왜 우리는 기독교 신앙이 합리적임을 보여줘야 하는가? 왜 기독교 신앙을 단호하게 주장만 해서는 안 되는가? 여기서 강조해야 하는 변증학적 핵심이 하나 있다. 반문화적으로 보이는 개념, 지배문화의 사고방식을 거스르는 개념은 변호하기 어렵다는 것이다. 오스틴 파러는 C. S. 루이스가 변증가로서 주목할 만한 성공을 거둔 까닭은 일정 부분 그에게는 "기독교 사상의 힘을 도덕적이고 창의적이며 합리적으로 훌륭하게 제시하는" 능력이 있기 때문이라고 말한다.[18] 파러가 볼 때, 루이스의 변증방식은 기독교가 인간의 지성과 감성과 상상력의 가장 깊은 통찰을 어떻게 이해하는지 보여주었다.

그러나 파러는 특히 신앙의 합리성을 보여주는 게 중요하다는 점을 강조하려 했다. 이를 통해 파러는 이성이 신앙을 낳았다거나 사람들이 합리적 논증 때문에 하나님을 믿게 되었다고 말하려는 게 아니었다. 오히려 기독교 신앙이 비합리적이라고 보게 되면, 기독교 신앙을 변호하기가 얼마나 어려운지 강조하려 했다. 파러에 따르면 루이스의 큰 성취는 신앙의 합리성을 문화가 수용할 만한 방식으로 입증했다는 것이다.

논증이 확신을 낳지는 않는다. 그러나 논증이 없으면 신앙이 무너진다. 어떤 것이 증명되었다고 보이더라도 받아들여지지 않을는지 모른다. 그러나 그 누구도 변호하지 못하는 것이라면 재빨리 폐기된다. 합리적 논증이 신앙을 낳지는 않는다. 그러나 합리적 논증은 신앙이 번성할 기후를 유지한다.[19]

신앙의 합리성을 입증한다는 말은 신앙의 모든 항목을 증명한다는 뜻이 아니다. 오히려 이러한 항목들이 신뢰하고 의지할 만하다고 믿을 훌륭한 근거가 있음을 — 예를 들면 기독교 신앙이 우리가 보고 경험하는 바를 설명한다는 사실을 보여줌으로써 — 입증할 수 있다는 뜻이다. 따라서 기독교 신앙은 사물을 또렷하게 보도록 해주는 렌즈나 더 멀리, 더 또렷이 보게 해주는 빛에 비유될 수 있다.

프랑스 철학자이자 사회 행동가인 시몬 베유Simone Weil가 이 부분을 강조했다. 유대인 사상가이기도 한 시몬 베유는 성인成人이 된 뒤에 기독교를 알았다. 시몬 베유는 자신이 새롭게 발견한 신앙에 담긴 의미를 숙고하다가 하나님을 믿는 신앙이 세속적 대안들보다 현실을 훨씬 더 잘 설명할 수 있다는 결론에 이르렀다. 기독교 신앙은 또렷하게 생각하는 능력, 다른 방법으로는 캄캄하고 모호한 것을 설명해내는 능력이 있으며, 이것은 기독교 신앙을 신뢰해도 좋다는 암시다.

밤에 밖으로 나가 손전등을 켰다면, 나는 전구를 봄으로써 손전등의 힘power, 전력을 판단하는 게 아니라 손전등이 비추는 수많은 사물을 봄으로써 손전등의 힘을 판단한다. 빛의 근원이 밝다는 사실은 그 빛이 비발광체를 비추는 조명으로 안다. 종교적 생활방식, 또는 일반적으로 영적인 생활방식의 가치는 세상의 것을 비추는 조명의 양으로 안다.[20]

한 이론이 현실을 조명하고 현실을 또렷하게 보게 해주는 능력은 그 자체로 그 이론의 신뢰성을 가늠하는 중요한 기준이다. 여기서 기독교 변증학의 핵심 주제 하나를 본다. 기독교가 참이라고 믿을 만한 훌륭한 이유들이 있는데, 그중 하나는 우리 주변에서나 우리 속에서 보는 것을 기독교가 폭넓게 설명해낸다는 점이다. 옥스퍼드 철학자 브라이언 레프토 Brian Leftow가 자신이 기독교로 개종한 사건을 언급하며, 기독교는 사물을 본래 모습 그대로 보게 해주는 것 같다고 말했다. "당신이 지금 서 있는 자리에서 사물이 본래 모습 그대로 보인다면, 당신은 바른 자리에 서 있는 것이다."[21]

그렇다면 과학은 어떻게 되는가? 물리학자에서 신학자로 전향한 존 폴킹혼 John Polkinghorne이 강조하는 점은 우리가 이 장에서 관심을 두는 부분과 확연히 연결된다.

어떤 형태이든 간에, 인간의 진리 추구는 절대적으로 확실한 결론에 이르지 못한다. 현실적으로 바라기는 복잡한 현상에 대해 최선의 설명을 제시하는 것인데, 이러한 목표는 합리적 몰두

rational commitment의 기초가 될 만큼 포괄적이고 동기부여가 강한 이해를 추구함으로써 성취해야 한다. 과학뿐 아니라 종교도 명 청이나 부정할 법한 강력한 논리적 증거를 제시하겠다는 희망 을 품어서는 안 된다.[22]

과학과 기독교 신앙 둘 다 세상에서 실제로 보고 겪는 일 에 대해, 최고의 증거를 바탕으로 설명하는 데 몰두한다. 그리 스도인에게 변증학이란 부분적으로 기독교의 이론적인 틀과 세상의 더 깊은 틀 사이의 개념적 공명을, 자연과학이 찾아냈듯 이 확인하는 것이다.

그렇다면 하나님을 믿는 신앙이 합리적인가? 아니면 단지 하나의 망상이며 외롭고 갈급한 인간 편에서 이뤄지는 소원 실 현의 서글픈 사례에 지나지 않는가? C. S. 루이스가 초기에 무 신론자로서 품은 신념을 떠올리며 고백했듯이 말이다. "내가 사 랑하는 거의 모든 것이 상상이라고 믿었다. 내가 실재라고 믿은 거의 모든 것이 암울하며 무의미하다고 생각했다."[23] 우리 문화 에서 진행되는 논쟁 탓에, 최근에 이 문제가 중요해졌다. 2006 년에 갑자기 등장한 신무신론은 이제 참신함을 상당히 잃었다. 그렇다고는 해도 신무신론이 제기하는 문제는 계속 논의된다. 하나님을 믿는 신앙이 현실에 대한 합리적인 반응인가? 아니면 엉성하면서도 순진해 빠진 추론을 기반으로 한 지성의 바이러 스가 모든 사람들에게 퍼뜨렸고, 권위주의적인 기관과 개인이 덧붙인 케케묵은 망상일 뿐인가?

물론 더 급진적인 관점도 있다. 유신론자든 무신론자든 간에, 의미를 부여하거나 가치를 세우려는 인간의 **모든** 시도는 전부 망상이라고 보는 것이다. 이처럼 더없이 삭막한 눈으로 현실을 보는 시각은 리처드 도킨스의 저작에서 수없이 나타난다. 이를테면, "우리가 보는 우주가 기본적으로 설계도 없고 목적도 없으며 악도 없고 선도 없고 맹목적이고 냉혹한 무관심뿐이라면, 우리가 예상해야 하는 바로 그 특성을 갖는 셈이다"[24]라는 그의 유명한 선언에서 나타나듯이 말이다. 우리는 의미 없는 우주에 의미와 가치를 부여한다. 의미를 찾아내는 것이 아니라 만들어낸다. 참으로 간단하면서도 일관된 이런 생각은 많은 사람들이 보기에 받아들일 수 없는 것이다.

이 장에서 우리는 기독교 신앙이 세계를 설명하는 능력을 살펴보고 있다. 나는 기독교 신앙의 합리성 문제에 초점을 맞추겠다고 했다. 하지만 기독교를 세계에 대한 합리적 설명으로 축소하거나, 이러한 설명이 기독교 신앙의 신학적 덕목 가운데 으뜸이라는 인상을 주려는 의도는 전혀 없다. 단지 우리가 처한 문화적 정황이 신앙은 근본적으로 비합리적이라고 강력하게 단언하는 분위기와 더불어 형성되었고, 따라서 이러한 단언에 대해 정보를 토대로 신중하게 반응하지 않으면 안 된다는 점을 지적하고 싶을 뿐이다.

20세기에는 하나님에 관한 합리적이고 경험적인 증거를

중심으로 펼쳐지는 철학적 논의에 지적 에너지가 새롭게 투입되었는데, 우주의 기원을 설명하는 새로운 과학적 이해가 부분적으로 이러한 논의를 촉진하는 촉매제 역할을 했다. 앨빈 플란팅가와 리처드 스윈번 Richard Swinburne 같은 종교철학자들은 신앙의 합리성을 재확인했고, 하나님을 믿는 이유를 둘러싼 전통적인 논쟁에 새로운 활기를 불어넣었다. 하나님을 믿는 신앙이 절대적으로 합리적이라는 데에 — 물론 이런 신앙을 의도적으로 배제하는 식으로 '합리성'을 정의하지 않는다면 말이다 — 점점 더 많은 사람이 동의하고 있다.[25]

그러나 이성이 실제로 인간을 경직되고 독단적인 세계관에, 실체를 합리적으로 증명되는 대상에 국한시키는 세계관에 가둘 위험이 있다는 게 점점 분명해졌다. 아이자이어 벌린이 지적했듯이, 의미심장하게도 19세기 말부터 지금까지 "이성과 질서를 영혼의 감옥으로 여기고 이것을 거부하는" 분위기가 서구 문화를 뒤덮었다.[26] 실체를 이성과 과학으로 증명이 가능한 대상에 국한시킨다면 껍데기만 취할 뿐 그 아래 숨은 깊이를 발견하지 못하는 셈이다.

기독교 저자들에게 신앙은 이성에 대한 반란이 아니라 인간을 합리적 독단주의 rationalist dogmatism 의 차가운 감옥에 감금하지 말라는 항거다. 논리와 사실은 "우리를 여기까지 인도할 뿐이다. 이제 우리는 신앙을 향해 남은 길을 가야 한다".[27] 인간의 논리는 이성적으로 적합할지는 몰라도 실존적으로는 부족한

5. 기독교 신앙의 합리성

부분이 있다. 신앙은 이성이 전부가 아니라고 선언한다. 신앙은 이성과 모순되는 게 아니라 이성을 초월한다. 신앙은 합리적 동의를 이끌어내고 요청하지만 강요하지는 않는다. 신앙은 이성이 가리키는 곳을 향해 가지만 이성이 멈추는 곳에서 멈추지는 않는다.

과학철학: 변증학의 한 자원

C. S. 루이스는《예기치 못한 기쁨》에서 그의 회심 이야기를 들려주면서, 자신이 하나님을 믿게 된 것은 연역 논증의 결과가 아니라 자신의 경험을 숙고한 결과라고 분명하게 밝힌다. 이러한 생각은 자연과학의 방법론이 어떻게 변증적 가치를 가질 수 있을지를 생각하게 만든다.

과학은 수학적 증명 같은 연역법이 아니라 추론을 통해 진행된다. 일련의 관찰이 축적되고 더 깊은 물음이 제기된다. 관찰한 바를 설명하려면 무엇이 참이어야 하는가? 실체의 어떤 '큰 그림'이 우리의 경험에서 실제로 관찰되는 내용과 가장 잘 맞는가? 미국의 과학자요 철학자 찰스 S. 퍼스Charles S. Peirce는 과학자들이 현상에 대한 가장 좋은 설명을 제시할 법한 이론들을 만들어내는 방식을 가리켜 '가추법'(abduction, 귀추법, 가설연역법이라고 한다— 옮긴이)이라고 부른다. 이제 이 방법은 '최선의 설명을 찾아가는 추론'이라는 이름으로 더 자주 불리며 자연과학의 특징적인 세계를 탐구하는 철학으로 널리 인정받는다. 그렇다면 이 방법은 어떻게 작용하는가?

퍼스는 다음과 같은 사고의 과정을 통해 새로운 과학이론들이나 실체를 생각하는 방식들이 전개된다고 본다.

1. 놀라운 사실 C가 관찰된다.
2. 그러나 A가 참이라면, C는 당연하다.
3. 따라서 A가 참이라고 추정할 이유가 있다.[28]

가추법은 특정한 것들을 관찰한 후에 이것들을 설명할 수 있는 지적 틀을 찾아내는 과정이다. 소설에 등장하는 뛰어난 탐정 셜록 홈즈는 '비록 자신의 방식을 엉뚱하게도 연역법 deduction, 추론이라 불렀지만' 바로 이러한 방법을 사용했다. 이따금 퍼스는 가추법이 "섬광처럼, '통찰행위' act of insight처럼 우리를 찾아온다"고 말한다.[29] 종종 가추법은 느릿하고 체계적인 고찰을 통해, 우리가 자신이 관찰한 것을 설명할 법한 모든 가능성을 찾아내려 노력할 때 이뤄지기도 한다.

퍼스는 어떻게 과학자들이 자기 생각을 전개하는지 자세히 숙고한 뒤, 이러한 과정이 과학적 방법의 토대라고 규정한다. 과학은 일련의 관찰을 수집하는 데서 시작되며, 그런 후에 어떤 해석 틀이 이러한 관찰 결과를 가장 잘 설명하는지 묻는다. 그것은 앞선 세대가 물려준 이론일지도 모른다. 전혀 새로운 사고방식일지도 모른다. 우리는 질문에 답해야 한다. 이론과 관찰이 얼마나 잘 맞아떨어지는가? 세상에서 보는 것과 한 이론이 수용할 수 있는 것 사이의 상응을 가리키는 말로 '경험적 조화' empirical fit 라는 표현이 자주 사용된다.

별들이 반짝이는 하늘을 배경으로 이뤄지는 행성의 움직임을 생각해보라. 사람들은 수천 년 동안 행성의 움직임을 관찰했다. 그렇다면 행성의 움직임을 설명하는 가장 좋은 방법은 무엇이었는가? 중세에는 지구가 만물의 중심이고 해와 달과 모든 행성이 지구를 중심으로 돈다고 주장하는 '프톨레미' 모델이 이러한 관찰을 가장 잘 설명한다고 생각했다. 중세가 끝날 무렵, 관찰과 이론이 잘 맞지 않는다는 게 분명해졌다. 프톨레미 모델은 끙끙대고 삐걱거렸으며, 행성의 움직임을 점점 정확하고 자세하게 관찰하여 제시하는 증거를 수용할 수 없었다. 새로운 설명이 필요한 게 분명해졌다.

16세기에 코페르니쿠스 Nicolas Copernicus, 1473~1543 와 케플러 Johannes Kepler, 1571~1630 는 지구를 비롯한 모든 행성이 태양을 중심으로 돈다고 주장했다. 이러한 '태양 중심' 모델은 캄캄한 밤하늘을 배경으로 이뤄지는 행성의 움직임을 훨씬 잘 설명했다. 이론과 관찰의 세밀한 조화는 이 이론이 옳다는 강력한 암시였다. 이것은 지금도 천문학자들이 받아들이는 표준 모델이다.

그러나 과학만 이런 식으로 돌아가는 게 아니다. 퍼스는 법정 변호사도 성공적인 변호를 위해 가추법을 활용한다고 분명하게 밝혔다. 법정 변호사들은 증거를 조명하고 증거를 또렷하게 보여주는 이론적인 렌즈를 개발한다. 형사사법제도는 법정에 제출된 증거에 대해 가장 적절한 설명을 찾아가는 과정을 포함한다. 증거를 가장 잘 설명하는 '큰 그림'은 무엇인가? 마지막으로 가능한 여러 단서를 엮어 논리 정연한 내러티브를 만들어내는 이론이 배심원의 마음을 움직인다.

우리는 여기서 각각의 스냅사진을 설명해내는 큰 그림, 각각의 이야기를 설명해내는 웅장한 내러티브, 여러 실마리를 연결하여 만족스럽고 논리 정연한 전체를 만들어내는 웅장한 이론을 찾아가는 모습을 본다. 과학과 법 이론에 적용되는 방식이 전체적인 삶을, 무엇보다도 하나님과 인간의 의미 문제를 설명하려는 우리의 시도에도 적용된다. 이러한 방식이 기독교 변증에 어떻게 도움이 되겠는가? 과학적 설명에는 중요한 세 유형이 있는데, 이 세 유형은 변증학과 관련해 상당한 가치를 갖는다. 바로 인과론적 설명, '최선의 설명을 찾아가는 추론', 통합론적 설명이다.

1. 원인을 규명하는 설명

첫째 설명 유형은 인과론이다. 인과론은 과학적 설명에 접근하는 가장 친숙한 방식으로 이렇게 주장한다. A가 B의 원인이라면, A가 B를 설명한다.[30] 그렇다면 이것은 그리스도인들이 하나님이 자연에서 사방으로 들쑤시고 다니신다고, 이를테면 사과가 떨어지도록 나무를 흔들고 그 사과가 땅으로 끌리도록 하신다고 믿어야 한다는 뜻인가? 아니다. 하나님은 인과율을 창조질서에 위임하신다. 토마스 아퀴나스 Thomas Aquinas, 1225?~1274는 하나님을 일차 인과성 primary causality 으로 보며, 이것의 대안이 아니라 확장으로서 '이차 인과성' secondary causality 개념을 전개한다. 창조질서 내에서, 각각의 사건들은 궁극적으로 최종 원인이신 하나님에게 달려 있음을 전혀 부정하지 않고도 복합적인 인과관계 속에서 일어날 수 있다.[31]

여기서 우리가 유념해야 하는 핵심이 있는데, 그렇기 때문에 창조질서가 자연과학이 탐구할 수 있는 인과관계들을 드러낸다는 것이다. 이러한 인과관계들은 무신론적 세계관을 전혀 암시하지 않을뿐더러 필요로 하지도 않은 채 탐구되고 서로 연결될 수 있다. 예를 들면 '자연법'의 형태로 말이다. 이것을 최대한 간단하게 표현하면 이렇다. 하나님은 스스로 질서를 유지하고 돌아가도록 세상을 창조하셨다.

그렇다면 우주의 기원은 무엇인가? 19세기말, 과학자들은 우주가 항상 존재했다고 생각하는 경향이 있었다. 그러나 20세기에 우주가 일반적으로 '빅뱅'the big bang이라는 거대한 폭발로 생겨났다는 게 점점 분명해졌다.[32] 우주의 시작이 있음을 깨달은 후, 과학철학은 어떻게 무無에서 유有가 생겨날 수 있는지 설명하려고 씨름했다. 어떻게 무가 유의 원인이라 말할 수 있는가? 우주도 발생적 기원이 있다고 널리 인정되면서, '제1원인'과 지적 설계자의 존재를 믿는 쪽으로 중심이 크게 이동했다. 무엇이 우주를 낳았는가? 어쩌면 우주 스스로 생성되었을 것이다. 어쩌면 우연히 생겨났을 수도 있다. 또는 우주가 어느 대리자에 의해 — 이를테면 하나님 — 창조되었을 것이다. 물론 엄격히 논리적인 의미에서 보자면, 이것은 아무것도 **증명**하지 못한다. 그러나 이것은 하나님의 존재를 증명하는 가장 친숙한 전통적 논증 가운데 새로운 신뢰성을 더한다. 그 논증은 이렇게 전개된다.

1. 시작이 있는 것은 무엇이든 원인이 있다.
2. 우주는 시작이 있다.
3. 그러므로 우주는 원인이 있다.

2. 최선의 설명을 찾아서

대략 1970년대부터 널리 수용되었듯이, 자연과학의 근본 철학은 '최선의 설명을 찾아가는 추론'으로 널리 알려진 방식이다.[33] 자연과학의 기본방식은 이렇게 묻는 것이다. 자연에서 실제로 보는 현상을 어느 이론이 가장 잘 설명하는가? 철학자들은 어느 설명이 최선인지 어떻게 아느냐를 두고 중요한 논쟁을 벌인다. 가장 단순한 설명인가? 가장 우아한 설명인가? 가장 풍성한 설명인가? 어느 '큰 그림'이 증거와 가장 잘 맞아떨어지는가? 찰스 다윈Charles Darwin, 1809~1882이 전개한 '자연선택' 이론은 이러한 접근의 교과서적인 사례로 통한다.

여기서 가장 중요한 두 가지 핵심이 드러난다. 첫째, 이러한 방식은 어느 설명이 최선인지 **증명**할 수 없음을 인정한다. 이것은 과학자들이 내부적으로 내려야 하는 선택적 판단, **분별**의 문제다. 현재 '다중우주'multiverse를 두고 벌어지는 과학 논쟁에서 이것을 보는데, 동일한 관찰을 두고 철저히 다른 두 가지 설명을 제시한다. 하지만 어느 쪽이 옳은지 아무도 모른다. 어느 쪽이 옳다고 믿을지는 수집 가능한 증거를 바탕으로 자신이 결정해야 한다. 그리고 그 증거라는 게 어느 한쪽을 증명할 만큼 충분하지 않다는 것도 알아야 한다. (불편하긴 하지만 적어도 상대가 착각했다고 말하는 대신 상대를 정중하게 대해야 한다는 뜻이다.)

둘째, '최선의 설명을 찾아가는 추론'은 현상을 설명하는 방식이 무척 다양하다는 점을 인정하고, 서로 경쟁하는 주장들을 해결할 수 있는 하나의 틀에 동의하려 한다. 한 이론이 옳음을 증명할 수 있는 경우는 지극히 희박하다. 그러나 한 이론이 옳음을 늘 증명할 필요는 없다. 한 이론이 경쟁 이론보다 낫다는 것만 보여주면 된다. 달리 말하면 수많은 과학이론이 증명되지 않은 채 보증되거나 정당화될 수 있다(다시 말해 상당한 증거에 기반한다).

하나님은 이러한 사고에 아주 쉽게 맞아 들어간다. 옥스퍼드의 종교철학자 리처드 스윈번은 하나님을 믿는 것이 세상의 다양한 현상을 설명하는 최선의 방법이라고 주장한다.[34] 이와 비슷하게, 물리학자 존 폴킹혼은 하나님을 믿으면 '메타이론적' 질문들이 ― 과학이 의존해야 하지만 참이라고 증명하기가 불가능한 믿음들 ― 설명된다고 말한다.

3. 실체를 보는 시각을 통합하는 설명

1990년경부터 과학철학 내에서 '설명적 통합'에 대한 관심이 지속적으로 커지고 있다. 과학적 설명에 접근하는 이러한 방식은 1970년대에 시작되었고, 한때 서로 관련이 없다고 여기던 사건들을 하나로 묶는 공동의 틀을 세우려 한다.[35] 그때 이후로 이러한 방식은 현대과학의 방법론이 갖는 몇 가지 핵심적인 특징을 설명하기 위해 폭넓게 전개되고 사용되었다.[36] 이러한 방식의 기본주제는 간단하다. 즉, 최대한 많이 수용하는 큰 틀을 찾아내는 것이다.

과학적 설명을 이해하는 이러한 방식은, 한때 서로 다른 설명이 필요하다고 믿던 실체의 여러 측면이 실제로는 동일한 설명의 틀 안에 수용 가능하다는 관찰에 근거한다. 제임스 클러크 맥스웰James Clerk Maxwell, 1831~1879은 전기와 자기磁氣가 하나라는 것을 입증했는데, 이는 그와 같은 방식을 보여주는 확실한 사례다. 전기와 자기는 한때 전혀 다르다고 여겨졌으나 이제는 동전의 양면으로 볼 수 있게 되었다. 무엇인가를 설명한다는 말은 그것을 더 넓은 정황에 두고, 그것과 실체의 다른 측면들 사이의 상호관계를 이해시킨다는 뜻이다. 문제는 어느 개념망이

다양한 과학영역과 이론의 상호관계를 최대한으로 제시하느냐
는 것이다.

이것이 기독교 신앙의 중심주제와 얼마나 잘 맞아떨어지
는지 확인하기란 어렵지 않다. 히포의 아우구스티누스에게 하
나님은 실체를 조명하고, 우리로 실체의 깊은 구조를 보게 하
며, 그 속에서 우리 자신의 위치를 확인하게 해주는 지적인 태
양과도 같았다. 비슷한 주제가 C. S. 루이스의 저작에서도 나타
난다.

현상에 대한 설명: 사례연구

더 깊이 탐구하기 위해, 현상을 보는 기독교의 방식이 우
리가 보는 바를 얼마나 잘 설명하는지 살펴보겠다. 이론과 관찰
이 얼마나 잘 맞아떨어지는가?

역사 형성과 인간 문화의 여러 특징을 어떻게 설명할 수
있는가? 이것들을 설명하려고 지배적인 내러티브가 몇몇 제시
되었다. 그 가운데 하나로, 신무신론이 좋아하는 내러티브는 종
교적 미신이 사라지고 인간이 모든 금기와 근거 없는 한계에서
해방됨으로써 인간의 상태가 점차 개선된다는 것이다. 최근 들
어 서구에서는, 서구 자유주의의 확연한 실패가 점점 분명해지
면서 이러한 거대담론을 견지하기가 훨씬 어려워졌다. 실제로
최근에 이글턴이 신무신론을 강하게 비판하면서 이러한 거대

담론을 주된 과녁의 하나로 삼았다는 것은 의미가 있다.

이글턴은 "인간의 발전이 방해받지 않는다는 꿈"은 "야무진 미신", bright-eyed superstition 견실한 증거가 뒷받침되지 않은 우화라고 말한다. "헛된 신화와 쉽게 속을 법한 신화가 있다면, 이따금 주춤거리기는 해도 우리 모두가 더 나은 세상을 향해 꾸준히 나아가고 있다는 자유주의적이고 합리주의적인 믿음일 것이다."[37] 크리스토퍼 히친스가 종교에 대한 격렬한 비판을 마무리하면서 자신은 계몽주의로, 특히 18세기의 계몽주의로 돌아가겠다고 맹세한 것은 무척 흥미롭다. 잃어버린 황금시대에 대한 향수가 가장 어울리지 않을 법한 시대에도 끈질기게 남아 있는 것 같다. 그러나 우리는 개인과 사회에 관한 허구에 확실하게 의문을 제기해야 하며, 설령 이러한 허구가 서구의 세속적 사고방식에 깊이 스며들었더라도 그렇게 해야 한다.

신무신론의 원대한 이야기, 또는 거대담론에 의하면, 인간은 이전에 원시적 미신에 사로잡혀 있었다. 지난 몇 세기 동안 이성과 과학이 지적으로 적용되었고, 그 결과 인간은 옛 억압에서 벗어나 자유와 계몽이라는 새롭고 환한 세상에 들어갈 수 있게 되었다. 그런데 이제 다시 '미신'과 '비합리주의'라고 암울하게 일컫는 현상이 나타나 새로운 세상을 위협한다. 달갑지 않게도, 예상대로 종교가 되돌아왔다. 너무 늦기 전에 상황을 회복하기 위해 무슨 조치를 취해야 한다!

최고의 이야기들이 대부분 그렇듯이, 이 내러티브도 단순한 게 장점이다. 그러나 역사를 주의 깊게 선택한 몇몇 단편이 아니라 전체적인 하나로 수용하지 못한다고 드러날 때, 이 내러 티브는 곧바로 가치를 잃는다. 종교는 서구에서 오래전에 사라 졌어야 했다. 1960년대에, 유럽 사회학자들은 세속주의 세계질 서가 곧 도래한다고, 앞선 세대에 소련의 정치 이론가들이 마르 크스-레닌주의가 역사에서 필연적으로 승리하리라고 선포했을 때처럼 자신만만하게 예언했다. "사회학과 인류학과 심리학 분 야에서 가장 저명한 인물들이" 하나같이 "자신의 자녀들 또는 틀림없이 손자들은 새 시대의 여명을, 프로이트의 표현을 빗대 어 말하자면 종교의 유치한 망상에서 벗어나는 시대의 여명을 보게 되리라"고 선언했다.[38]

그러나 종교는 사라지지 않았다. 많은 사람이 주장하듯이, 서유럽 여러 지역에서 종교의 사회적 영향력을 약화시키려고 종교를 사회적으로 통제했는데도 종교의 영향력은 그 어느 때 보다 강해졌다. 소련이 붕괴되자 강압적인 소련의 세속주의는 활발하고 뜨거운 종교를 가진 여러 나라로 대체되었다. 신무신 론자들은 여기에 위협을 느낀다. 신무신론자들의 거대담론이 도전에 직면했다. 이들의 거대담론이 제대로 작동하지 않는다.

계몽주의 거대담론은 중요한 것을 하나도 설명하지 못한 다. 리차드 슈웨더 Richard Shweder가 최근 지적했듯이 계몽주의 거 대담론은 "예측 능력이 거의 제로에 가깝다".[39] 종교는 망상으 로 드러날지 모르지만, 그래도 미래가 있는 망상으로 보인다.

슈웨더는 냉담하게 말했다. "지금 사람들은 종교를 한창 공격하는데 이러한 공격은 세속사회 내부의 새롭고 강렬한 불안을, 종교 이야기보다 계몽주의 이야기가 실제적인 게 아니라 망상일지 모른다는 불안을 숨기는 짓이다."[40]

신무신론이 강하게 의존하는 계몽주의의 의미 이야기 Enlightenment story of meaning는 앞서 사회주의 도래가 역사의 필연이라고 한 마르크스주의의 단언만큼이나 현실적으로 보인다. 무신론 정부가 종교를 탄압한 세계 여러 지역에서 종교가 되살아나고 있다는 사실은 이러한 의미 이야기가 취약하고 허약하다는 암시다. 어쨌든 '역사의 필연' 개념은 실제로 **사회학적** 판단이며, 이러한 사회학적 판단은 무엇이 지적으로나 도덕적으로 옳고 그른지와는 거의 무관하다.[41] 문화적 발전이나 역사적 발전은 영구적인 발전이 아니라 **지나가는 역사의 단계**로서만 필연일 것이다.

신무신론은 하나님을 믿는 사람들이 '계몽된' 무신론자들이 말하는, 엄격히 증명된 사실적 진술과 대비되는 '증거가 없는 믿음'을 붙잡는다는 비난을 자주 쏟아낸다. 그러나 인간의 진보를 믿는 신무신론의 믿음은 어떤가? 이글턴은 이 신화를 증명 가능한 모조품으로, '맹목적 신앙'의 뚜렷한 표본으로 일축한다.[42] 합리적인 사람이 어떻게 이러한 세속신화에, 히로시마와 아우슈비츠와 아파르트헤이트처럼 인간이 만들어낸 재앙을 역사의 꾸준한 발전을 결코 손상시키거나 방해하지 않는 '몇몇 지엽적인 문제'로 치부하는 신화에 동조하겠는가? 기독교와 신무신론의 차이는 이른바 증거 없는 믿음과 지배적인 신화 중 어느 쪽을 택하느냐로 보인다. 둘 다 증명이 불가능하다. 그렇다고 어느 쪽이 더 신뢰할 만하고 설득력이 더 있어 보이는지 판단할 수 없는 것은 아니다.

그렇다면 문화와 역사에 대한 기독교의 해석은 어떤가? 여기에는 지배적인 두 주제가 있다. 첫째는 인간이 '하나님의 형상'으로 창조되었다는 것이다. 둘째는 인간이 죄악되다(sinful, 죄로 가득하다)는 것이다. 신학자와 종교 공동체마다 인간 본성에 대한 기독교의 이해를 구성하는 두 요소를 상대적으로 다르게 강조한다. 그런데도 이 둘은 인간이 개인과 사회로서 어떻게 행동하느냐와 관련된 수수께끼 및 퍼즐을 풀려는 기독교의 모든 시도를 떠받치는 쌍둥이 기둥이다.

우리는 하나님의 비전에 흥분하고 고무된다. 하나님의 비전은 우리를 위로 끌어올리기 때문이다. 반대로 우리는 인간 본성의 연약함과 타락에 풀이 죽는다. 이것은 친숙한 딜레마이며 바울이 고민했던 유명한 딜레마다. "내가 원하는 바 선은 행하지 아니하고 도리어 원하지 아니하는 바 악을 행하는도다." 롬 7:19 기독교의 시각으로 볼 때, 우리는 인간에게서 대부분의 정치체계나 철학들이 허용하는 것보다 더 큰 운명이나 능력과 더불어 이러한 열망들을 성취하지 못하는 무능력을 단번에, 동시에 인지해야 하는 게 분명하다.

이런 방식으로 생각하면, 우리는 한편으로 위대함과 선을 열망하고 다른 한편으로 억압과 폭력을 일삼는 인간의 문화와 역사에서 보는 복잡한 그림을 파악할 수 있다. 많은 사람이 역사가 매우 모호하다고 했으며, 인간이 선하다는 안이한 이론들 때문에 역사가 혼란에 빠진다고 지적했다. 테리 이글턴은 최근 우리 시대의 문화와 역사의 어두운 면을 지적하는 일련의 논평자 중 한 명일 뿐이다.

하나의 종種으로서, 인간은 실제로 선을 행할 능력이 있을 것이다. 그러나 이러한 능력은 악을 행할 능력과 경쟁하는 것으로 보인다. 인간 본성에 대한 안이하고 이데올로기적이며 비경험적인 가치판단에 근거한 정치적·사회적 유토피아주의에 빠지지 않으려면, 이처럼 매우 모호한 상태를 반드시 알아야 한다. J. R. R. 톨킨 J. R. R. Tolkien, 1892~1973이 1931년에 나치즘이 발흥하기 직전에 놀라운 선견지명으로 썼듯이, 인간을 보는 안이한 시각은 정치적 유토피아주의로 이어지며, 정치적 유토피아주의에서는 '진보'가 잠재적으로 재난을 야기한다.

> 똑바로 서고 지적이며
> 진화하는 너희 원숭이들과 나는 동행하지 않으리라.
> 너희 앞에 캄캄한 심연이 입을 딱 벌리고 있나니,
> 너희는 그곳으로 향하는도다.[43]

다음 장에서 살펴볼 주제

이 장에서는 기독교 신앙의 '합리성'을 입증하는 일이 기독교 신앙의 변증에 얼마나 중요한지 살펴보았다. 미치광이 신앙을 받아들이고 싶어 하는 사람은 없다! 어떤 그리스도인들은 바울이 복음을 세상 지식과 지혜를 당혹스럽게 하는 "미련한 것"고전 1:18이라 말한 것을 언급하며, 복음을 변호하려고 합리적 수단을 사용하는 것은 별 의미가 없다고 주장한다. 그러나 이것은 한편으로 고린도의 상황에 대한 바울의 관심을, 다른 한편으로 기독교 신앙에서 '지성'이 차지하는 역할에 대한 바울의 이해를 곡해한 게 분명하다.

고린도의 상황에 대한 바울의 관심은 복합적이다.[44] 고린도 교회는 개인이 신비로운 비밀 지식을 통해 구원받는다고 가르치는 초기 영지주의의 영향을 받을 위험에 처했다. 고린도의 어떤 사람들은 지적인 교양을 자랑했고, 문화적 소양이 없어 보이는 것이라면 그 무엇도 받아들일 준비가 되어 있지 않았다. 바울은 이러한 모든 태도를 당연히 거부했으며, 기독교 복음은 설령 고린도의 지배적인 문화 개념에 맞지 않더라도 그 자체로 받아들여야 한다고 역설했다. 그러나 이것은 인간의 합리성 개념을 포기한다는 뜻이 아니라 세속적인 지혜 개념에 도전한다는 뜻이다!

바울은 그리스도인들이 "그리스도의 마음을 가졌다"고전 2:16고 주장하면서, 이것을 고린도에서 지혜에 접근하는 기존

방식들과 구분한다. '그리스도의 마음'은 뚜렷이 다른 태도이며, 기독교 신앙을 통해 형성되고 자라는 사고방식이다. 이것은 색다르거나 신비한 지식을 추구하는 게 아니고, 학문적인 오만을 더하는 것도 아니며, 18세기 계몽주의의 망신스런 합리주의에 빠지는 것도 아니다. 이것은 그리스도의 빛이 우리의 지성을 비추게 하여 하나님의 은혜에서 나오는 변화의 능력을 통해 우리의 영혼뿐 아니라 마음까지 새로워지게 하는 것이다. 이것은 우리가 세상에서 하나님을 섬길 때 하나님이 독려하고 의도하시는 결과다.

그렇다면 복음이 현상을 어떻게 설명하는가? 복음의 깊은 호소력을 우리의 이성과 느낌과 상상과 의미 추구에 어떻게 적용해야 하는가? 다음 장에서 변증적 소통이 이뤄지는 주요 통로 여덟 개를 살펴볼 것이다. 각 통로는 복음이 현대문화에서 발판을 마련하도록 도우며 저마다의 역할을 한다.

- Evans, C. Stephen. *Natural Signs and Knowledge of God: A New Look at Theistic Arguments.* New York: Oxford University Press, 2010.

- McGrath, Alister E. *Surprised by Meaning: Science, Faith, and How We Make Sense of Things.* Louisville, Westminster John Knox, 2011.

- Morris, Thomas V., ed. *God and the Philosophers: The Reconciliation of Faith and Reason.* Oxford: Oxford University Press, 1994.

- Swinburne, Richard. *The Existence of God*, 2nd ed. Oxford: Clarendon Press, 2004.

- Wright, N. T. *Simply Christian: Why Christianity Makes Sense.* San Francisco: HarperSanFrancisco, 2006. (《톰 라이트와 함께하는 기독교 여행》, IVP).

6

믿음을 가리키는 포인터:
변증적 소통의 방식

Alister E. McGrath

MERE
APOLOGETICS

미국의 여류시인 에드나 빈센트 밀레이Edna St. Vincent Millay, 1892~1950는 하늘에서 쏟아지는 '사실의 소나기'(a meteoric shower of facts, 사실들의 유성비)에 대해 말했다. 이러한 사실들은 태피스트리(tapestry, 색실로 그림을 짜 넣은 직물— 옮긴이)를 짜야 하는 실 같고, 끼워 맞춰 큰 그림을 찾아내야 하는 실마리들 같다. 밀레이가 지적했듯이 우리는 정보의 물결에 압도되지만, 쏟아지는 '사실의 소나기'를 이해하지 못한다. "이것을 옷감으로 짜낼 베틀이 없는" 것 같다. 우리는 자연계, 인간 역사, 개인의 경험에서 복잡한 것을 수없이 보는데, 기독교는 여기에다 질서와 명료함을 더하는 방식을 제시한다. 기독교는, 우리가 이것들을 통합하고 더 큰 전체를 구성하는 서로 연결된 부분으로 보게 해준다.

우리는 우리가 보고 있는 모든 것을 설명해줄 만큼 큰 그림을 보고 싶다. 더 중요하게는 자신이 이 큰 틀에서 어디쯤 속하는지 알고 싶다. 영국의 여류 철학자이자 작가인 아이리스 머독Iris Murdoch, 1919~1999이 "차분하게 전체를 아우르는 인간 사고의 경향"을 말한 것은 전혀 이상하지 않다. 그녀의 말은, 실체를 보는 우리의 시야를 아우르는 큰 그림이나 '웅대한 내러티브' grand narrative, 대서사의 능력을 의미한다. 기독교 신앙은 큰 그림을 파악하는 일과 연관되며, 실체를 인간 이성이 드러내는 것보다 더 크고 고상하게 보게 해준다.

실마리, 포인터, 증명

앞 장에서 기독교 신앙은 근본적으로 합리적이라고 했다. 기독교 신앙은 이성으로 증명될 수 없다. 정말 중요한 그 무엇도 이성으로 증명될 수 없다. 옛 세대들은 다소 공격적인 합리주의에 불필요하게 복종했고, **절대적으로** 증명될 수 있는 것만 믿어야 한다고 주장했다. 이제 이런 관점을 견지하는 사람들은 극소수에 지나지 않는다. 대부분의 사람들에게 이와 같은 과격한 합리주의는 신앙을 매우 좁고, 논리적으로는 분명하지만 실존적으로는 모자라는 틀에 가두게 할 뿐이다. 이런 신앙은 의미 깊은 삶의 토대를 제시하지 못한다. 14세기에 위대한 이탈리아 시인 단테 Dante, 1265~1321가 말했듯이, 이성은 날개가 짧다.

그러나 증명이 불가능한 신앙은 비합리적이라는 뜻이 아니다. 절대 그렇지 않다. 삶의 이론이나 '세계관'으로 말하자면, 수집 가능한 증거로는 무신론을 비롯해 어느 하나도 옳다고 증명하기에 부족하다. 결국 이것은 믿음의 문제로 돌려야 한다. 그러지 않으면 모든 세계관이 결단과는 무관하다고 말해야 한다. 우리는 자신의 세계관이 세계를 가장 잘 설명한다고 믿지만, 세상에서 이 문제는 궁극적으로 증명이 불가능함을 깨닫는다.

그리스도인은 천국에 대한 믿음을 배경으로 이런 상황을 봐야 한다. "우리가 믿음으로 행하고 보는 것으로 행하지 아니함이로라."^{고후 5:7} 지금 우리는 음침한 골짜기를 지나고 있다. 그러나 어느 날 태양이 솟으면 모든 것을 참모습 그대로 보게 된다. "이제 우리의 구원이 처음 믿을 때보다 가까웠음이라 밤이 깊고 낮이 가까웠으니…."^{롬 13:11-12} 이러한 바울의 말을 듣노라면, 그리스도인의 삶이란 어둠 속을 걷는 일이라는 생각이 든다. 이 길을 걷기 시작했을 때보다는 새벽이 가까웠으나 아직 여명이 밝지는 않았다. 그동안 언젠가는 목적지에 안전하게 도착하리라는 소망을 품고 미지의 땅을 건너야 한다. 앞길이 막막해보인다. 그렇더라도 우리는 집으로 인도하실 주님을 신뢰한다. 바울의 유명한 표현을 빌리자면, "우리가 지금은 거울로 보는 것같이 희미하나 그때에는 얼굴과 얼굴을 대하여 볼 것이요 지금은 내가 부분적으로 아나 그때에는 주께서 나를 아신 것같이 내가 온전히 알리라".^{고전 13:12}

그러나 맹목적으로 신뢰해야 하는 것은 아니다. 세상에는 인간의 본성과 정체성에 관한 실마리가 가득하다. 실체는 더 큰 실체, 곧 하나님을 가리키는 상징들로 장식되어 있다. 우리는 숱한 점을 이어 전체 그림을 찾아내야 한다. 실마리를 한데 엮어 어떤 패턴이 드러나는지 봐야 한다. 변증가는 이런 패턴을 이용하여, 생각하고 보고 경험하는 바를 설명해내는 기독교의 능력을, 삶을 변화시키는 기독교의 깊은 능력을 사람들이 깨닫도록 도울 수 있다.

외적인 세계만 하나님을 가리키는 게 아니다. 내적인 경험은 어떤가? 기독교 변증학은 인간의 내적 주관의 역학을 강력하고 확실하게 연결하는 능력이 있다. 다시 말해 우리의 숱한 관심사의 중심에 자리한 감정 및 정서, 로마 시인들을 비롯해 파스칼과 C. S. 루이스 같은 작가들을 크게 흥분시키던 감정과 정서와 연결하는 능력이 있다. 기독교 신앙은 이것들에 대해 뭐라고 말하는가? 우리는 어떻게 기독교 신앙의 이론적인 렌즈를 통해 우리의 내적 경험을 볼 수 있는가? 기독교 전통은 이 문제를 근원부터 탐구했다. 《고백록》*Confession*에서 아우구스티누스는 '플라톤주의자들'의 글을 읽고서 어떻게 자신의 내면을 탐구하게 되었고, 어떻게 자신의 내면에서 "내 마음보다 높은, 변하지 않는 빛"을 만났는지 들려준다.[1]

이 장에서는 이러한 몇몇 포인터나 표시를 살펴보고, 이것들을 기독교 변증에 어떻게 활용할 수 있는지 탐구해보려고 한다. 루이스는 옳고 그름이 "우주의 의미를 푸는 실마리"라고 했다. 실마리는 암시를 주지만 증명하지는 않는다. 실마리는 차곡차곡 쌓이고, 하나하나에 의미를 주는 더 깊은 의미 패턴을 가리킨다. 하나의 실마리는 그 자체로 암시에, 바람에 나는 겨에 지나지 않을는지 모른다. 그러나 실마리가 쌓이면 포괄적 패턴이 드러나기 시작한다. 각각의 실마리는 나머지 실마리를 토대로 하며, 나머지 실마리에 개별적인 의미를 뛰어넘는 집단적인 힘을 부여한다.

그렇다면 이러한 실마리를 가장 잘 설명하는 방법은 무엇인가? 실마리는 무엇을 증명할 수 있는가? 형사재판에서, 배심원단은 검사와 변호사 중 어느 쪽이 실마리를 더 잘 설명하는지 결정해야 한다. 배심원단이 유죄나 무죄가 증명되었다고 여길 필요는 없다. 단지 자신들이 '합리적 의심을 넘어서는' 결론에 이를 수 있다고 믿으면 된다. 변증학도 사뭇 같은 방식으로 작용한다. 어느 누구도 '전체는 부분보다 크다'는 것을 증명하듯 하나님의 존재를 **증명**하지는 못한다. 그러나 이쪽으로 향하는 모든 실마리를 살피고 그 실마리의 누적된 힘을 즐길 수는 있다. 증명이라는 말을 엄격하고 합리적인 의미로 적용하자면, 하나님의 존재는 증명되지 못한다. 그러나 하나님을 믿는 신앙이 대단히 합리적이며, 우리가 세상에서 보는 바와 역사에서 분별하는 바와 우리 삶에서 경험하는 바를 다른 어떤 대안보다 잘 설명한다고 정직하게 단언할 수 있다.

그렇다면 우리는 어떤 종류의 실마리를 말하고 있는가? 변증가는 사람들이 실마리를 보고, 실마리의 중요성을 고찰하며, 그 뒤에 있는 더 깊은 패턴을 찾아내도록 어떻게 도울 수 있는가? 이 장에서는 삶의 신비를 풀어내는 여덟 개의 실마리를 살펴보겠다. 각각의 실마리는 그 자체로 연구해도 좋으며, 변증적 대화나 논증의 기초를 형성할 수 있다. 먼저 자연과학의 가장 흥미로운 질문 가운데 하나를 살펴보자. 우주는 어디서 왔는가?

실마리 1: 창조 – 우주의 기원

기독교 신앙의 핵심 주제 가운데 하나는 하나님이 무無에서 만물을 창조하셨다는 것이다. 만물의 근원과 궁극적 정체성은 하나님의 창조 행위에서 비롯되었다. 우주는 영원 전부터 존재한 게 아니라 어느 순간에 생겨났다. 기독교 저자들은 이러한 근본 신앙을 어떻게 이해해야 하는지를 두고 다양한 입장을 취했다. 예를 들면 아우구스티누스는 하나님이 우주를 단번에 창조했으나 뒤이어 발전할 능력을 우주에 부여하셨다고 주장한다. 어떤 사람들은 하나님이 세상을 현재 형태로 창조하셨다고 주장한다. 그러나 이 주제와 관련하여 모든 기독교 저자를 하나로 묶는 공통점이 있다면, 그것은 하나님이 우주를 창조하셨다는 것이다.

신무신론을 주창하는 자들은 과학이 진보하고 발전하면서 하나님을 믿는 신앙이 지난 세기에 근거를 잃었다고 줄기차게 주장한다. 그러나 사실은 정반대다. 20세기 말에 과학과 신앙의 관계가 결정적으로 달라졌다. 20세기가 시작되고 몇 십 년은 우주가 영원하다는 과학적 신념이 지배했다. 우주는 늘 존재했다고 믿었다. '창조'와 관련된 종교 언어는 터무니없는 신화로 무시했고, 최첨단 과학 지식과 양립할 수 없다고 보았다.

이러한 믿음은 1948년 런던에서 벌어진 두 거물 철학자의 논쟁에서 중요한 역할을 했다. 한 사람은 무신론자 버트런드 러셀Bertrand Russell, 1872~1970이고 한 사람은 프레더릭 코플스톤Frederick C. Coplestone, 1907~1990이라는 그리스도인이었다. 러셀은 이러한 과학적 동의가 하나님에 관한 모든 논쟁을 단번에 종결하고도 남는다고 믿었다. 우주는 그냥 거기 있으며, 무엇이 우주를 낳았는지 생각해야 할 합당한 이유가 없다. 적어도 이 시점에서는 러셀이 이겼다.

그러나 1948년 이후 모든 것이 달라졌다. 1960년대에 우주에 기원이 있다는 게 점점 분명해졌다. 그 기원이란 이른바 빅뱅이었다. 당시 몇몇 무신론 과학자들은 이런 개념에 강력하게 반발했다. 위대한 무신론 천체물리학자 프레드 호일Fred Hoyle, 1915~2001은 이러한 개념이 거북하게도 종교적으로 들린다고 걱정했다. 호일만 걱정한 게 아니었다. 1948년 레닌그라드에서 열린 어느 모임에서 소련의 천문학자들은 우주에 기원이 있다는 '반동적이고 이상주의적인' 이론에 맞서 싸워야 한다고 천명했다. 소련의 천문학자들은 이런 이론을 지지하면 '성직자주의'clericalism, 교권주의의 주장에 동조하는 셈이라고 외쳤다.[2]

다행스럽게도 이러한 반대와 편견은 우주의 기원이 있다는 주장을 뒷받침하는 증거에 압도적으로 제압당하고 말았다. 사실은 그대로 남는다. 우주의 기원에 대한 새로운 이해는 기독교의 창조론과 참으로 잘 맞아 들어간다. 우주는 시작이 있었다.

러셀과 코플스톤이 다시 논쟁을 벌인다면, 그때 결과와는 전혀 딴판이지 않을까 싶다. 사실 1998년에 러셀-코플스톤 논쟁 50주년을 기념하여 두 거물 철학자가 논쟁을 재현했다. 윌리엄 레인 크레이그William Lane Craig는 그리스도인이고, 앤서니 플루Anthony Flew, 1923~2010는 당시에 무신론자였다. 많은 사람이 코플스톤의 자연스러운 후계자로 여기던 철학자 크레이그는 다음과 같은 방식으로 논증을 폈다(여기에 대해서는 앞서 언급했다. 145쪽 참조).

대전제: 시작이 있는 것은 무엇이든 원인이 있다.
소전제: 우주는 시작이 있다.
결론: 그러므로 우주는 원인이 있다.

일반적으로 여기서 소전제는 최소한 대전제만큼 중요하고, 어쩌면 대전제보다 훨씬 중요하다. 크레이그의 소전제를 오늘의 과학자들은 사실상 모두 받아들이지만, 1948년이었다면 철저히 거부당했을 것이다. 플루는 이 부분에서 상당한 어려움을 겪었으며, 이전 여러 세대의 무신론 변증가들이 사용한 여러 전략을 마음 편하게 활용할 수 없었다. 결국 플루는 무신론을 버렸다. 비록 플루가 기독교 신관神觀의 온전한 풍성함을 받아들였다고 말하기는 어려울지 몰라도, 2010년 그가 죽기 전에 우주를 지탱하시는 창조자 하나님의 존재를 받아들였다는 데는 의심의 여지가 없다.

과학적 동의가 이처럼 근본적으로 바뀌자, 하나님에 관한 논쟁의 어조도 달라졌다. 이것은 과학이 현상을 보는 시각이 어떻게 달라졌는지, 매우 중요한 대상을 보는 시각이 종종 어떻게 달라졌는지 보여준다. 21세기 초의 우주론은 한 세기 전의 우주론보다 기독교 신앙에 훨씬 더 호의적이다. 그러나 이게 전부가 아니다. 우주가 생명체를 위해 미세 조정(fine-turning)되었음을 점점 깊이 깨닫고 있다. 자연의 기본 상수들은 생명체가 태동하도록 선택된 듯한 값을 갖는다. 이것이 우주적인 우연에 지나지 않는가? 하나님이 이렇게 되도록 선택하셨다면 우리는 무엇을 기대해야 하는가?

실마리 2: 미세 조정 – 우주는 생명체를 위해 설계되었는가?

최근 몇 년 사이, 자연의 미세 조정 현상에 대한 관심이 커졌다.[3] 미세 조정이란 우주와 관련된 몇몇 기본 상수의 값과 우주의 몇몇 초기 상태의 특징이 특정 종류의 우주, 곧 지적 생명체의 출현이 가능한 우주가 등장하는 데 결정적 역할을 했다는 과학적 깨달음을 가리키는 데 자주 사용되는 용어다. 최근의 많은 과학 연구를 통해, 우주와 관련된 몇몇 기본 상수의 중요성

이 강조되었다. 상수값이 조금이라도 달라지면 인간의 출현과 관련해 엄청난 의미를 지니기 때문이다.[4]

자연의 기본 상수들은 생명 친화적인 값에 맞춰 미세 조정된 것으로 밝혀졌다. 지구상에 탄소를 근간으로 하는 생명체가 존재하는 까닭은 물리적이고 우주적인 여러 힘과 매개변수가 정밀하게 균형을 이루기 때문이다. 이러한 힘의 크기와 매개변수 중에 어느 하나가 지금과 조금이라도 달랐다면, 균형은 무너졌을 테고 생명체는 생겨나지 않았을 것이다. 영국 왕실 천문학자이자 영국 왕립협회영국 학술원 회장인 마틴 리스 경 Sir Martin Rees은 인간 생명체가 빅뱅의 여파로 출현한 것은 간단한 여섯 개의 숫자 때문이며, 각각의 숫자 중 어느 하나가 조금이라도 달라졌다면 지금 우리가 아는 우주와 인간 생명체의 출현이 불가능했을 만큼 지극히 정확하게 조정되어 있다고 주장했다.[5]

최근 로버트 스피처 Robert J. Spitzer가 이 질문을 논했는데, 그의 논의가 여기서 도움이 된다. 스피처의 주장에 따르면, 우리는 우주의 모든 매개변수가 — 진공 상태에서 빛이 이동하는 속도, 중력 상수, 전자기 결합, 소립자 덩어리 등 — 말하자면 '우주 계기반'의 여러 다이얼 설정으로 나타난다고 상상한다.[6] 현대 천문학의 발견이 암시하듯이, 이러한 여러 다이얼의 설정이 미세하게 조금만 달라졌더라면 우리는 지금 이러한 설정의 중요성을 얘기하고 있지도 못할 것이다. 예를 들면 중력이나 소립자(알려진 네 가지 자연의 힘 가운데 둘) 간의 약한 상호작용이 지금과 비교해 10^{40}분의 1만 달랐어도, 우주가 폭발적으로 팽창해 은하들이나 우주가 붕괴되었을 것이다. 중력 상수와 자기장 상수 그리고 양성자 질량과 전자의 질량 간의 결합 비율이 지금과 비교해 10^{39}분의 1만 달랐어도, 현재와 같은 태양은 형성될 수 없었을 것이다. 탄소 원자의 정확한 핵공명이 베릴륨의 핵공명 및 충돌하는 헬륨 원자핵과 맞지 않으면(그러나 산소와 헬륨에서 상응하는 핵공명과는 맞지 않은 채) 우리가 아는 생명의 기초, 곧 탄소가 거의 없을 것이다. 가장 극적이게도, 뛰어난 수학자 로저 펜로즈 Roger Penrose는 우리의 우주가 가능한 값의 범위에 비해 터무니없이 정확한 값으로 존재한다고 보일 만큼 우주의 엔트로피가 작다고 계산했다(엔트로피가 증가하면 우주의 무질서도 증가한다—옮긴이). 그렇다면 주목할 만한 이러한 미세 조정이 변증학적으로 어떤 의미를 내포하는가?

미세 조정 현상은 널리 인정된다. 모든 논쟁은 이에 대한 **해석**과 관련 있다. 무신론 천문학자 프레드 호일은 이러한 관찰과 거기에 내포된 확연히 유신론적인 의미가 갖는 중요성을 가장 먼저 인식한 사람들 중 하나다. "초지성superintellect이 물리학뿐 아니라 화학과 생물학을 주무른 것 같다…. 자연에는 언급할 만한 맹목적인 힘blind forces이란 없다."[7] 호일은 무신론자였으며 하나님이 우주를 창조했다는 생각에 동조하지 않았다. 그런데도 그의 말은 현대 천문학이 하나님을 믿으려 들지 않는 사람들에게 남긴 깊은 불안을 보여준다. 우연한 발생보다 하나님의 창조가, 드러난 증거를 더 잘 설명하는가? 호일은 틀림없이 그렇지 않기를 바랐다. 그러나 그의 눈에는 그렇게 보였다.

미세 조정이 내포하는 뚜렷한 유신론적 의미를 피하려는 한 가지 시도는 '다중우주'multiverse를 상정하는 것이다. 이 관점은 우리의 우주가 수많은 우주 가운데 하나일 뿐이라고 보는 것이다. 따라서 관측 가능한 우주를 보이지도 않고 무한히 크며 영원한 다중우주 속에 두어야 한다. 우리의 우주는 미세 조정되었을지도 모른다. 그러나 나머지 우주들 중 어느 하나도 그럴 필요가 없다. 우리는 단지 운이 좋을 뿐이다. 누군가 대박을 터뜨려야 했다. 리처드 도킨스가 이러한 방식을 좋아하는 것은 이상하지 않다!

그러나 스피처가 바르게 지적하듯이, 다중우주 가설은 몇 가지 명백한 문제점이 있다.[8] 첫째, 우주와 다중우주의 차이는 주로 의미론적이다. '우주'라는 용어가 서로 연결된 물리적 실체의 전체 영역을 의미한다면, 다중우주 가설에서도 진정한 우주는 하나뿐이다. 가설의 다중우주가 우리 눈에 실제로 보이는 특정 우주와 어떤 식으로도 연결되어 있지 않다면, 우리의 영역에서 나오는 물리학 법칙들이 다중 전체 우주에 어떻게 적용될 수 있을지 알기 어렵다. 이것은 우리 세계에 대한 관찰을 토대로는 다중우주에 관해 아무런 결론도 도출할 수 없다는 뜻이다. 그러나 다중우주가 구조적으로 서로 연결되어 있다면, 빅뱅 이론과 충돌하는 많은 문제가 잠시 사라졌다가 수정된 형태로 다시 나타나거나 심지어 무신론자들에게는 더 어려워지는 셈이다.

그렇다면 이것이 변증학적으로 어떤 의미를 갖는가? 미세 조정은 창조자 하나님을 믿는 기독교 신앙과 조화를 이룬다. 미세 조정은 아무것도 증명하지 못한다. 어쨌든 미세 조정은 가능성이 극도로 희박한 우연이었는지도 모른다. 그럼에도 미세 조정은 기독교의 사고방식과 잘 어울리며, 기독교 신앙이 그려내는 실체의 지도에 쉽고 자연스럽게 맞아 들어간다. 이러한 현상들을 그려내는 기독교의 능력이 그 무엇을 결정적으로 증명하지는 않는다. 그러나 미세 조정은 매우 암시적이다. 이것은 누적되어 전체적인 실체의 '큰 그림'을 제시하는 실마리 가운데 하나다. 하나로 짜면 아름다운 무늬의 태피스트리가 되는 숱한 실 가운데 한 가닥이다. 미세 조정은 우주의 의미를 푸는 하나의 실마리이며, 낱낱으로는 별 의미가 없지만 다른 실마리와 엮이면 풍성한 암시를 준다.

그리스도인이 볼 때 기독교의 이론적 구조와 세상의 존재 방식 사이에는 자연과학자들이 발견해냈듯이, 개념적으로 유사한 점이 많다. 우주의 의미를 푸는 셋째 실마리, 곧 세상의 깊은 구조를 살펴보면서 이 부분을 좀 더 생각해보자.

실마리 3: 질서 – 물리적 세계의 구조

세상 속에서 질서를 포착하려는 본능은 구약성경의 지혜

문학에서 분명하게 나타난다. 자연과학도 우주의 규칙성에 근거한다. 질서 잡힌 우주가 없다면 과학도 불가능하다.

우주는 합리적으로 투명할 뿐 아니라 합리적으로 아름답고, 우아한 수학공식으로 자신을 표현하기까지 한다. 나는 과학자 시절에 이러한 우주를 탐구하는 특권을 누리며 감동했다. 자연과학과 기독교 신학의 가장 큰 유사점 중 하나는 규칙성과 이해 가능성 intelligibility 이 세상의 특징이라는 근본적인 확신이다. 어느 현대 과학자가 말했듯이, "물리학의 하나님은 우주적인 질서다".[9] 세상에는 그리고 인간 지성의 본성에는, 자연에 숨겨진 패턴을 찾아 표현하게 해주는 특별한 무엇이 있다.

자연과학과 기독교 신학의 가장 중요한 유사점 중 하나는 세상이 규칙적이고 이해 가능하다는 기본 믿음이다. 이러한 규칙성질서과 이해 가능성은 과학과 종교 영역에서 엄청나게 중요하다. 물리학자 폴 데이비스 Paul Davies 의 말처럼, "르네상스 시대의 유럽에서, 오늘 우리가 말하는 과학적 탐구를 뒷받침한 것은 자연을 세밀히 연구할 때 자신의 창조질서가 드러나게 하신 합리적인 하나님을 믿는 신앙이었다".[10]

하나님은 세상을 질서 있게 창조하셨고, 인간은 '하나님의 형상과 모양으로' 창조되었기 때문에 그 질서를 찾아낼 수 있다. 왜 인간이 이 질서를 찾아낼 수 있는가? 왜 인간은 수학 방정식을 활용해 이 질서를 멋들어지게 표현해낼 수 있는가? 이론 물리학자 존 폴킹혼이 지적한 것처럼, 이것은 흔히 생각하는 것보다 훨씬 중요하다.

우리가 세상을 이해할 수 있다는 사실이 우리에게는 너무나 친숙하다. 그래서 우리는 거의 언제나 이 사실을 당연하게 여긴다. 우리가 세상을 이해할 수 있기 때문에 과학이 가능하다. 그러나 이렇지 않을 수도 있었다. 우주가 질서 있는 코스모스가 아니라 무질서한 혼돈chaos이었다면 어떻게 되었겠는가? 또는 우주가 인간이 범접하지 못할 합리성을 가졌었다면… 우리의 지성과 우주 사이에, 안으로 표현된 합리성과 밖으로 관찰되는 합리성 사이에는 어떤 일치가 존재한다.[11]

그렇다면 왜 우리는 우주를 그렇게 명료하게 이해할 수 있는가? 우주의 합리적 명료성을 어떻게 설명할 수 있는가? 왜 우리 마음속의 합리성과 세상에서 보는 합리성이 깊은 조화를 이루는가? 왜 순전한 수학의 — 수학은 인간 지성의 자유로운 산물로 여겨진다 — 추상적 구조가 세상을 이해하는 데 그토록 중요한 실마리를 제공하는가? 위대한 수학자 유진 위그너Eugene Wigner, 1902~1995는 유명한 질문을 던졌다. "왜 수학은 물리적 세계를 이해하는 데 그토록 비합리적으로 효율적인가unreasonably effective?"[12] 우리는 그의 질문에 답해야 한다. 그러나 과학은 이 질문에 답하지 못한다. 사실 과학은 이러한 수학의 '비합리적 효율성'에 기초한다. 과학은 이것을 도구로 활용한다. 왜 이것이 이런 방식으로 그토록 믿을 만한지 이론적으로 설명하지도 못하면서 말이다.

폴킹혼의 핵심은, 우리가 이러한 관찰을 설명하도록 기독교 신앙이 실체의 지도 map of reality 를 제공한다는 것이다. '내부의 이성' reason within 과 '외부의 이성' reason without, 곧 인간 지성의 합리성과 우주의 깊은 틀에 내장된 합리성은 더 깊은 합리성, 곧 '하나님의 지성' mind of God 이라는 공통된 근원에서 비롯되었다. 자연과학은 과학이 답하지 못하는 중요한 질문을 늘 제기한다. 이런 질문은 무척 흥미롭고 중요하지만 과학이 말할 수 있는 영역을 자주 벗어난다. 과학은 세상이 이해 가능하다고 추정해야 한다. 기독교 신앙은 세상의 이해 가능성과 관련해 과학이 제기만 할 뿐 답하지 못하는 물음에 답하고, 세상을 깊이 이해하게 해주는 '의미 지도' map of meaning 를 제시한다.

C. S. 루이스도 왜 인간의 합리성이 자연세계의 틀과 그토록 조화를 이루는지 숙고했다.

우리의 사고가 진정한 통찰일 가능성을 남겨두지 않는 설명이라면, 우주에 관한 그 어떤 설명도 참이 아니다. 어떤 이론이 온 우주의 나머지 모든 것을 다 설명하더라도 우리 사고의 타당성을 믿을 수 없게 한다면, 그 이론은 아무짝에도 쓸모가 없다. 왜냐하면 우리는 사고를 통해 그 이론에 이르는데, 우리의 사고가 타당하지 않다면 그 이론 자체도 당연히 무너지기 때문이다.[13]

인간이 이성을 활용해 세상을 탐구할 수 있는 까닭은 세상이 합리적이기 때문이다. 루이스의 논증은 창조세계 전체가, 특히 인간의 이성이 하나님의 창조질서의 흔적이나 발자취를 담고 있다는 것이다. 세상을 창조하신 하나님이 인간의 지성도 창조하셨고, 따라서 하나님의 피조물과 그분의 신성 사이에는 하나님이 주신 유사점과 일치점이 존재한다.

왜 이러한 방식이 기독교 변증에 유익한가? 여기서 몇 가지 핵심을 짚고 넘어가야 한다. 첫째, 이러한 방식은 세상을 설명하는 — 세상에서 보는 것이나 자연과학을 통해 드러나는 실체의 더 깊은 그림에 맞장구를 치는 — 기독교 신앙의 능력을 강조한다. 둘째, 이러한 방식은 자연과학과의 중요한 접촉점을 제시한다. 과학과 신앙은 이따금 충돌한다. 그렇더라도 신앙이 과학적 방법에 더 깊은 정황을 제시한다고 생각하는 게 낫다. 바꿔 말하면, 신앙은 왜 과학이 가능한지 설명한다.

이것은 '간극의 하나님'God of the gaps이라는 개념, 곧 옛 변증학 저작에서 이따금 나타나는 개념과 관련하여 특히 중요하다. 이러한 방식은 과학적 설명에서 나타나는 간극에 호소함으로써 하나님의 존재를 변호하려 한다. 고백하건대 나는 이러한 접근방식에 한 번도 감동하지 않았다. 옥스퍼드의 이론 화학자 찰스 콜슨Charles Coulson, 1910~1974은 이러한 사고방식을 강하게 비판하면서 "하나님은 자연 전체에 간극 없이 존재하거나 전혀 존재하지 않는다"고 했다.[14] 기독교 변증학은 과학이 세상을 보

는 시각에서 일시적인 설명적 간극(explanatory gap, 인간의 경험이
나 감각을 기계적인 과정으로만 설명할 수 없다는 개념—옮긴이)을 찾
는 데 몰두해서는 안 된다. 하나님은 전체 우주에 의미를 부여
하는 분이며, 무엇이 왜 존재하고 그것이 무엇을 의미하는지는
오직 하나님만 설명하실 수 있다. 변증학은 어떻게 기독교를 통
해 가능한 '큰 그림'이 세상을 설명하는지 보여주는 것이다.

실마리 4: 도덕성 – 정의를 향한 갈망

고전철학의 큰 주제 가운데 하나는 이따금 '플라톤의 삼원
관계' Platonic triad라 불리는 것 즉, 진·선·미다. 진·선·미는 대부
분의 사람들이 의미 있고 중요하다고 인정하는 이상理想이다. 변
증가는 이 하나하나를 신앙으로 들어가는 진입로로 활용할 수
있다. 적절하고 주의 깊게 적용될 때, 각각의 이상은 하나님의
진·선·미를 들여다보는 창문이 될 수 있다.

고전적인 변증학은 진리 문제에 초점을 맞추는 경향이 있
다. 이런 방식은 상당히 지혜롭다. 인간의 지성은 하나님이 주
신 능력, 곧 세상을 설명하고 우리가 훨씬 더 큰 그 무엇의 일부
라는 것을 깨닫는 능력이 있어 보인다. 인간의 추론 과정은 하
나님이 세우시고 하나님의 본성과 성품을 반영하는 객관적이
고 합리적인 질서에 동참하며, 그 질서를 반영하는 행위라고 볼
수 있다. 인간은 하나님의 형상으로 창조되었다. 따라서 하나님

의 합리성을 ― 비록 흐릿하게라도! ― 반영한다. 우리가 하나님의 존재를 비롯해 우주의 더 깊은 구조를 파악할 수 있는 까닭은 바로 그렇게 하도록 창조되었기 때문이다. 히포의 아우구스티누스는 우리가 하나님의 형상을 지녔다는 핵심적인 성경적 통찰^{창 1:27}을 토대로 이러한 방식을 취한 고전적인 기독교 저자다.

> 창조자의 형상은 합리적이거나 지적인 인간의 영혼에서 찾아야 한다…. 인간의 영혼은 이성과 지성을 활용해 하나님을 이해하고 하나님을 보도록 하나님의 형상을 따라 창조되었다.[15]

아우구스티누스, 파스칼, 루이스가 인정했듯이, 우리가 하나님의 형상으로 창조되었음을 인식하는 것이 기독교 변증학을 떠받치는 강력한 신학적 기초다. 이것은 진·선·미를 향한 인간의 깊은 갈망을 활용해 사람들이 자신의 궁극적인 근원과 목표, 곧 살아계신 사랑의 하나님을 향하도록 도울 수 있다는 뜻이다.

이 단락에서 우리의 관심사는 '선'^{善, the good}이다. 무엇이 선이고 어떻게 그 선을 따라 살아야 하는지에 관한 견고한 시각의 기초가 우리의 관심사다. 최근 어느 라디오 토론에서, 한 영국 언론인이 유명하고 호전적인 무신론자 리처드 도킨스와 함께 도덕의 본질을 탐구했다. 저스틴 브라이얼리 ^{Justin Brierley}는 도킨스에게, 그의 다윈주의 시각이 윤리적 가치를 떠받치는 믿을 만한 기초가 되느냐고 물었다. 기독교 변증학의 관점에서 볼 때, 두 사람의 토론 중 다음 부분이 특히 흥미롭다.

> 브라이얼리: 당신은 가치판단을 할 때, 이러한 진화론적 과정에서 즉시 발을 빼고는, 이것이 선한 까닭은 이것이 선하기 때문이라고 말하지만, 도무지 그 말을 뒷받침할 방법이 없지 않습니까?
>
> 도킨스: 하지만 제 가치판단 자체가 저의 진화론적 과거에서 도출될 수 있습니다.
>
> 브라이얼리: 그러니까 그 판단이 진화론의 모든 산물처럼 어떤 의미에서 임의적이지 않습니까?
>
> 도킨스: 글쎄요. 당신을 그렇게 말할지 모르지만, 어떤 경우에도 임의적이지 않습니다. 제 가치판단과 관련된 그 무엇도 초자연적인 것이 존재할 개연성을 조금도 열어주지 않습니다.
>
> 브라이얼리: 좋습니다. 하지만 결국 강간이 옳지 않다는 당신의 믿음은 우리가 여섯 손가락이 아니라 다섯 손가락을 가진 존재로 진화되었다는 사실만큼이나 임의적입니다.
>
> 도킨스: 그렇게 말할 수도 있겠네요.[16]

이 인터뷰는 논쟁에서 자주 제기되는 가장 중요한 질문 중 하나를 탐구했다. 도덕은 초월적 규범이나 근거에—이를테면 하나님 같은—의존하는가? 논쟁을 할 때 많은 무신론자가 이 질문을 터무니없다며 무시해버린다. 누가 감히 하나님을 믿지 않는다고 무신론자를 비도덕적이라고 말하겠는가! 그러나 진짜 문제는 이게 아니다. 중요한 질문은 하나님을 믿지 않고도 객관적인 도덕을 유지할 수 있느냐는 것이다. 그리스도인들이 볼 때, 오직 하나님만이 도덕적 가치를 떠받치는 객관적 토대를 제시하며, 도덕적 가치는 힘 있는 자들의 변덕이나 시시때때로 변하는 여론에 종속되지 않는다. 주도적인 무신론 철학자 폴 쿠르츠 Paul Kurtz 는 이러한 핵심을 잘 제시한다.

> 도덕적, 윤리적 원칙의 핵심 문제는 이러한 존재론적 토대와 관련 있다. 도덕적, 윤리적 원칙이 하나님에게서 비롯되지도 않고 어떤 초월적인 근거에 기초하지도 않는다면, 그 원칙은 순전히 일시적일 뿐인가?[17]

역사를 예로 들어 설명하면 이러한 핵심이 분명해진다. 1933년 나치는 독일에서 권력을 장악한 즉시 법을 이용해 전체주의 통치를 감행했다. 새로 제정된 법이 나치의 이데올로기를 강화하고, 그 결과 나치는 자신의 이상을 합법적으로 실현한다고 주장할 수 있게 되었다. 나치의 방식에 도전하는 방법은 국가보다 더 높은 도덕적 권위가 존재한다고 증명하는 것뿐이었다. 당시 독일의 상황은 무시할 수 없는 한 가지 문제를 밝히 드러낸다. 도덕과 정의는 단지 관습의 산물이 아니라는 것을 뒷받침하는 초월적 근거가 있는가?

제3제국(Third Reich, 1933~1945년, 히틀러 치하의 독일—옮긴이)의 등장과 그 여파로 제기된 당혹스런 질문은 아직껏 사라지지 않았다. 실제로 도덕에 대한 '실용주의적' 접근을 통해, 이를테면 영향력 있는 철학자 리처드 로티Richard Rorty, 1931~2007 같은 사람들의 지지를 통해 이러한 질문이 다시 제기되었다. 이러한 방식의 해석에서 인간은 자신의 가치와 이상을 만들어낼 뿐, 그 결과에 대해 외부의 객체자연법나 내부의 주체양심에게 책임을 지지 않는다. "우리는 먼저 어느 행위를 받아들일지 궁리하고, 그런 후에 철학자들이 '인간'이나 '합리적'이라는 말을 적절하게 조절해줄 거라 기대한다."[18] 로티는 진리에 접근하는 전체주의적이거나 실용주의적인 이러한 방식이 다음과 같은 인식을 낳는다고 주장한다.

우리의 내면 깊은 곳에는 우리가 직접 거기 둔 것 외에 아무것도 없다. 모든 기준은 우리가 어떤 행동을 하는 과정에서 만들어낸 것이고, 모든 합리성의 표준은 이러한 기준에 호소하며, 모든 엄격한 논증은 우리의 관습에 복종한다.[19]

따라서 진리와 도덕은 사회적 관습을 반영한다고 인정해야 하는데, 사회적 관습은 인간 사회가 만들어낸다. 그러나 로티가 옳다면 나치즘을 반대하는 행위가 궁극적으로 어떻게 정당화될 수 있겠는가? 로티는 자신이 전체주의에 대한 도덕적 거부나 정치적 거부를 설득력 있게 정당화하지 못한다는 것을 안다. 그렇기 때문에 로티는 이렇게 인정해야 한다고 시인한다.

> 비밀경찰이 들이닥칠 때, 고문하는 자들이 무고한 사람들을 해할 때, 그들에게 이렇게 말할 근거가 없다. "당신들은 자신 속에 있는 뭔가를 저버리고 있습니다. 설령 당신들이 영원히 존속할 전체주의 사회의 관습을 이행하고 있다 하더라도, 이러한 관습을 초월하여 당신을 정죄하는 그 무엇이 있습니다."[20]

로티에게, 도덕적 가치의 진리는 그 가치가 사회에서 존재하고 받아들여지느냐에 달렸다. 지금껏 이러한 시각은 지배적인 사회 관습을 무비판적으로 수용한다며 혹독한 비판을 받았다. 리처드 번스타인 Richard Bernstein 이 지적하듯이, 로티는 사회 관습을 구체화하고 그것을 진리나 선, 정의의 동의어로 여겼다고 보일 뿐이다.

이 모든 관심은 도덕에는 초월적 근거가 필요하다는 것을 말한다. 도덕에 초월적 근거가 필요하지 않다면, 우리는 영향력 있는 권력집단의 모래 늪에 빠진 셈이고, 도덕은 힘 있는 자들의 입맛에 맞게 재정립된다. 도덕에 호소하는 변증적 논증은 조금 다른 두 부류로 나뉘는 경향이 있다. 하나는 하나님을 믿는 신앙이 도덕적 가치의 근본으로서 갖는 지적인 이점에 호소하는 논증이고, 다른 하나는 하나님을 믿는 신앙이 안정적인 도덕적 가치를 확보하는 일에서 갖는 실제적인 가치에 호소하는 논증이다. 양쪽 다 하나님의 존재를 믿는 것이 합리적이라고 주장한다. 이러한 믿음이 실존과 자연, 객관적인 도덕적 진리에 대한 우리의 지식을 가장 잘 설명한다는 점에서 그렇다는 말이다.

예를 들면《순전한 기독교》에서, C. S. 루이스는 왜 옳고 그름에 대한 우리의 개념이 "우주의 의미를 푸는 실마리" 역할을 할 수 있는지 말한다. 루이스가 제시하는 하나님의 존재에 대한 도덕적 논증은 다음과 같이 요약된다.

전제 1: 모든 사람은 객관적인 도덕적 진리가 있다고 믿는다. 객관적인 도덕적 진리가 없다면, 도덕 논쟁은 불가능하다.

전제 2: 객관적인 도덕적 진리는 '자연법'이나 '자연적인' 사실과는 사뭇 다르다. 전자는 우리가 무엇을 '마땅히' 해야 하느냐와 관련이 있다. 후자는 우리가 주변 세상에서 보는 것과 관련이 있다.

결론: 객관적인 도덕적 진리가 존재한다는 우리의 깊은 직관에 대한 가장 좋은 설명은, 옳고 그름을 판단하는 지식을 우리에게 심고 우리의 도덕적 판단의 객관성을 위한 기초가 되는 지성 intelligence 이 자연 뒤에나 너머에 있다는 것이다.[21]

루이스의 방식에는 이 논증에 나오는 대부분의 진술이 그렇듯이, 연역적 증명이 갖는 논리적 힘이 없다. 루이스가 기독교 신앙의 고유한 합리성을 좀 더 상세히 제시했다고 이해하는 편이 더 낫다. 하나님이 존재한다면, 이것은 객관적인 도덕적 가치가 존재한다는 인간의 깊은 본능과 직관을 뒷받침하는 더 견고한 토대가 되며, 윤리적 상대주의의 무책임한 진술에 맞서 도덕을 변호한다. 루이스가 볼 때, 하나님은 우리의 깊은 도덕적·미적 직관을 통해 알려진다.

> 우주 바깥에 통제하는 힘controlling power이 있다면, 그 힘은 자신을 우주 내부의 실재 중 하나로서 우리에게 드러낼 수 없다. 집을 짓는 건축자가 실제로 그 집의 벽이나 계단이나 벽난로일 수 없는 것과 같다. 그 힘이 우리가 특정방식으로 행동하도록 하는 영향력이나 명령으로 우리 내면에 자신을 드러낸다고 기대하는 수밖에 없다. 그런데 우리는 우리 내면에서 바로 이러한 힘을 발견한다.[22]

따라서 하나님을 믿는 것은 한편으로 설득력 있고 이치에 맞으며, 다른 한편으로 유용하다. 하나님을 믿는 것이 우리를 선하게 **만들지는** 않는다. 그러나 그럴 가능성을 열어준다. 루이스가 지적하듯이 "덕이 옳다고 아무리 말해봐야 한 사람을 덕스럽게 만들지는 못한다".[23] 선해지려면, 먼저 '선'이 무엇인지 알아야 하고, 그런 후에 그것을 성취해야 한다. 루이스가 바르게 보았듯이, 이것은 우리가 처한 실제상황과 그 한계를 깨닫는 데 달렸다. 선해지려면 여전히 치유와 도움이 필요하다. 그러나 하나님의 은혜를 발견하고 경험하는 것은 진정한 도덕으로 향하는 중요한 걸음이다.

그렇다면 이러한 방식을 기독교 변증에 어떻게 활용할 수 있는가? 변증은 기독교 신앙을 변호하는 논증을 전개하는 방식으로 이뤄질 수도 있고, 비기독교적 방식을 비판하는 방식으로 이뤄질 수도 있다. 프랜시스 쉐퍼Francis Schaeffer, 1912~1984는 모든 비기독교적 시각이 결국 일관되지 못한 모순으로 드러난다는 유명한 말을 남겼다. 조금은 과장된 주장일지도 모른다. 그렇더라도 그의 주장은 중요한 요소를 내포한다. "도덕으로부터의 논증"argument from morality이 탁월한 예다. 기독교의 하나님 같은 초월적 실체를 믿지 않고도, 안정되고 객관적인 도덕적 가치 개념을 유지할 수 있는가?

도덕적 논증이, 기독교 신앙이 현상을 설명하고 앞서 말한 여러 방식을 확대한다는 기본주장을 강화하는 데 효과적으로 사용될 수 있는 것은 분명하다. 그러나 이러한 방식은 비유신론적 세계관을 비판하는 데 더 잘 활용될 수 있을 것이다. 예를 들면 무신론이 도덕적 진리 개념을 변호할 수 있겠는가?

일반적으로 무신론 변증가들은 자신들의 개념을 이렇게 파헤치는 것에 신경질적인 반응을 보이며, 이것은 자신들을 비

도덕적이라고 말하는 것이나 다름없다고 주장한다. 하지만 그렇지 않다. 이것은 무신론자들에게 도덕적 가치관이 없다고 말하는 게 아니다. 어떻게 이러한 가치관이 **정당한지** 묻는 것이다. 로티가 윤리학에 접근하는 방식에 대한 근본적인 비판을 생각해보자. 로티는 인간의 행위 **위에** 있으며 인간의 행위를 판단하는 기준을 제시하지 못하는 것으로 보인다.[24] 무신론 철학자 아이리스 머독은 '옳음'과 '정의'라는 인간의 방어적 개념이 유지되려면 선이라는 초월적 개념이 필수적이라고 주장했다. 그녀의 주장이 옳다면, 인간이 정의를 갈망한다는 사실 자체가 의미를 풀어내는 깊은 실마리다.

실마리 5: 갈망 - 하나님을 향한 귀소본능

하나님의 존재를 증명하는 여러 논증이 일차적으로 이성에 호소한다. 그런가 하면 어떤 논증은 경험에 호소하고, 인간의 이성만큼이나 마음^{heart, 감성}에서 논증의 타당성을 찾는다. 파스칼이 남긴 유명한 말처럼, "마음에는 이성이 알지 못하는 이유들이 있다." 이러한 논증 가운데 "갈망으로부터의 논증"^{argument from desire}이 가장 유명하다. 이 논증은 다양한 형태를 띤다. 그렇더라도 이 논증은 가장 일반적으로, 소유되지는 않지만 매력이 느껴지는 그 무엇에 대한 깊은 갈망이 인간에게 있다는 데서 출발한다. 기독교 변증가들은 초월적 대상을 향한 깊은 갈망이 궁극적으로 인간이 하나님과 교제하도록 창조되었다는 사실에 근거하며, 따라서 실현되기까지는 그것이 채워지지 않는다고 주장한다.

히포의 아우구스티누스는 이 주제를 신학적으로 가장 철저히 다룬 사람들 가운데 하나다. 아우구스티누스가 볼 때, 하나님은 인간을 창조하여 창조질서의 맨 꼭대기에 두셨다. 인간이 자신의 창조자요 구원자인 하나님과의 관계를 통해 자신이 창조된 목적을 이루게 하기 위해서였다. 따라서 이러한 관계가 없으면, 인간은 자신이 창조된 목적을 이루지 못한다. 아우구스티누스는 하나님께 드린 유명한 기도에서 이것을 이렇게 표현했다. "당신께서 자신을 위해 우리를 지으셨기에 우리의 마음은 당신 안에서 안식을 얻을 때까지는 안식을 누리지 못합니다."[25]

이러한 방식을 변증적으로 가장 의미 있게 적용한 두 사람을 꼽으라면, 블레즈 파스칼과 C. S. 루이스다. 파스칼은 공허와 갈망을 경험한다는 사실이 인간의 진정한 운명을 가리키는 포인터라고 주장한다. 이것은 인간 본성을 조명하고 인간의 궁극적 목표를 드러낸다. 파스칼에게는 하나님이 궁극적 목표였다.

> 이러한 갈망과 무기력이, 한때 각 사람에게 진정한 행복이 있었으나 지금은 껍데기뿐인 흔적과 자국만 남았다는 사실 외에 달리 무엇을 말하는가?[26]

하나님 외에 그 무엇도 이러한 '심연'을 채우지 못한다. 심연은 하나님이 인간 본성 속에 두신 깊은 틈이며, 하나님은 사람들을 다시 자신에게로 이끄는 수단으로 이것을 두셨다.

이 무한한 심연은 무한하고 변하지 않는 그 무엇으로만 채울 수 있다. 즉, 하나님 그분만이 채울 수 있다. 하나님만이 우리의 진정한 선이다.[27]

여기서 파스칼의 개념은 자주 인간의 본성 속에 "하나님이 두신 틈"이나 "하나님이 두신 빈자리"로 표현된다. 파스칼이 실제로 이런 어구를 사용하지는 않았더라도 이것은 그의 방식을 잘 요약해준다. 파스칼은 기독교 신앙이 '갈망과 무기력'에 대한 인간의 폭넓은 경험을 해석하는 틀을 제공한다고 주장한다. 이러한 해석은 두 요소를 내포한다. 첫째, 이러한 해석은 경험을 설명한다. 둘째, 이러한 해석은 자신이 지향하는 바를 분명히 밝히며, 따라서 이러한 인간의 경험(갈망과 무기력에 대한 경험)이 달라지게 한다.

C. S. 루이스도 이와 관련된 방식을 전개하는데, 그의 방식은 기독교 변증에 매우 중요하다.[28] 루이스는 많은 사람에게 좌절된 열망이 중요하다는 점을 인정한다. "그 갈망을 처음 느낀 순간 움켜잡은 게 있다. 하지만 그것은 현실 속에서 사라져버렸다." 그렇다면 이것을 어떻게 해석해야 하는가? 루이스는 결점

이 있어 보이는 두 가지 가능성을 언급한다. 첫째, 이러한 좌절은 엉뚱한 곳을 들여다본 데서 비롯된다고 생각하는 것이다. 둘째, 더 탐구해봤자 거듭 실망할 뿐이며 따라서 세상이 줄 수 있는 것보다 더 나은 것을 찾으려는 모든 시도는 헛수고라고 결론 내리는 것이다. 루이스는 제3의 방식이 있다고 주장한다. 이러한 세상적인 갈망은 진정한 고향의 "복사본이나 메아리나 신기루"일 뿐임을 인식하는 것이다.

루이스는 '갈망으로부터의 논증'이라 불러도 좋을 만한 논증을 다음과 같이 전개한다.

1. 모든 자연스런 갈망은 그에 상응하는 대상이 있으며, 이러한 갈망은 그 대상을 획득하거나 경험할 때에만 채워진다.
2. 초월적 성취를 향한 자연스런 갈망이 있으며, 이러한 성취는 이 세상의 그 무엇으로도 경험할 수 없다.
3. 그러므로 초월적 성취를 향한 자연스런 갈망은 이 세상 너머에서, 현재의 질서가 지향하는 세상에서만 채워질 수 있다.[29]

엄격한 의미에서, 사실상 이것은 하나님의 존재를 증명하는 논증이 아니다. 우선, 우리는 다음과 같은 기독교의 선언을 포함하도록 루이스의 핵심을 확대할 필요가 있다. 하나님은 초월적 성취를 향한 인간의 자연스런 갈망을 만족시키는 분이거나 이러한 만족의 필수조건이다. 그렇더라도 이것을 하나님의 존재에 대한 추론으로 이해해서는 안 된다.

그러나 루이스는 이러한 사고의 흐름이 믿음과 경험의 상호관계를 드러낸다고 보았으며, 우리 안에서 경험하는 것으로 현실을 보는 기독교적 방식의 '경험적 타당성'을 탐구했다. 이것은 연역법이 아니라 ― 또다시 퍼스의 용어를 빌리자면 ― 가추법이다. 루이스는 기독교 신앙이 우리가 주관적으로 경험하는 실재를 설명한다고 분명하게 믿는다. 아우구스티누스는 기독교의 창조 교리와 구원 교리의 핵심 주제를 엮어 하나의 기도로 표현했다. "당신께서 자신을 위해 우리를 지으셨기에, 우리의 마음은 당신 안에서 안식을 얻을 때까지는 안식을 누리지 못합니다."[30] 루이스는 이러한 개념을 재확인하고, 이것을 인간 경험의 세계 위에 세우려 한다. 그는 이러한 개념이 인간 경험의 세계를 조명한다고 믿기 때문이다.

따라서 루이스는 기독교 변증이 인간의 근본 경험, 곧 궁극적 의미를 갖는 그 무엇을 향한 '갈망'에 대한 경험과 씨름해야 한다고 주장한다. 기독교 신앙은 이것을 인간 본성의 진정한 목적을 파악하는 실마리로 해석한다. 육체적 주림이 음식을 통해 채워지는 인간의 진짜 필요를 가리키듯이, 영적 주림은 하나님을 통해 채워지는 진정한 필요를 가리킨다. 루이스는 대부분의 사람들이 내면의 깊은 갈망, 곧 일시적이거나 창조된 그 무엇으로도 채워지지 않는 갈망을 안다고 주장한다. "내 속에 이 세상의 그 어떤 경험으로도 채워지지 않는 갈망이 있다면, 내가 다른 세상을 위해 만들어졌다는 게 가장 그럴듯한 설명이다."[31]

이것은 아무것도 **증명**하지 않는다. 어쨌든 황금 유니콘을 만나려는 깊은 갈망이 내 안에 있을지도 모른다. 그러나 이러한 갈망이 유니콘이 ─ 황금 유니콘이든 아니든 간에 ─ 실제로 존재한다는 의미는 아니다. 루이스의 핵심은 이게 아니다. 루이스는 기독교가 우리에게 이렇게 말한다고 지적한다. 우리는 하나님과 관계를 갖도록 창조되었기 때문에 하나님을 향한 이러한 갈망을 예상해야 한다. 이것은 기독교의 사고방식과 어울리며, 따라서 기독교의 신뢰성을 간접적으로 확인해준다. 이론과 관찰 사이에, 신학적인 틀과 개인의 실제적인 경험 사이에 강한 공명이 인다.

그렇다면 기독교를 변증할 때 이러한 방식을 어떻게 전개하고 적용할 수 있는가? 이러한 방식은 인간의 경험에, 자연세계에 대한 객관적 분석보다는 주관적 느낌의 세계에 호소하는 본질적인 특징이 있다. 그러나 주관적 경험이 특별히 중요한 까닭은 사람들이 자신은 매우 의미 있는 존재라고 느끼기 때문이다. 이런 경험을 묘사할 때 모든 사람이 인식하지는 못한다. 그럼에도 이러한 경험은 중요한 변증전략의 토대가 되기에 충분할 정도로 널리 퍼져 있다. 이러한 경험의 세 가지 핵심을 제시해보겠다.

1. 이러한 경험은 인간의 공통된 경험과 **연결된다.** 이러한 경

험은 많은 사람이 공감하는 것과 소통하고, 많은 사람이 느끼지만 그 의미를 궁금해하는 느낌을 설명한다.

2. 이러한 경험은 **해석된다.** 이것은 임의적이거나 무의미한 경험이 아니라, 경험 너머의 그 무엇을 가리킨다. 따라서 어떤 사람들이 무의미한 현상이라고 여길 법한 경험이 사실은 의미를 가리키는 표지판이 된다.

3. 이러한 경험은 하나님께로 가는 **진입로**로 선언된다. 오직 하나님만이 인간의 경험을 탈바꿈하신다. 오직 하나님만이 파스칼이 인간 본성에 있는 '심연'이라 말한 자리를 채우신다. 인간의 경험은 우발적이거나 임의적으로 해석되지 않고 인간의 본성과 운명에 대한 신학적 이해에 단단히 근거해서 해석된다.

이러한 '갈망으로부터의 논증'은 엄격하고 논리적인 하나님의 존재 '증명'이 아니다. 이 논증은 훨씬 더 깊은 수준에서 작용한다. 이 논증은 논리적 힘은 부족할지 몰라도 실존적 깊이가 있다. 이 논증은 인간의 깊은 경험을, 우리가 정말로 중요하다고 느끼는 일들을 다루는 기독교 신앙의 능력에 관한 것이다. 이 논증은 인간 본성에 내재한 불안감과 불만족에 근거하며, 어떻게 이것이 우리의 진정한 본성과 운명을 찾아가는 실마리가 되는지 보여준다. 루이스가 주장했듯이, 이 세상의 그 무엇도 이러한 깊은 욕구와 갈망을 채우지 못한다면 우리의 진정한 고

향이 다른 세상에 있음을 받아들이는 법을 배워야 한다. 르네
상스 시인 프랜시스 퀼스 Francis Quarles, 1592~1644 의 이미지를 빌리
자면, 우리의 영혼은 하나님이라는 자극磁極에 끌리는 쇠바늘과
같다. 정의를 향한 우리의 열망이나 이 세상을 더 나은 곳으로
만들고 싶은 깊은 갈망을 인간의 삶에서 제거할 수 없듯이, 하
나님 또한 인간의 삶에서 제거될 수 없다. 우리에게 귀소본능이
있는 정확한 까닭은 우리에게는 돌아갈 집이 있기 때문이다. 이
것이 신약성경의 큰 주제 가운데 하나다.

　이러한 갈망은 서구사회의 본성을 고찰하는 데 중요한 핵
심을 제공한다. 정치 철학자 찰스 테일러 Charles Taylor 는 최근 '세
속시대'의 출현을 폭넓게 분석하면서, 인간 본성의 뚜렷한 특
징 — 무엇보다도 프랑스 철학자 샹탈 밀론-드술 Chantal Milon-
Delsol 이 '영원을 향한 갈망'이라 부르는 것 — 때문에 종교는 사
라지지 않을 것이며 사라질 수 없다는 단언으로 결론을 맺었
다.[32] 인간 본성에는 합리적이고 경험적인 한계를 뛰어넘어 의
미와 의의를 추구하게 하는 그 무엇이 있다.

　여기서 하나 더 짚고 넘어가야겠다. 인간이 하나님의 형상
을 지녔다는 기독교의 인간관은 상상력의 역할과 관련해 중요
한 의미를 내포한다. 루이스와 톨킨은 상상력이 우리의 진정한
정체성과 운명에 대한 암시가 담긴 세상을 어떻게 여는지 강조
한다. 우리는 종종 아름다운 세상을 꿈꾼다. 이 세상을 벗어나
고 싶기 때문이 아니라 우리 내면 깊이 자리한 그 무엇이 이러

한 실체를 갈망하게 하기 때문이다. 앞으로 살펴보겠지만, 이것은 기독교 변증과도 관련이 있다.

실마리 6: 아름다움 – 자연세계의 광휘

많은 사람이 자연의 아름다움에 깊이 감동한다. 예를 들면 웅장한 산이나 장엄한 일몰, 나무가 빽빽한 계곡에 감동한다. 그렇다면 사람들이 하나님이 창조하신 피조물에 대한 사랑에서 창조자 하나님을 향한 사랑으로 옮겨가도록 도우려면 어떻게 해야 하는가? 사람들이 세상을 다르게 보도록, 종착지가 아니라 이정표로 보도록 도와야 한다는 게 첫째이자 가장 분명한 핵심이다. 세상의 아름다움은 하나님의 더 큰 아름다움을 가리키는 포인터로, 달이 태양의 더 큰 빛을 반사하듯이 또는 아름다운 다이아몬드가 햇빛을 받을 때 반짝이듯이 하나님의 아름다움을 반영한다.

이것은 미국의 위대한 신학자 조나단 에드워즈의 핵심 주제인데, 그는 자연의 아름다움에 호소하는 변증방식의 신학적 토대를 굳건히 세웠다. 에드워즈가 볼 때, 하나님은 그분의 피조물이 그분의 아름다움을 알고 누리길 갈망하며, 그래서 모두가 보고 인정하며 반응하도록 창조질서를 통해 그분의 아름다움을 전하기로 선택하신다.[33] 자연은 하나님의 아름다움을 드러내려 하고, 인간이 하나님의 영광을 감지하고 믿음과 경외로 반응하는 법을 배우는 갈망의 학교 역할을 한다.

　그러나 우리는 아름다움의 개념을 좀 더 생각해봐야 한다. 어떤 논증이 합리적인지 알려면 그 논증을 깊이 들여다봐야 한다. 논증의 합리성은 곧바로 드러나지는 않기 때문이다. 그러나 아름다움은 전혀 다르다. 아름다움은 **곧바로** 느껴진다. 우리는 아름다운 광경이나 아름다운 사람이나 아름다운 작품을 볼 때 거기에 뭔가 특별한 게 있음을 곧바로 감지한다. 누군가 우리에게 어떤 사물이나 사람이 아름답다고 납득시킬 필요가 없다. 우리 내면 깊이 자리한 그 무엇이 우리에게 말하는 것 같다. 아름다움에 근거한 변증은 처음에는 논증이 아니다. 감상이다. 논증은 자연의 아름다움이 무엇을 가리키는지 — 뭔가를 가리킨다면 — 물을 때 시작된다.

　우리가 자연의 아름다움을 깨닫는다는 사실이 아무것도 의미하지 않을 수도 있다. 이것은 모두 우연일지도, 임의적이고 무의미할지도 모른다. 거듭 말하자면 이것은 루이스가 말한 "우주의 의미를 푸는 실마리"일 수도 있다.[34] 갈망으로부터의 논증을 변형한 형태에서, 루이스는 만약 우리가 창조되었거나 유한한 것에서 진정한 아름다움을 찾으리라 생각한다면, 아름다움을 찾으려는 갈망은 철저히 좌절되리라고 주장한다. 무지개 끝에서 황금 연못을 찾으려는 격이다. 루이스에게 이 세상 것들은 신호다. 그 자체가 의미하는 대상을 어디서 찾아야 하는지 가리키지만 진정한 아름다움을 직접 가져다주지는 않는다. 이 세상

것들이 진정한 아름다움을 가져다주리라 생각한다면 비참하고 혼란스런 결말을 맞게 된다.

루이스가 볼 때 인간이 아름다움을 추구한다는 사실은 기독교 복음을 위한 중요한 접촉점이다. 이것은 그의 가장 중요한 단편 저작이 거의 분명하면서, 그가 1941년에 한 설교 '영광의 무게'의 핵심 주제다.[35] 루이스는 "우리에게는 초월 본능이 있으며 아름다움이 이러한 본능을 자극한다"고 주장한다. 우리에게는 "머나먼 나라를 향한 갈망이 있으며, 그 나라를 지금도 우리 안에서 발견한다".[36] 루이스가 볼 때, 아름다움은 덧없는 세상에서 마주치는 그 무엇보다 더 실재적인 이상을 불러일으킨다. 아름다움은 우리가 쫓겨난 곳이며 반만 기억나는 영역에 대한 동경을 longing — 이 장 앞부분에서 살펴보았던 그런 갈망 — 불러일으킨다. 이것은 "실제로 경험에는 절대로 나타나지 않았으나" 우리의 경험이 끊임없이 시사하고 암시하는 그 무엇에 대한 갈망이다.[37]

따라서 인간이 아름다움을 추구한다는 말은 실제로 그 아름다움의 **근원**을 추구한다는 뜻인데, 이러한 아름다움의 근원은 이 세상 것들 속에 담기는 게 아니라 이 세상 것들을 통해 전달된다. "우리가 아름답다고 생각한 것들이 우리를 배신할 것이다. 아름다움은 이것들 **안에** 있지 않고 단지 이것들을 **통해** 왔을 뿐이며, 이것들을 통해 온 것은 동경일 뿐이었다."[38] 바로 이런 까닭에 이러한 추구는 좌절이나 절망으로 끝난다. "아름다움이 미소 지었으나 우리를 반기지는 않았다."[39] 우리는 아름다움이라는 메신저가 전하는 형언 못할 그 무엇을 언뜻 보며, 엉뚱하게도 그 아름다움이 메시지 자체라고 믿어버린다.

따라서 루이스는 자연을 하나님의 더 큰 아름다움을 가리키는 이정표로 보는 법을 배워야 한다고 주장한다. 기독교 전통의 '권위 있는 이미지'는 우리가 **알고** 또 **경험**하는 동경을 다루며, 다른 한편으로 지금은 숨겨진 것, "우리가 아직은 모르지만 알아야 하는 것"을 드러내겠다고 약속한다.[40] 기독교 전통은 이러한 아름다움의 추구를 "우리가 잘려 나왔다고 느끼는 우주의 그 무엇과 다시 하나되길 바라고, 우리가 늘 밖에서만 보았던 어느 문 안으로 들어가길 바라는 열망"이라고 해석한다.[41] 아름다움을 갈망하는 이러한 경험은 실제로 "자연에 들어와 자연을 통해 그 너머로, 자연이 적절하게 투영하는 광휘로 들어가라"는 요청이다.[42]

자연은 자신이 가리키는 더 큰 실체의 "첫 스케치… 이미지, 상징일 뿐"이다. 따라서 자연은 "우리가 실제로 갈망하는 것의 좋은 이미지"일 뿐인데, 엉뚱하게도 사람들은 자연을 우리가 갈망하는 대상 그 자체라고 여긴다.[43] 아름다움은 구체적인 사물로 이뤄진 가시적 세계 너머의 영역을 가리킴으로써 진리를 드러낸다. 아름다움은 지금 닫혀 있는 문 건너편을 보게 해주고, 그 문이 열리고 문지방을 넘을 날을 고대하게 해준다.

우리는 우리가 보는 광휘와 어우러지지 못한다. 그러나 신약성경의 모든 잎사귀는 늘 그렇지는 **않으리라**는 소문에 바스락거린다. 어느 날 하나님이 뜻하시면, 우리는 **안으로** 들어갈 것이다.[44]

비슷한 개념이 조나단 에드워즈와 한스 우어스 폰 발타자르 Hans Urs von Balthasar, 1905~1988 같은 저자들에게서 나타난다. 하늘과 땅의 창조된 질서가 보여주는 모든 아름다움은 아름다운 하나님의 형상이요 모든 아름다움의 근원이신 예수 그리스도의 광채에서 비롯된다.

그렇다면 아름다움에 대한 호소를 기독교 변증에 어떻게 활용해야 하는가? 루이스에게 그 대답은 간단하다. 아름다움은 합리적 분석을 초월하며, 우리 안에 훨씬 더 깊숙이 자리한 그 무엇에 호소한다. 한 변호사와 그의 연인이 결혼하기로 약속했다. 두 사람은 결혼반지를 사러 보석상을 찾아갔다. 그들에게는 계획이 있었다. 어떤 보석을 어떻게 꾸며서 장식할지 미리 생각해둔 것이다. 그런데 두 사람이 어느 반지를 본 순간 그 반지에 폭 빠지고 말았다. 그 반지는 자신들이 미리 생각해둔 반지가 아니었다. 그러나 두 사람은 그 반지가 정답임을 알았고, 그 반지를 사서 기쁜 마음으로 돌아갔다.

이 이야기가 내포하는 변증적 의미를 찾아내기란 어렵지 않다. 때로는 복음이 직접 사람들을 설득하도록 하는 게 중요하다. 성경 비유에 나오는 보석 상인은 '좋은 진주'의 아름다움과 가치를 안다. 따라서 그에게 그 진주의 진정한 가치를 설명할 필요는 없다.^{마 13:45-46} 진주가 자신의 가치를 직접 보여주었다. 보석 상인이 다이아몬드를 불빛에 비춰 다이아몬드의 여러 면이 반짝이게 만들고 그 아름다움이 드러나게 하듯이, 우리도 사람들이 복음의 아름다움을 깨닫도록 도울 수는 있다. 그러나 그 아름다움은 이미 거기 있다. 보석 상인은 단지 그 아름다움을 가장 효과적으로 드러낼 뿐이다.

실마리 7: 관계성 – 인격체이신 하나님

창세기의 창조 기사는 하나님의 창조가 좋았다고 강조한다. 그러나 하나님이 변화가 필요하다고 판단하신 부분이 있다. 아담이 혼자 있는 게 좋지 않았다.^{창 2:18} 여기서 우리는 인간의 **관계성**에 대해 알 수 있다. 우리는 관계 — 타인과의 관계와 하나님과의 관계 — 속에 존재하도록 창조되었다. 성경이 그려내는 낙원 같은 에덴동산에서 아담과 하와는 서로, 그리고 하나님과 조화를 이룬다. 진정한 인간이라는 말은 관계 속에 존재한다는 뜻이다. 우리는 그렇게 존재하도록 창조되었기 때문이다.

인간이 관계 속에 존재해야 한다는 근본적인 필요는 오래 전부터 인정되었다. 고전시대의 위대한 철학자 아리스토텔레스 Aristoteles, BC 384~BC 322는 인간은 '정치적 동물'이라는 유명한 말을 남겼으며, 그의 말은 실제로 그리스의 도시국가처럼, 인간이 공동체를 이루어 함께 살아가려는 자연스런 기질을 지녔다는 의미이다. 그러나 대부분의 사람들의 경우 관계가 필요함을 이해하는 가장 중요한 방식은 정치적 용어가 아니라 **사랑**이라는 매우 개인적인 용어로 표현된다.

"삶에서 최고의 행복은 사랑받는다는 확신이다." 유명한 프랑스 극작가 빅토르 위고 Victor Hugo, 1802~1885 의 말이다. 사랑받고 있음을 알 때, 이것은 살아가는 데 필요하면서도 안전한 기초가 된다. 우리는 자신이 누군가에게 중요하다는 것을 알아야 한다. 무미건조한 학술 논문과 저급한 연애소설이 동일한 주제를 바탕으로 엄청나게 쏟아져 나왔다. 왜 돈 많고 힘 있는 사람들이 그토록 **불행한가**? 사람에게 정말로 중요한 것은 돈이나 권력이 아니라 사랑이다. 우리는 의미 깊은 인격적 관계 없이는 살 수 없다.

이것을 설명해주는 이야기는 무지 많다. 나는 그중에서 미국 철학자 폴 엘머 모어 Paul Elmer More, 1864~1937 와 관련된 이야기를 가장 좋아한다. 젊은 시절 모어는 플라톤의 이데아 개념에 매료되었다. 이데아란 눈에 보이는 모든 겉모습 뒤에 있는 실체를 말한다. 그러나 그는 플라톤의 '이데아 세계'를 고찰할수록 그 세계에 대해 점점 매력을 잃었다. 이데아는 황량하고 메마르며, 사람들과 **연결하는** 능력이 없어 보였다. 모어에게 플라톤의 세계는 냉랭하고 비인격적인 세계, 아무 말도 없고 부드러운 사랑도 없는 세계였다. 그러나 기독교는 하나님이 우리의 역사 속으로 들어오셨다고 말하며, 차갑고 느낌 없는 이데아 세계를 버리고 하나님의 황홀한 인격적 임재로 가득한 세계를 선택하게 해준다. 이러한 차이는 매우 중요하다. 모어가 말년에 그리스도인이 된 것은 놀랄 일이 아니다.[45] 어떤 인간도 추상적이고 비인격적인 세계에 만족하지 못한다. 우리는 하나님을 포함해 타인과 관계를 가져야 한다.

기독교는 기본적으로 **관계적** 믿음이다. 복음을 순전히 합리적인 견지로 생각해서는 절대 안 된다. 마치 믿음이란 일련의 명제에 동의하는 것에 지나지 않다는 듯이 어떤 하나님이 존재한다고 믿어서는 안 된다. 우리는 하나님과 우리 자신에 관한 특정한 것들을 믿으며, 이런 점에서 믿음에는 분명한 내용이 있다. 그러나 이것이 결코 믿음의 전부가 아니다. 근본적으로 성경이 말하는 믿음의 핵심은, 신뢰해도 좋은 존재임을 말과 행동으로 보여주시는 하나님을 신뢰하는 것이다. 믿음과 소망과 사랑은 서로 밀접하게 얽혀 있다. 우리는 우리를 사랑하고 우리에게 미래의 소망을 주시는 하나님을 신뢰한다.

믿음이 관계적이라는 사실은 성경에 수없이 나타난다. 아브라함을 부르신 사건을 생각해보라.[창 15, 17장] 이 내러티브의 중심에는 인간이 하나님의 약속을 신뢰한다는 개념이 자리한다. 이것은 아브라함과 하나님 사이에 신뢰와 순종의 관계가 어떻게 형성되었는지 보여주는 이야기다. 예수님이 갈릴리 호숫가에서 첫 제자들을 부르시는 장면을 생각해보라.[막 1:16-20] 예수님은 자신을 따라오라며, 자신과 관계를 가지라며 어부들을 초대하신다.

성경 전체에서 하나님은 우리를 사랑하시고 우리가 그분과 관계 맺길 원하시는 **인격체**로 — 비인격적인 힘이 아니라 — 이해된다. '사랑'과 '헌신'처럼, 우리와 하나님의 관계를 말할 때 사용하는 용어는 사람들 간의 관계를 말할 때 사용하는 용어와 비슷하다. 예를 들면 바울은 그의 편지에서, 서로 멀어진 사람들 간의 관계회복을 말할 때와 그리스도를 통한 하나님과 사람 사이의 교제회복을 말할 때 똑같이 '화목'reconciliation, 화해이라는 용어를 사용한다.

여기서 제시된 기독교 변증의 본질적인 핵심은 견고한 신학적 기초에 근거한다. 우리는 하나님과 관계를 맺도록 창조되었고, 따라서 그렇게 되기 전까지는 불안하고 공허하다. 우리는 '하나님의 형상'으로 창조되었다.창 1:27 따라서 하나님과 우리들 하나하나 사이에는 타고난 상응성inbuilt correspondence 이 — 일치성 identity 이 아니라! — 존재한다. 하나님께 받은 능력, 곧 우리의 창조자요 구원자인 하나님과 관계하는 능력이 우리를 인간으로 규정한다. 하나님을 믿을 때 우리는 본래 의도된 존재가 된다. 진정한 실존은 소유나 지위, 권력을 통해 가능한 게 아니라 살아계신 사랑의 하나님을 안고 그 하나님에게 안김으로써 가능하다.

이것은 이미 이 장 앞부분에서 탐구한 주제, 곧 갈망으로부터의 논증과 곧바로 연결된다. 그러나 이것은 비인격적 대상이나 힘에 대한 갈망이 아니라 한 **인격체**를 향한 갈망이다. 우리는 하나님에 **관해 아는 게** 아니라 하나님을 **안다**. 하나님은 그런 분이다. 우리 내면에는 '하나님이 두신 간극'이 틀림없이 있으며, 이것은 우리가 하나님이 원하시는 그런 존재가 되려면 하나님과 관계를 가져야 한다는 뜻이다. 하나님이 없으면 우리는 허전하고 공허하다.

실마리 8: 영원성 – 직감적인 희망

성경 원어인 히브리어나 그리스어가 내포하는 깊고 복합적인 의미 때문에 성경의 몇몇 구절은 번역하기 어렵다. 흔히 말하듯이 번역하면 본맛을 잃는다. 전도서 3장은 우리의 자리를 시간의 흐름에 따라 폭넓게 묵상하는 형식을 취한다. 전도서 3장의 한 구절은 번역하기가 특히 더 어렵다. 인간을 창조하실 때 하나님은 "과거와 미래에 대한 의식을 그들 마음에 두셨다"(전 3:11, NRSV 직역. 한글 개역개정은 "사람들에게는 영원을 사모하는 마음을 주셨느니라"이다—옮긴이). 그러나 이 번역은 이 구절의 의미를 충분히 전달하지 못한다. 이 구절을 번역하는 다른 방법은 하나님이 "영원을 그들의 마음에 심으셨다"고 옮기는 것이다. 우리에게는 인생이 짧다는 의식이 있을 뿐 아니라 우리에게 할당된 짧은 시간과 공간의 조각 외에 무엇이 더 있다는 깊은 직관도 있다. 우리는 이 세상에 잠시 존재할 뿐이며, 이것은 세상 너머에 더 크고 더 나은 무엇이 존재할 가능성을 암시한다. 우리는 단지 이생을 위해 만들어진 존재가 아님을 직감한다. 그렇다면 우리는 무엇을 위해 존재하는가? 우리는 그것을 어떻게 붙잡는가?

여러 요소가 우리의 진정한 운명은 일시적인 이 세상 너머에 있다는 의식을 고취한다. 그 가운데 하나는 우리가 이 세상에 속하지 않았다는 깊은 직관이다. 아우구스티누스는 5세기에 쓴 글에서, 낙원에 대한 끈질긴 기억을 말하면서 우리는 그 기억을 절대 떨치지 못한다고 했다. 바쁜 삶 가운데서라도 우리는 또 하나의 세상을, 또 하나의 존재방식을 생각한다. 땅끝에서 들려오는 음성이 우리가 현재 소유하거나 아는 그 어떤 것보다 더 깊고 더 나은 그 무엇을 가리키는 것 같다. 시인 매슈 아널드Matthew Arnold, 1822~1888가 빅토리아 시대의 전성기에 쓴 〈묻힌 삶〉The Buried Life이라는 시에서 표현했듯이 말이다.

그러나 자주, 세상의 가장 번잡한 거리에서
그러나 자주, 분쟁의 소굴에서
감춰진 우리의 삶을 알고자 하는
말 못할 갈망이 치솟는다.

에덴동산의 기억이 우리 영혼에 새겨져 있어서, 우리가 진정한 정체성과 목표를 잃을 때 도전을 주고 기운을 되찾아주는 것 같다.

비슷한 개념이 미국 음악가 조니 미첼 Joni Mitchell 의 유명한 노래 〈우드스톡〉 Woodstock 에서도 나타난다. 그녀는 우리가 "우주먼지"로 만들어졌다고 외친다. 그러나 이것은 우리가 우리를 구성하는 물질적 요소로 전락한다는 ─ 마치 우리가 우주의 화학적 요소로 구성되었다는 사실이 우리를 규정하는 것처럼 ─ 뜻이 아니다. 우리에게는 뭔가 다른 게, 우리로 두드러지게 하는 그 무엇이 있다. 우리의 정체성과 목적의식을 회복해야 한다. 어떻게? 미첼의 대답은 강력하고 극적이다. "우리는 그 동산으로 돌아가야 한다."

이러한 희망개념은 서구문화에 깊이 배어 있다. 저널리스트 리사 밀러 Lisa Miller 는 최근 천국에 대한 문화적 태도를 연구하면서, 개개인과 사회가 "모든 것의 최선을 ─ 그러나 최선을 넘어… 가장 아름답고 가장 사랑스럽고 가장 정의롭고 가장 진실한 것을 ─ 구현하는 한 곳을" 옴짝달싹 못하고 믿는 것 같다고 했다.[46] 어쩌면 이것은 허상에, 우리를 암울한 삶의 현실로부터 보호해주는 한낱 희망사항에 지나지 않는지도 모른다. 혹은 반대로 우리의 진정한 정체성과 의미를 찾는 실마리를 제시하는지도 모른다. 밀러가 보기에 우리에게는 계속 전진하게 하는, 절망적인 상황에서도 그렇게 하게 하는 '급진적인 희망'이 있다. 이것이 기독교의 희망적 시각, 곧 예수 그리스도의 부활과 마침내 새 예루살렘에서 하나님 앞에 서게 되리라는 확고하고 확실한 기대에 근거하는 희망적 시각과 서로 어떻게 연결되는지 알기란 어렵지 않다.

변증가의 과제는 인간의 마음에 자리한 이러한 깊은 직관과 연결하고, 기독교 신앙이 이것을 어떻게 설명하며, 하나님이라는 실체에 확고하게 근거하는 진정한 희망을 어떻게 제시하는지 보여주는 것이다. 우리는 이러한 희망의식에서 시작하고, 이러한 희망이 무엇을 가리키는지 묻는다. 그런 후에 기독교적 희망의 본성을 설명하고 이러한 희망이 인간의 마음에 자리한 근본적 직관을 어떻게 성취하는지 보여준다. 하나님이 영원의 개념을 우주의 진정한 의미를 찾는 실마리로 우리 마음에 두셨을 것이다. 우리가 이러한 생각을, 이러한 열망을 경험하는 까닭은 하나님이 우리를 그렇게 창조하셨기 때문일 것이다.

이것은 실제로 **논리적** 논증이 아니다. 이것은 인간이 처한 상황을 설명하고 우리의 직관이 어떻게 그리스도 안에서 진정한 성취를 찾아낼 수 있는지 보여주는 기독교 신앙의 능력을 드러내는 것에 훨씬 가깝다. 이것은 인간이 처한 상황을 인간의 방향 수정과 변화를 위한 준비로 해석하는 것이다.

실마리 한데 짜기: 패턴을 찾아서

앞서 미국의 여류시인 에드나 빈센트 밀레이가 말한 하늘에서 쏟아지는 '사실의 소나기'에 대해 언급했다. 밀레이는 이러한 사실들은 태피스트리를 짜야 하는 실 같고, 끼워 맞춰 큰 그림을 찾아내야 하는 실마리 같다고 했다. 밀레이가 지적하듯이, 이러한 사실의 소나기를 만날 때, "이것을 옷감으로 짜낼 베틀"이 필요하다. 이러한 사실들 뒤에는 어떤 패턴이 있는가?

이 장에서는 우주의 의미를 푸는 여덟 개의 실마리를 살펴보았다. 각각의 실마리는 그 자체로 의미가 있지만, 이 실마리들이 진정으로 중요한 까닭은 이것들이 드러내는 전체적인 패턴 때문이다. 이것들은 믿음의 태피스트리를 구성하는 여러 가닥의 실 같다. 기독교 신학은 여러 실마리의 진정한 의미를 인식하고 이해하도록 이것들을 한데 짜는 베틀이다. 여러 가닥의 실은 각기 따로 가치를 인정받을 수도 있으나, 한데 짜여 일관되고 아름다운 패턴을 형성할 때 더 큰 의미를 갖는다.

몇몇 실마리는 주변세계에 대한 관찰과 관련 있고, 몇몇 실마리는 내적 경험의 세계와 관련 있다. 그러나 마음의 생각을 살피든 가슴의 열망을 살피든 간에, 우리는 기독교 신앙이 이러한 여러 실마리를 설명해내고 복음이 보여주듯이 실체의 더 큰 그림 안에 둘 수 있음을 알게 된다. 우리의 경험과 연결하고 우리의 경험을 설명하는 이러한 능력은 기독교 신앙이 합리적 진리일 뿐 아니라 실존적으로도 타당하다는 확실한 증거다.

최근에 철학자 존 코팅엄John Cottingham은 하나님을 믿는 기독교 신앙이 왜 그렇게 지적으로 탄탄하고 영적으로 만족스러운지 잘 설명했다.

> 이것은 이른바 자기 충족적이고 자율적인 세속 윤리의 표면 아
> 래 숨어 있는 우발성과 무익함의 위협으로부터 우리를 자유하
> 게 하는 틀을 제공한다. 이것은 우리에게 증명하는 게 아니라 희
> 망을 주는데, 인간 세계의 '동굴'이(플라톤의 이미지를 사용하자면)
> 완전히 닫히고 폐쇄되지 않았다는 희망, 우리의 희미한 도덕적
> 암시가 모든 선의 궁극적 근원을 반영한다는 희망이다.[47]

매우 비슷한 방식으로, 코팅엄은 우리의 미학적 암시가 미
의 궁극적 근원을 반영하며 이를 가리킨다고 주장한다. 복음은
이러한 '실마리들'을 설명하고, 동시에 이것들이 진정한 근원과
목적을 향하도록 방향을 수정해준다.

여기서 전개하는 방식은 장 칼뱅 John Calvin, 1509~1564 이 《기독
교 강요》 Institutes of the Christian Religion 의 처음 몇 장에서 전개하는 신
학적 틀을 활용해 더 엄밀하게 탐구해볼 수 있다.[48] 칼뱅은 하
나님에 대한 직관이나 지각이 우리에게 있으며, 이러한 직관이
나 지각은 주변 세상에 대한 고찰이나 우리 안에 계신 하나님
에 대한 내적 인식을 통해 뒷받침된다고 주장한다. 칼뱅은 이러
한 직관이나 지각이 타당하지만 불완전하다고 본다. 직관이나
지각은 더 큰 그 무엇을 가리키는 포인터이다. 다음으로 칼뱅은
하나님의 계시를 근거로 하나님을 아는 충만한 지식이 있다면

이러한 직관이나 지각은 바르게 이해되고 재해석되며 방향이 전환되어 궁극적으로 그리스도의 구속救贖을 통해 성취될 수 있다고 주장한다.

따라서 이 장에서 취하는 변증방식은 우주의 의미에 관한 실마리를 — 주변 세상에 대한 우리의 관찰에서 나온 것이든 아니면 인간의 가장 깊은 주관적 느낌과 열망에서 나온 것이든 간에 — 밝히는 것이다. 이러한 실마리들을 하나로 엮을 때 그것은 기독교 신앙이 삶을 설명하는 능력을 가리키는 의미 깊은 포인터가 된다. 그러나 이러한 실마리들은 또한 **개별적으로** 평가되고 적용될 필요가 있다. 각각의 실마리는 그 자체로 중요하며, 자신만의 변증전략과 변증방식을 촉발한다. 이것이 무슨 뜻인지 설명해보겠다.

이러한 실마리 가운데 하나, 우주의 질서를 예로 들고, 이것을 기독교 변증에 어떻게 활용할 수 있는지 알아보자. 우리는 어떻게 이 실마리를 탐구하고, 사람들로 이 실마리가 내포할 법한 의미를 파악하도록 도울 수 있는가? 우리는 어떻게 우주의 규칙성과 질서에 호소하고, 이것이 우주가 하나님에게서 기원했음을 보여주는지 사람들이 알도록 도울 수 있는가? 예를 하나 들어보자. 다음 내용은 내가 2010년 영국 BBC 방송에서 했던 강연의 일부다. 짧은 강연에서 나는 먼저 고전 고대classical antiquity 그리스-로마 시대의 한 사건을 들면서 이 '실마리'를 설명해나갔다.

고대 그리스 철학자 아리스티포스Aristippus, BC 435~BC 355에 관한 이야기입니다. 아리스티포스는 파도에 밀려 로도스 섬 해변까지 왔습니다. 전혀 생소한 곳이었습니다. 사람이 살까? 그는 해변을 따라 걷다가 모래에서 몇몇 기하학적 패턴을 발견합니다. "희망이 있어! 여긴 분명히 사람이 사는 곳이야!" 아리스티포스는 자연 경치의 특징을 보았을 뿐이지만, 그것이 그에게는 인간의 지성을 가리키는 것으로 보였습니다. 그 패턴은 자신과 똑같은 인간이 생각하고 그려낸 것으로 보였습니다. 그는 혼자가 아니었습니다.

그때 나는 우주가 자신만의 규칙적 패턴을 보여주는 것 같다고 말했다. 이를테면, 미세 조정을 말했다. 아리스티포스가 로도스 섬 해변에서 본 지적인 무늬에서 그것을 디자인한 지적 대리자를 추론했듯이, 나는 세상질서에서 창조자의 존재를 추론했다. 나는 강연을 마무리하면서 우주의 이상한 질서와 패턴에 대하여 가능한 몇 가지 설명을 살펴보았다.

이런 대답 가운데 하나는 우리가 하나님을 알게 됨으로써 자신의 진정한 정체성과 의미를 찾는다는 것입니다. 이것이 지금 제가 드리고 싶은 대답, 또는 최소한 대답의 일부입니다. 이것은 제가 늘 받아들였던 대답은 아닙니다. 오래전에 제가 옥스퍼드 대학의 학생이었을 때, 이것이 점점 제 생각과 상상을 사로잡았습니다.

이것은 저를 지속적으로 오싹하게 하고 흥분시키는 답변입니다. 저에게 있어 하나님을 발견하는 것은, 사물을 더 또렷이 보도록 돕는 안경을 찾은 것과 같았습니다. 믿음은 실체의 더 큰 그림을 보여줍니다. 믿음은 단지 저**에게** 설명되는 데 그치지 않습니다. 믿음은 또한 저**를** 설명합니다. C. S. 루이스는 이렇게 썼습니다. "나는 해가 뜬 것을 믿듯이 기독교를 믿는다. 단지 해를 볼 수 있기 때문이 아니라 해를 통해 다른 모든 것을 보기 때문이다." 제가 보건대, 하나님을 믿는 것은 과학과 모순되지 않으며 오히려 저에게 하나의 틀을, 그 속에서 과학의 성공을 축하하고 이해하며 과학의 한계를 인정할 지적이고 도덕적인 틀을 줍니다.

17세기 과학 혁명에 가장 크게 기여한 인물 중 한 사람인 아이작 뉴턴 경을 잠시 살펴보며 강연을 끝맺겠습니다. 뉴턴은 자신의 과학적, 수학적 업적을 — 예를 들어 그는 행성 운동의 법칙을 발견했고 광학이론을 정립했습니다 — 통해 자연을 과학적으로 새롭게 이해하는 데 앞장섰습니다. 그러나 뉴턴이 볼 때, 자연에서 보는 것은 자연 너머에 있는 더 깊은 무엇을 가리키는 포인터였고, 보이는 것은 보이지 않는 것의 이정표였습니다. 그는 말년에 이렇게 썼습니다. "거대한 진리의 대양大洋이 내 앞에 미지의 세계로 펼쳐져 있는데도, 나는 바닷가에서 이따금 더 매끈한 조약돌이나 예쁜 조개껍데기를 찾느라 정신이 팔린 아이였던 것 같다." 바다는 여전히 거기 있고, 헤아릴 길 없는 바다의 깊이가 우리를 더 깊이 더 멀리 초대합니다.

내가 **전도**방식이 아니라 **변증**방식을 어떻게 전개했는지 주목하라. 나는 회심시키려 하지 않았고, 유도하고 호기심을 불러일으키며 관심을 끌고 궁극적으로는 **확신**시키려 했다. 이 실마리에 대한 최선의 설명은 무엇인가? 이 실마리가 인간 실존과 관련해 내포하는 의미는 무엇인가? 우리는 모두 해야 할 말이 더 있다는 데 동의할 수 있다. 그러나 많은 면에서, 기독교 변증은 우리가 탐구하는 깊은 질문을 통해 우리의 청중이 — 개인이든 어느 공간에 가득한 사람들이든 간에 — 관심과 호기심을 갖게 함으로써 진지한 대화를 지속하는 것이라고 생각할 수 있다.

다음 장에서 살펴볼 주제

이 장에서는 주변에 흩어져 있으며 우주의 의미를 푸는 여러 '실마리'를 살펴보았다. 그중 다수는 우리의 청중에게 알려질 것이다. 그러나 청중은 이러한 여러 실마리가 무엇을 의미하는지 이해하지 못하고 싶다. 변증가의 과제는 이 모든 점을 잇고, 여러 실마리를 적절한 위치에 두는 것이다.

여기서 짚고 넘어가야 할 핵심이 또 하나 있다. 이 장 앞부분에서 청중의 중요성을 강조했다. 청중은 각양각색이다! 어떤 청중은 합리적 논증에 가치를 둔다. 어떤 청중은 더 깊은 방식, 아름다움에 대한 호소나 궁극적 의미를 갖는 그 무엇을 향한 인간의 갈망에 대한 인식에 가치를 둔다. 우리는 인간의 이성에 호소하는 논증에만 제한되는 것이 아니라, 인간 본성의 모든 부분, 즉 상상력, 느낌, 직관을 포함하여 다 소통할 수 있다. 다음 장에서 믿음으로 들어가는 일련의 진입로를 살펴보고, 각각의 의미를 평가하며, 각각 어떤 방식으로 가장 잘 활용될 수 있을지 알아보고자 한다.

■ Craig, William Lane. "In Defense of Theistic Arguments." In *The Future of Atheism*, edited by Robert B. Stewart, 67-96. Minneapolis: Fortress Press, 2008.

■ Dubay, Thomas. *The Evidential Power of Beauty: Science and Theology Meet.* San Francisco: Ignatius Press, 1999.

■ Evans, C. Stephen. *Natural Signs and Knowledge of God: A New Look at Theistic Arguments.* Oxford: Oxford University Press, 2010.

■ Feingold, Lawrence. *The Natural Desire to See God According to St. Thomas and His Interpreters.* Rome: Apollinare Studi, 2001.

■ Haldane, John. "Philosophy, the Restless Heart, and the Meaning of Theism." *Ratio* 19 (2006): 421-40.

■ Hart, David Bentley. *The Beauty of the Infinite: The Aesthetics of Christian Truth.* Grand Rapids: Eerdmans, 2003.

■ Keller, Timothy J. *Counterfeit Gods: The Empty Promises of Money, Sex, and Power, and the Only Hope That Matters* New York: Dutton, 2009.

■ McGrath, Alister E. *Surprised by Meaning: Science, Faith, and How We Make Sense of Things.* Louisville: Westminster John Knox, 2011.

■ Peters, James R. *The Logic of the Heart: Augustine, Pascal, and the Rationality of Faith.* Grand Rapids: Baker Academic, 2009.

■ Plantinga, Alvin. *Warranted Christian Belief.* Oxford: Oxford University Press, 2000.

■ Polkinghorne, John. *Science and Creation: The Search for Understanding.* London: SPCK, 1988.

- Spitzer, Robert J. *New Proofs for the Existence of God: Contributions of Contemporary Physics and Philosophy*. Grand Rapids: Eerdmans, 2010.

- Swinburne, Richard. *The Existence of God*. 2nd ed. Oxford: Clarendon Press, 2004.

- Warren, Rick. *The Purpose Driven Life: What on Earth Am I Here For* Grand Rapids: Zondervan, 2002. 《목적이 이끄는 삶》, 디모데).

- Wolterstorff, Nicholas. "The Migration of the Theistic Arguments: From Natural Theology to Evidentialist Apologetics." In *Rationality, Religious Belief, and Moral Commitment*, edited by Robert Audi and William J. Wainwright, 38-80. Ithaca, NY: Cornell University Press, 1986.

7

기독교 변증의 진입로:
믿음으로 들어가는 문 열기

Alister E. McGrath
MERE
APOLOGETICS

변증학은 커튼을 걷어 창밖을 보게 하는 일이나, 다이아몬드를 햇빛에 비춰 여러 면이 반짝이게 하는 일에 비유할 수 있다. 변증이란 믿음으로 들어가는 **진입로**를 세우는 것이다. 문을 여는 일이나 커튼을 걷는 일, 사람들이 더 선명하게 보도록 전등을 켜는 일이나 사물의 초점이 잘 맞도록 렌즈를 사용하는 일 등 그 무엇이라고 생각하든 간에 말이다. 핵심 주제는 사람들이 세상을 분명하게 보도록, 어쩌면 처음으로 분명하게 보도록 하는 것이다. 전에는 없던 통찰력을 갖게 하는 것이다. 왜 기독교 신앙이 지적으로 그토록 설득력이 강하고 상상력 부분에서도 그토록 강력한지 깨닫게 하는 것이다.

변증학은 다리를 놓아 사람들이 이미 아는 세계에서 찾아내야 하는 세계로 건너가게 하는 것이다. 변증학이란 사람들이 지금껏 전혀 모르던 문을 찾아내도록 돕고, 지금껏 상상도 못했던 세계를 보고 그 세계로 들어가게 해주는 것이다. 변증학은 눈을 열고 문을 열어 기독교 신앙으로 들어가는 진입로를 세운다. 그렇다면 우리가 말하는 진입로란 무엇인가?

아주 최근까지는 논증을 통해 기독교 신앙을 이성적으로

변호하는 것이 변증학의 주된 흐름이었다. 그러나 이것은 주로 강력한 합리주의 문화, 곧 이성에 대한 순응을 진리의 기준으로 보는 문화에 대응하는 방식이었다. 앞으로 보겠지만, 논증은 여전히 기독교 변증의 필수적인 부분이며 결코 하찮게 여겨서는 안 되는 부분이다. 그러나 서구문화에서 합리주의가 쇠퇴하면서 논증을 활용하는 방식은 예전에 비해 덜 중요해졌으며, 지금은 기독교 신앙의 다른 부분들을, 무엇보다도 기독교 신앙의 풍부한 상상력과 도덕적이고 심미적인 호소력을 인정해야 한다. 옛 기독교 저자들, 특히 중세나 르네상스 시대의 저자들은 신실한 사람들을 가르칠 때 성경의 이야기와 이미지에 높은 가치를 두었다. 그러나 모더니즘의 발흥으로 성경의 이야기와 이미지는 가치가 떨어졌다가, 후에 포스트모더니즘의 발흥으로 이들의 능력이 재발견되었다.

최근 포스트모더니즘이 성장하면서 **이야기**와 **이미지**의 중요성이 새롭게 강조되었는데, 둘 다 인간의 상상력에 강하게 호소한다. 기독교 변증의 역사를 잘 아는 사람이라면 누구라도 앞선 여러 세대, 특히 르네상스 시대의 변증가들이 이야기와 상상력을 믿음으로 들어가는 진입로로 광범위하게 활용했다는 사실을 안다. 문화 상황이 급변하는 시대에서 기독교 신앙을 전하고 변호하는 균형 잡힌 방식을 전개할 때, 우리는 이러한 옛 변증방식을 되살펴봐야 한다.

우리는 기독교를 청중에 맞게 변증해야 하고, 복음과 인간의 영혼을 연결하는 진입로가 여럿이라는 점을 깨달아야 한다. 신약성경 자체가 복음을 다양한 청중의 개념적이고 경험적인 세계와 연결하는 데 뚜렷한 관심을 보인다. 영혼이 "마른 땅 같이" 하나님을 갈망한다면^{시 143:6} 그 갈망을 어떻게 채울 수 있겠는가? 우리의 과제는 복음의 생수가 인간의 영혼을 새롭게 하고 변화시킬 수 있도록 가능한 수로를 찾아내어, 그 수로를 충실하고 효과적으로 활용하는 것이다. 이 장에서는 진입로^{관문}의 이미지를 활용해 다양한 방식을 살펴보도록 하자.

진입로와 변증학: 몇 가지 고찰

중세 신학자들이 인간의 영혼이 하나님의 은혜를 통해 어떻게 변화되는지 논할 때 활용한 가장 중요한 이미지 중 하나는 태양과 덧문이다. 알랭 드 릴^{Alain of Lille}의 글에 좋은 예가 나온다. 알랭은 인간의 영혼을 차고 어두운 방에 비유한다. 덧문을 열면 햇살이 들어와 방을 밝히고 따뜻하게 한다. 우리가 덧문을 연다. 햇살이 방을 비춰 따뜻하게 한다. 덧문을 여는 행위 자체가 방을 밝고 따뜻하게 하는 원인은 아니다. 변화를 일으키는 진짜 원인은 태양이다. 우리는 태양의 빛과 열이 방에 들어오도록 장애물을 제거했을 뿐이다.

이러한 이미지는 우리가 회심의 원인이 아니라는 신학적 핵심을 파악하는 데 도움이 된다. 알랭은 하나님의 은혜가 우리 삶에 들어와 작동하도록 마음의 덧문을 활짝 열어야 한다고 주장한다. 우리는 하나님의 은혜를 막는 장애물을 제거할 뿐이다. 우리의 영혼을 새롭게 하는 주체는 하나님의 은혜다. 그러나 이러한 이미지는 기독교 변증에도 중요하다. 이것은 사람들을 회심시키는 주체는 하나님이라는 점을 상기시키는 동시에 우리가 하나님의 은혜를 막는 장애물을 제거함으로써 이 과정에 보탬이 될 수 있음을 거듭 확인해준다.

진입로란 우리의 눈이 열려 처한 상황을 보고, 그 상황을 바꾸는 복음의 능력을 보게 하는 수단이다. 이러한 핵심을 이해하기 위해 당신이 패혈증에 걸려서 매우 아프다고 가정해보자. 치료제를 못 구하면 몇 시간 내에 죽는다. 그런데도 당신은 몸의 어디가 잘못되었는지 알지 못한다. 그뿐 아니라 치료제가 있다는 사실도 모른다. 당신이 이런 상황에 처했다고 상상해보라. 그리고 다음 몇 가지 접근방식을 생각해보라. 각각의 방식은 당신이 변화로 들어가는 진입로다.

1. 당신에게 의사 친구가 있다. 그는 당신의 증세가 패혈증과 같다고 말해준다. 방치하면 결과가 치명적일 거라고 경고한다. 몇몇 치료약을 알려주고 그 약을 어디서 구할 수 있고 어떻게 복용해야 하는지 일러준다.
2. 또 다른 친구는 당신의 증세가 자신의 증세와 같다고 말한다. 그는 심하게 아팠다. 그러나 누군가 어떤 약을 소개해줬

고, 그 약 덕분에 그는 생명을 구했다고 말한다. 그러면서 당신도 똑같이 하라고 제안한다. 바꿔 말하면 당신에게 자기 이야기를 들려주는데, 그의 이야기는 이 중요한 순간에 당신의 이야기와 교차한다.

첫째 방식은 증거를 토대로 하는 논증이다. 둘째 방식은 이야기, 곧 화자話者가 당신의 상황과 연결된다고 생각되는 개인적 경험을 토대로 들려주는 이야기다. 두 방식은 서로 매우 다르다. 그러나 각 방식은 진입로 역할을 한다. 어떻게?

첫째, 각 방식은 당신이 실제상황을 서로 다른 방식으로 보도록 도와준다. 둘째, 각 방식은 당신이 상황을 바꾸기 위해 무엇을 할 수 있는지 생각하게 해준다. 셋째, 각 방식은 당신이 중요한 걸음을 내딛도록, 약을 구하고 그 약을 먹으며 호전되도록 독려한다.

약이 당신을 치료했다. 그러나 약이 **필요하다**는 진정한 상황을 깨닫지 못했다면 당신은 치료되지 못했을 것이다. 하나님의 은혜는 약이다. 이제 당신은 치료받았다. 그렇기 때문에 사람들에게 하나님의 은혜가 필요함을 깨닫게 도울 수 있고, 그 은혜의 능력을 증언할 수 있다. 하나님이 회심시키고 믿음을 일으키신다. 그렇더라도 당신은 이러한 치료과정에서 작은(그러나 실제적인!) 역할을 감당한다. 따라서 당신의 말은 사람들이 상황을 달리 보고 새로운 사고방식과 생활방식을 상상하게 하는 진입로가 될 수 있다.

그렇다면 기독교 변증에서 이러한 진입로는 무엇을 말하는가? 이 장에서는 변증가에게 열려 있는 몇 가지 가능성을 살펴보고자 한다. 우선 가장 간단한 변증방식인, '기독교가 무엇인지 설명하기'부터 살펴보자.

진입로 1: 설명

기독교를 변호하는 최선의 방식은 기독교가 무엇인지 설명하는 것이다. 즉, 기독교를 변호하거나 권하고 싶다면 기독교가 무엇인지 설명하는 데서 출발하는 게 최선이다. 많은 사람이 기독교를 오해하며 이러한 오해 때문에 기독교를 받아들이지 못한다. 위대한 신학자 아우구스티누스가 가장 좋은 예 중 하나다. 아우구스티누스는 철학적 황무지에서 오래 방황하다가 신앙으로 돌아왔다.[1] 그는 유능하고 젊은 북아프리카 웅변가였으나 기독교를 혹독하게 비판하는 마니교에 빠졌다. 그의 기독교 지식은 주로 마니교의 기독교 비판에서 비롯되었고 정확하지 못했다. 아우구스티누스는 자신처럼 교양 있고 지적인 사람들은 생각할 가치도 없다며 기독교를 배척했다.

야망이 있었던 아우구스티누스는 제국의 수도에서 이름을 떨치겠다고 결심했다. 그래서 북아프리카를 떠나 로마로 향했다. 로마에 도착한 직후, 이탈리아 북부의 중심 도시 밀라노의 대중 웅변가 자리를 제안받았다. 이것이 제국의 공무원으로 출세하는 출발점일 수 있음을 알았기에, 이 자리를 곧바로 받아들였다. 그러나 자신의 정치적 출세가 수사학적 기술에 달렸다는 것도 알았다. 대중 연설가로 성장하도록 누가 그를 도와줄 수 있겠는가?

밀라노에 도착한 후, 아우구스티누스는 그 지역의 기독교 지도자 암브로시우스Ambrose, 340~397가 화려한 웅변가로 명성이 대단하다는 사실을 알았다. 아우구스티누스는 과연 그 명성이 진짜인지 확인해보기로 했다. 매주 일요일, 아우구스티누스는 큰 성당에 슬그머니 들어가 감독의 설교를 들었다. 처음에는 암브로시우스의 설교를 화려한 웅변의 측면에서만 생각하고 순전히 직업적인 관심만 보였다. 그러다가 설교 내용에도 서서히 빨려들었다.

그분이 하는 설교를 열중해서 들었습니다. 당연히 품었어야 할 의도를 갖고 들은 게 아니라 마치 그분의 웅변술이 명성보다 나은지 아니면 명성에 미치지 못하는지 확인해보겠다는 심산으로 들었을 뿐입니다…. 그분이 말씀하는 내용에는 관심이 없었습니다. 단지 그분이 구사하는 수사학 기교에만 귀를 기울였을 뿐입니다…. 그런데도 제 마음에 쏙 드는 단어들과 제가 관심 없어하는 주제가 한데 엮여 제 마음에 들어왔습니다. 저는 둘을 분리할 수 없었습니다. 제가 그분의 유창함에 마음을 열었더니 그분

이 확증하는 진리도 제 마음에 들어왔습니다.[2]

아우구스티누스가 밟았던 기나긴 믿음의 여정에 얽힌 이야기에서 분명하게 드러나듯이, 암브로시우스는(아우구스티누스는 암브로시우스를 신학적 영웅으로 여기게 되었다) 믿음의 큰 장애물을 제거했다. 그는 기독교를 보는 마니교의 전형적인 시각을 무너뜨렸다. 암브로시우스의 설교를 들은 후, 아우구스티누스는 기독교가 자신이 알던 것보다 훨씬 매력적이고 설득력이 강하다는 사실을 깨닫기 시작했다. 믿음에 이르는 길을 막는 장애물이 하나 제거되었다. 아우구스티누스가 기독교로 개종하기 얼마 전이었다 하더라도, 아우구스티누스와 암브로시우스의 만남은 하나의 이정표였다.

우리가 기독교를 변증할 때, 마주치는 사람들 중에는 기독교에 관해 너무나 잘못되고 혼란스런 개념을 가진 사람들이 있게 마련이다. 더러는 자신도 모르게 갖게 된 오해이고, 더러는 의도적으로 퍼뜨려진 오해를 규명하고 단호하면서도 적절하게 무너뜨려야 한다. 이제 믿음으로 들어가는 가장 친숙한 진입로일 법한 방식, 이성적 논증을 살펴보도록 하자.

진입로 2: 논증

고전적인 변증방식들은 하나님을 지적으로 변호할 때뿐 아니라 대안적 입장을 비판할 때도 이성의 중요성을 강조한다.

우리는 다음 몇몇을 비롯해 하나님의 존재를 변호할 때 논증이 하는 역할을 이미 살펴보았다.

1. 설계로부터의 논증. 예를 들면 세상에 분명하게 드러나는 '미세 조정'이나 복잡한 구조 등 세상에 디자인이 있다는 사실은 세상이 하나님에 의해 설계되었음을 가리킨다(167-171쪽).

2. 기원으로부터의 논증. 우주에 기원이 있다는 깨달음은 우주가 그 누구 혹은 그 무엇에 의해 **시작되었음을** 가리킨다. 이러한 개념은 하나님이 만물의 창조자라는 기독교의 개념과 자연스럽게 이어진다(164-167쪽).

3. 일관성으로부터의 논증. 여기서는 우리가 주변 세상에서 보는 현상과 우리 내면의 경험을 설명하는 기독교 신앙의 능력을 강조한다(134-148쪽, 171-176쪽).

4. 도덕성으로부터의 논증. 이것은 도덕적 가치가 초월적 근거를 — 예를 들면 의로운 하나님 — 갖지 않고는 안정되고 믿을 만한 기초를 갖지 못한다는 논증이다(176-185쪽).

여기에 다른 논증도 쉽게 추가할 수 있다. 그러나 이러한 여러 논증을 엄격한 논리적 의미의 '증명'으로 여겨서는 안 된다는 점을 기억해야 한다. 이런 논증이 절대적으로 분명하게 밝혀주는 사실은 하나님을 믿을 훌륭한 이유들이 있다는 것이다.

달리 표현하자면, 하나님을 믿는 신앙은 절대적으로 **증명될** 수는 없더라도 **정당화될** 수 있다는 것이다.

엄격한 의미에서, '증명'은 논리와 수학에만 적용된다. 전체가 부분보다 크다고 증명할 수 있듯이, 2+2=4를 증명할 수 있다. 그러나 위대한 수학자 쿠르트 괴델Kurt Gödel, 1906~1978은 아무리 많은 추론 규칙을 만들어내더라도 그 규칙이 담지 못하는 타당한 추론이 여전히 있다는 것을 증명했다. 바꿔 말하면, 우리가 참이라고 **보여줄** 수 없을지 모르는 참 진술이 있다.[3] 이것은 상당한 철학적 의미를 내포한다.[4]

논증은 비기독교적 대안을 비판하는 데도 활용될 수 있다. 그 대안이 합리적 일관성이 없거나 신뢰할 만한 증거에 기초하지 않았음을 보여줌으로써 가능하다. 예를 들어 우리는 이 책 전체에서 세상을 설명하는 기독교 복음의 능력을 강조했다. 이것은 기독교의 호소력을 기독교의 합리적인 면에 국한시키는 게 아니다. 기독교는 감성적이고 도덕적이며 상상력과 실존적인 면이 풍부하며, 책임 있는 변증가는 이 모두를 십분 활용해야 한다. 그러나 세상을 설명하는 기독교 신앙의 능력 때문에 기독교 신앙에 끌린 사람들이 많았고, 앞으로도 많으리라는 데는 의심의 여지가 없다.

그렇다면 비기독교적 대안들은 어떤가? 기독교와 경쟁하는 시각들은 세상을 얼마나 잘 설명하는가? 이런 시각들은 경험적으로 적절한가? 이들의 이론은 관찰과 경험을 얼마나 잘 설명하는가? 앞에서 어떻게 기독교 신앙이 관찰과 경험을 설명해내는지 보여주는 것이 기독교 변증에 중요하다는 점을 강조했다. 변증가는 이런 점에서 기독교의 탁월성만 주장하는 게 아니라 다른 대안들의 접근방식의 한계를 지적해야 한다.

20세기 북미 최고의 복음주의 변증가로 꼽히는 프랜시스 쉐퍼가 이런 전략을 폈다. 쉐퍼의 변증방식은 지금껏 이 책에서 살펴본 많은 핵심을 강조한다.[5] 쉐퍼는 천편일률적인 방식을 사용하지 말고 구체적인 청중에 주목해야 한다고 강조한다. "우리가 전달하길 원한다면, 우리의 말을 듣는 사람들의 언어 사용법을 배우는 수고를 아끼지 말아야 한다. 그래야 우리가 전달하려는 바를 그들이 이해하기 때문이다."[6] 변증가는 청중이 이해하는 언어로 청중과 소통하기 위해, 청중에게 귀를 기울이고 청중의 언어를 배워야 한다.

쉐퍼는 1950년대 말과 1960년대에 스위스의 프랑스어권 지역에서 선교사로 활동하는 동안 청중의 생각과 관심과 열망에 귀 기울이는 게 얼마나 중요한지 깨달았다. 위에모라는 산골마을에 자리한 오두막('피난처' 또는 '대피소'를 뜻하는 프랑스어 단어를 본떠 라브리라고 불렀다)을 근거로, 쉐퍼는 유럽을 여행하는 많은 학생을, 특히 미국인 배낭 여행자들을 환대했다. 그는 여행자들이 현대영화와 소설에 대해 어떤 생각을 가지고 있는지 귀 기울여 들었고, 이들이 시대의 새로운 철학을 수용하는 태도에도 주목했다. 성경이 당시 영향력이 막강하던 장 폴 사르

트르 Jean Paul Sartre, 1905~1980와 쇠렌 키르케고르 같은 철학자들의 자극적인 실존주의 사상들과 어떻게 조화를 이룰 수 있겠는가? 학생들이 각자의 생각을 표현하는 것에 귀를 기울이면서 쉐퍼는 이들의 수준에서, 이들의 언어로, 이들이 묘사한 세계에서 빌려온 설명을 활용해 이들과 소통하고, 기독교 신앙의 타당성을 인식하도록 도울 수 있으리라는 것을 깨달았다.

쉐퍼는 비기독교 세계관들 내부의 긴장지점들 points of tension을 찾아내어 이것들이 내포하는 더 넓은 의미를 탐구하는 것이 중요하다고 여겼다. 이것이 쉐퍼가 기독교 변증에 가장 크게 기여한 점이다. 세계관은 특정 명제에 기초한다. 이러한 명제들이 인간의 산물일 뿐 신적 권한이나 권위가 없다면 우주의 구조와 일치할 수 없다. 우주는 하나님의 피조물이기 때문이다.

비기독교적 입장을 취하는 사람이 자신의 전제에 대해 논리적일수록 그는 실제세계에서 더 멀어진다. 그가 실제세계에 가까울수록 그는 자신의 명제에 더 비논리적이 된다.[7]

쉐퍼는 모든 사람은 두 세계 가운데 한 곳에 발을 딛고 산다고 주장한다. 하나는 실재하는 외적인 세계로 그 깊이와 복잡함이 특징이며, 다른 하나는 내적인 사고의 세계로 이해와 사랑과 의미를 향한 갈망에 의해 형성된다. 두 세계가 서로 긴장을 이루면 개인은 의미 있게 살지 못한다. 외적 세계의 경험과 내적 세계의 경험이 서로 조화를 이뤄야 한다.[8] 따라서 변증가는 이성적 논증을 활용해 비기독교 세계관의 내적 모순과 긴장을 밝히고 드러내야 한다고 쉐퍼는 주장한다. 쉐퍼에 따르면, 비기독교 세계관은 결국 진정한 인간 실존과 모순되고 양립할 수 없는 추정이나 전제에 근거한다.

점원이든 대학생이든 간에 우리의 말을 듣는 모든 사람은, 자신이 그것들을 분석했든 하지 않았든 간에, 일련의 전제를 갖는다…. 그 어떤 비그리스도인 개개인이나 그룹이라도 논리에서, 또는 실제로 일관되게 자신의 체계를 고수하기란 불가능하다…. 어떤 사람은 이러한 긴장을 묻어버리려 하겠지만, 당신은 그가 그것을 찾아내도록 도와야 할는지 모른다. 그러나 어딘가에 일관되지 못한 점이 있다. 그는 자신의 입장을 끝까지 고수하지 못한다. 이것은 단지 지적인 긴장 개념이 아니라 그가 인간이기에 겪는 문제다.[9]

그러므로 변증가는 개인의 이러한 '긴장'을 알아채고 그 긴장의 지적이고 실존적인 힘을 느끼도록 도와야 한다. 이것은 첫째로 이러한 긴장을 **발견하도록**, 둘째로 이러한 긴장의 의미를 **파악하도록** 돕는다는 뜻이다. 쉐퍼는 사람들이 일종의 지적인 고치 cocoon 로 자신을 보호하여 이러한 긴장으로부터 자신을 지키려 한다는 점을 시사한다. 이는 자신의 개념이 사물의 실제

존재방식과 어울리지 않는다는 당혹스러운 깨달음으로부터 사람들을 보호해준다는 것이다. 쉐퍼는 스위스의 겨울생활과 관련되고 자신에게 친숙한 이미지를 활용해, 이러한 지적인 고치를 여행자들이 눈사태를 피하도록 만들어놓은 알프스의 대피소에 비유한다.

이것은 이따금 바위와 돌이 굴러떨어지는 산사태로부터 자동차를 보호하기 위해 산길에 설치해놓은 큰 대피소와 같다. 비그리스도인의 경우, 사태는 그를 둘러싸고 있으며 실재하고 비정상적이며 타락한 세상이다. 그리스도인은 대피소를 제거하고 외부세계의 진실과 인간이란 무엇인가에 관한 진실이 그를 덮치게 해야 한다.[10]

따라서 변증학은 이러한 대피소의 지붕을 제거해 청중이 자신의 사고방식이 바깥의 실제세계와 마주칠 때 견뎌내지 못한다는 것을 깨닫게 하는 일이라고 생각할 수 있다.

그렇다면 이 방법은 어떻게 적용되는가? 쉐퍼는 이러한 방식을 잘 설명하는 예를 직접 제시한다. 그가 케임브리지 대학의 어느 방에서 여러 학생들과 대화를 나누고 있을 때였다. 물이 끓어 차를 타려 할 때, 인도 학생이 기독교는 앞뒤가 맞지 않는다고 말했다. 쉐퍼는 그 말에 답하면서 그 학생의 신념체계를 물었다. "내가 자네의 신념체계를 토대로 잔인함과 잔인하지 않음이 다르지 않고, 둘 사이에는 본질적 차이가 없다고 말해도 되겠는가?" 학생은 된다고 했다. 쉐퍼는 그 이후에 무슨 일이 일어났는지 들려준다.

> 그 방의 주인인 학생이 시크교도(인도 학생)가 인정한 게 무슨 의미를 내포하는지 분명히 이해하고는, 끓는 물이 들어 있는 주전자를 들고 인도 학생의 머리로 가져갔다. 인도 학생은 그를 올려다보며 도대체 무슨 짓이냐고 물었다. 그러자 주전자를 들고 있던 학생은 부드럽고도 단호하게 말했다. "잔인함과 잔인하지 않음 사이에 아무런 차이도 없다고 하지 않았나?" 그러자 인도 학생은 캄캄한 어둠 속으로 걸어 나갔다.[11]

쉐퍼의 방식은 부드러운 동시에 엄격하며, 몇몇 상황에 적용될 수 있다. 예를 들면 1960년대 영어권 세계에서 상당히 영향력을 떨친 논리실증주의라는 철학의 주장을 생각해보라. 논리실증주의는 하나님에 관한 진술을 포함해 모든 형이상학적 진술은 무의미하다고 했다. 논리실증주의가 이렇게 선언한 근거는 의미 있는 진술을 그 자체로 참이거나("모든 미혼남은 결혼하지 않았다"는 진술처럼) 경험으로 확인된 진술로("1968년 12월 1일 오전 5시 23분에 버킹엄 궁전 앞 잔디밭에 거위가 여섯 마리 있었다"와 같은 진술) 제한하는 '검증원리' verification principle 이다. 그러나 쉐퍼의 방식을 적용하면, '검증원리' 자체가 무의미하다고 선언할 수 있다. 검증원리는 논리실증주의 자체의 의미 기준에 상응하지 못하기 때문이다.

더 간단하게, 북미 대학의 캠퍼스에서 종종 접하는 짤막한 글귀를 생각해보라. "당신은 그 무엇도 확신하지 못한다." 이런 글귀는 삶에 대해 자신 있게 진술하는 사람들을 의심해야 한다고 말함으로써 실체에 대한 '큰 그림'을, 기독교 신앙의 큰 그림을 뒤집으려 한다. 그러나 이것은 자기 지시적 진술self-referential statement이 분명하며, 이런 진술은 "정말 그렇다고 확신하느냐"라는 간단한 질문 하나에도 무너지며 뒤집어지고 만다. 이러한 단언은 스스로의 논리에 무너지는 법이다.

그러나 우리의 과제가 논쟁에서 이기거나 믿음의 합리성을 확보하는 것이라고 생각해서는 안 된다. 계몽주의는 지금껏 서구문화에 지속적으로 영향을 끼쳤으며, 특히 신앙에 대한 증명을 요구한다는 점에서 큰 영향을 끼쳤다. 그 결과 기독교 변증학은 흔히 기독교 신앙이 참이라는 점을 납득시키기 위해 효과적인 논증을 전개한다는 견지에서 제시되었다. 그러나 이렇게 하면, 기독교가 무미건조한 사실과 추상적 개념의 목록처럼 보이기 십상이다. 이러한 방식에는 세 가지 어려움이 있다.

첫째, 이러한 방식은 성경에 견고히 기초하지 않는다. 진리란, 특히 구약성경에서는 신빙성과 진실을 의미한다. 변증의 쟁점은 하나님이 안전한 토대, 곧 믿음의 삶을 세울 안전한 장소라는 것이다. '참 하나님'은 단지 존재하는 하나님이 아니라 의

지해도 좋은 하나님이다. 합리주의는 진리를 명제의 정확성으로 보는데, 이러한 진리 개념은 성경의 진리 개념을 관계적 개념으로 대체할 위험이 아주 높다.

둘째, 기독교 신앙의 호소력이 믿음의 합리성으로만 제한되어서는 안 된다. 루이스의 글이 보여주듯이, 기독교는 상상력에도 강하게 호소한다. 젊은 시절 루이스는 열정과 아름다움과 의미의 세계를 갈망했으나 이런 세계가 존재하지도 않고 존재할 수도 없다고 믿게 되었다. "내가 사랑하는 거의 전부가 상상이라고 믿었다. 내가 실재라고 믿은 거의 전부를 암울하고 무의미하다고 생각했다."[12] 루이스의 상상력은 그에게 더 나은 세상이 있다고 말했다. 루이스의 이성은 그에게 이것이 난센스라고 말했다. 그래서 루이스는 자신에게는 무의미한 세상과 무의미한 자기 존재의 암울함을 대면하는 것 외에 달리 선택이 없다고 믿었다.

마침내 루이스는 기독교 신앙의 합리적인 힘을 발견했다. 그러나 그가 복음에 끌린 까닭은 명제의 정확성 때문이 아니라 복음이 의미를 제시한다는 인식 때문이다. 루이스가 나중에 말했듯이, "이성은 진리의 자연 기관이지만, 상상은 의미의 기관이다".[13] 어떤 사람들은 기독교 신앙의 호소력이 기독교 예배의 아름다움이나 인간의 감정과 소통하는 기독교 신앙의 능력, 또는 기독교 신앙이 낳는 윤리적 결과에 있다고 본다.

셋째, 이러한 합리주의적 접근은 모더니즘의 세계관에 깊이 스며 있다. 그러나 오늘날 대부분의 서구문화에서, 모더니즘은 포스트모더니즘으로 대체되었고, 포스트모더니즘은 모더니즘의 핵심 신념 가운데 많은 부분을 뒤집는다. 신앙의 고유한 합리성에 호소하는 방식이 모더니즘의 상황에는 잘 먹혀든다. 그러나 다른 상황에서는, 논증과 추론에 근거한 변증방식이 문화적 열망 및 선입견에 부합하지 못하는 게 어쩌면 당연하다. 뒷부분에서 보겠지만, 포스트모더니즘은 논증보다는 내러티브에 관심을 두는데, 성경에 내러티브 형식이 무척 많다는 사실을 감안할 때, 이것은 성경에 기초한 변증학을 위한 중요한 여러 가능성을 제시한다.

신앙의 합리성을 단언하고 확인하는—신앙을 이성이 확실하게 증명할 수 있는 것으로 제한하지 않은 채—일은 지금도 매우 중요하다. 삶에서 진짜 중요한 물음은 인간 이성이 증명할 수 있는 범위를 훨씬 초월한다. 이를테면 이런 질문이다. 나는 누구인가? 나는 정말 중요한가? 나는 왜 여기 있는가? 내가 변화를 일으킬 수 있는가?[14] 과학뿐 아니라 인간의 이성도 이런 물음에 답하지 못한다. 그러나 이런 물음에 답이 제시되지 않으면 삶은 잠재적으로 무의미하다. 변증가로서 우리는 기독교 신앙이 삶의 중요한 문제에 대해, 한편으로 합리적이고 다른 한편으로 실제로 적용되는 해답을 제시한다는 사실을 보여줘야 한다. 이따금 기독교가 **실제적** real 이라는 사실을 보여주는 일이 기독교가 **참** true 이라는 사실을 보여주는 일만큼이나 중요하다.

진입로 3: 이야기

포스트모더니즘의 특징 가운데 기독교 변증에 특히 중요한 것은 포스트모더니즘이 이야기의 중요성을 강조한다는 점이다. 모더니즘은 내러티브를 실체 reality를 접하는 적절한 수단으로 보려 하지 않았고, 따라서 역사적 우발성이라는 당혹스러운 불편을 모두 제거하는 합리적 논증이나 분석에 호소함으로 내러티브를 억누르거나 대체하려 했다. 이런 태도는 특히 성경 해석 분야에서 분명하게 드러난다. 예일 대학의 신학자 한스 프라이 Hans Frei, 1922~1988가 지적했듯이, 계몽주의는 성경의 내러티브적 특성을 무시하거나 하찮게 여기려 했으며, 성경의 역사적 기사와 내러티브 형식을(이를테면 비유를) 본질적으로 무시간적 개념으로 축소했다.[15] 내러티브는 성경의 지적이고 도덕적인 알맹이를 모호하게 하는 짜증 나고 불편한 껍데기로 여겨졌다.

포스트모더니즘 시대에 이르러, 나사렛 예수께서 하나님 나라를 가르치려고 드신 비유와 같은 특별한 내러티브 형식을 비롯해 성경 이야기에 대한 관심이 회복되었다. 더 이상은 진리가 논증으로 결정되지 않는다. 대신 이야기가 뚜렷한 도덕적·개념적 정체성을 세울 능력이 있다고 보게 되었다. 기독교는 이야기로 꾸며진 세계를 선포하고 그 세계에 사는데, 이 세계는 하나님이 자기 백성을 다루는 내러티브에 근거하고 그 내러티브를 통해 형성되는 개념과 가치를 갖는다. 이러한 내러티브 가운데 으뜸은 나사렛 예수 내러티브다. 따라서 기독교는 단순히 일련의 개념이 아닐뿐더러 근본적으로도 그렇지 않다.

1970년경 이후로, 신학과 철학에서 내러티브의 역할을 탐구하려는 관심이 점점 커지고 있다. 폴 리쾨르,Paul Ricoeur, 1913~2005 알래스데어 매킨타이어, 찰스 테일러 같은 영미 철학자이자 주도적인 저자들은 내러티브의 기본주제를 엄격하고 열정적으로 취했다. 리쾨르는 내러티브가 기본이 되어 세계를 이해하고 그 속에서 사람들이 어떻게 사는지 이해하는 방식을 탐구했다. 매킨타이어는 우리가 삶에서 내리는 결정들은, 그것이 더 큰 '이야기'(또는 전통)에 어떻게 부합되느냐에 대한 우리 의식에 의해 형성되고 내려진다고 말한다. 그는 유명한 단언을 한다. "나는 '내가 어느 이야기의 일부인가?'라는 선행질문에 답할 수 있을 때만 '내가 무엇을 해야 하는가?'라는 질문에 답할 수 있다."[16] 앞으로 살펴보겠지만 이러한 방식은 기독교 변증에 엄청나게 가치 있게 사용될 수 있다.

이야기가 실체를 보는 기본 매개체라는 시각이 폭넓은 지지를 받는다. 우리가 세계를 보는 방식은 존재와 정체성과 미래라는 근본적인 문제에 답하는 하나의 이야기다. 이런 이야기는 철학자 칼 포퍼 Karl Popper, 1902~1994가 말한 '궁극적 질문'에 답할 수 있다. '궁극적 질문'에서, 포퍼는 '삶의 의미'에 관한 중요한 물음, 이를테면, 로이 바우마이스터 Roy Baumeister가 제시한 일련의 물음을 이해하게 하려 했다.[17] 이런 물음은 정체성, 목적, 대리성, agency 가치와 관련이 있으며 다음과 같은 형태를 띤다.

"나는 누구인가?" "내 삶의 목적은 무엇인가?" "내가 변화를 일으키려면 어떻게 해야 하는가?"

지배하고 조명하는 내러티브에 대한 이러한 개념이 내포하는 문화적·지적 중요성은 오래전에 인식되었다. '신화'myth라는 전문용어는 흔히 학자들 사이에서 지배적 내러티브, 실체를 설명하고 개인과 사회의 정체성을 부여하는 내러티브를 가리키는 말로 사용된다. ('신화'라는 용어는 '사실이 아닌 이야기'를 의미한다고 자주 오해를 받는다. 그러나 여기서 말하는 신화는 이런 뜻이 아니다.) C. S. 루이스를 비롯한 사람들이 지적했듯이, '신화'라는 단어는 근본적으로 세계에 관한 이야기, 개개인이 그 세계를 이해하고 그 세계 속에서 행동하게 해주는 이야기를 지칭한다. 이러한 '신화들'은 특정 사회가 세상을 보는 안경이다. 신화는 다양하고 때로는 상충하는 삶의 경험을 해결하고 서로 연결하는 틀을 제공한다.

루이스가 보기에, 기독교 내러티브는 — 그는 기독교 내러티브를 하나님이 주신 것이며 신화를 만들려는 인간의 다른 시도들의 절정이자 성취라고 보았다 — 실체를 이해하는 최고의 관점을 제시한다. 기독교가 말하는 창조, 타락, 구속, 완성의 이야기는 우리가 자신의 정체성과 진정한 목적에 관해 말하는 나머지 모든 이야기를 설명한다. 이것은 인간의 기원과 운명에 관한 다른 모든 이야기의 위치를 결정하는 중심 내러티브, 곧 으뜸 이야기다.

영국의 신약학자이자 변증가 톰 라이트N.T. Wright가 이러한 핵심을 강조한다. 그는 성경의 전체 이야기를 할 때 실체를 보는 기독교의 관점을 선포할 뿐 아니라 그 세속적인 대안들에 도전한다고 지적한다.

우리는 세상이 사물을 보는 방식의 적어도 한 부분에(예를 들면 세상이 권위와 힘을 보는 시각에) 필연적으로 도전한다. 우리는 세상이 무엇이고 세상이 무엇을 위해 존재하며 세상이 무엇을 주는지에 관한 세상의 전체적인 시각을 가능한 최선의 방법으로, 새로운 세계관을 통해 약화시키고 있다.[18]

라이트가 보기에, 성경은 대안적 사고방식에 도전하고 자신의 사고방식을 추천하고 구현한다. 성경은 근본적인 네 가지 질문에 답하는 이야기를 들려준다.

1. **우리는 누구인가?** 성경은 우리가 창조자의 형상으로 지음 받은 인간일 뿐, 인종, 성별, 사회적 신분이나 지리적 위치가 우리의 근본 정체성을 결정하지 않는다고 말한다.
2. **우리는 어디에 있는가?** 성경은 우리가 잠간이기는 하지만 선하고 아름다운 세상에, 우리에게 자신의 형상을 부여하신 하나님이 창조한 세상에 산다고 가르친다.
3. **무엇이 잘못되었는가?** 성경은 인간이 창조자를 거역했고, 그 결

과 세상이 본래의 창조 의도와 어긋나 있다고 가르친다.

4. **해결책은 무엇인가?** 성경은 인간의 거역이 낳은 악한 결과를 해결하고 세상을 본래의 목적대로 회복시키기 위해, 세상이 그분의 임재와 영광으로 가득하게 하기 위해 하나님이 예수 그리스도와 성령을 통해 세상 속에서 행동하셨고, 행동하시며, 행동하시리라는 확신을 우리에게 준다.[19]

비슷한 시각이 소설가 J. R. R. 톨킨의 작품에서도 나타난다. 톨킨은 현실 이해에서 신화가 담당하는 필수 역할을 열정적으로 변호했을 뿐 아니라 이러한 생각을 서사 3부작《반지의 제왕》*The Lord of the Rings*, 씨앗을 뿌리는 사람에 적용했다.[20] 이러한 방식에서, 기독교 거대담론의 설명하는 능력은 다른 거대담론들을 위치시키고 해석하며 설명하는 능력으로 나타난다. 모든 내러티브처럼 기독교의 이야기 역시 객관적이며 합리적인 또는 과학적인 수단으로 '증명'될 수 없다. 기독교의 이야기는 현재의 경쟁자나 잠재적인 경쟁자보다 세상을 더 잘 설명하는 능력을 기준으로 판단해야 한다. 단순함과 우아함과 포괄성을 기준으로 판단해야 한다. 자신이 의도한 초점을 넘어서서 설명하는 능력을 기준으로 판단해야 한다.

그렇다면 내러티브에 관한 이러한 새로운 관심이 기독교 신앙을 문화에 어떻게 표현할지 궁리하는 우리에게 어떻게 도움이 되는가? 몇 가지 개인적인 고찰을 제시해보겠다. 젊었을 때 나는 사람들이 기독교의 진리를 발견하고 흥분하도록 돕는 가장 좋은 방법은 그들과 논쟁하는 것이라고 믿었다. 즉, 기독교가 옳으며 참이라는 사실을 그들에게 납득시키는 것이라고 생각했다. 그래서 나는 많은 사람들이 '근대적' modern 접근이라 부를 법한 방식을 채택했다. 그러나 지금이라면 복음의 진리를 다른 방식으로 전달하겠다. 내가 어떻게 신앙을 갖게 되었는지 이야기 형식으로 들려주겠다. 왜? 이야기가 그 어느 논증보다 더 재미있기 때문이기도 하고, 훨씬 중요한 까닭은 나의 이야기가 기독교는 **실제** real라는 것을 보여주기 때문이다. 바꿔 말하면, 기독교가 삶을 변화시키고 살아야 할 새로운 이유를 제시하며 미래에 대한 확고한 희망을 주는 능력이 있음을 보여주기 때문이다. 이야기는 세계관 곧 지금까지 인정을 받았고, 새롭게 하며 변화를 일으키고 흥분시키는 능력이 있는 세계관에 관한 것이다. 나의 이야기를 들려줌으로, 복음이 내 삶의 **실제**라는 점을 확인해주는 셈이다.

우리는 이야기가 빚어내는 세상에 산다. '웅장한 이야기'는 세상을 설명하고, 관찰자와 사건을 서로에게 유익하게 연결하는 능력이 있다. 이야기들은 의미의 그물망이다. 부분적으로는 자기 경험을 파악하고 보존하기 위해, 부분적으로는 자기 경험이 전달하거나 상징한다고 스스로 믿는 의미를 파악하기 위해 잣는 그물망이다. 기독교와 신무신론은 서로 다른 이야기를 한다. 이 외에도 추구할 목표가 있거나 공유할 비전이 있거나 속에 불만이 있는 사람들이 들려주는 이야기는 무수하다. 내러티브는 실체를 이야기 틀 속에 둠으로써 실체의 자리를 결정한다.

기독교 변증에서 이야기가 갖는 중요성을 강조하기 위한 신학적 토대를 놓았으니, 이제 이야기를 어떻게 활용할지 생각해볼 차례다. 먼저 기독교에 대한 저자들의 논박을 강화할 목적으로 들려주는 두 이야기를 살펴보고, 두 이야기를 어떻게 비판할 수 있을지 생각해보도록 한다.

기독교 변증가들은 여타 웅장한 이야기를— 이를테면 기독교를 뒤집거나 하찮게 여기는 세속적인 거대담론을— 비판할 필요가 있다. 그러나 기독교 변증은 기독교가 어떻게 자신만의 이야기를 갖는지도 알아야 한다. 창조, 타락, 구속, 완성이라는 기독교의 거대담론은 세상을 이해하는 데 도움이 된다. 루이스를 비롯한 사람들이 보여주었듯이 말이다. 그러나 이것은 '웅장한 내러티브'다. **평범한** 이야기는 어떤가? 평범한 내러티브를 기독교 변증에 어떻게 활용할 수 있는가?

가장 확실한 출발점은 비유다. 나사렛 예수께서 이야기를 활용해 청중과 소통하셨다는 사실은 우연이 아니다. 그분이 들려주신 이야기는 흔히 1세기 팔레스타인 농경사회의 일상을 배경으로 한다. 그분이 들려주신 이야기는 이해하기가 매우 쉽고 청중의 관심을 끌며 그들의 상상력을 자극했다. 그분이 들려주신 비유 하나하나는 변증학적으로 상당한 잠재력을 내포한다. 따라서 우리는 이런 잠재력을 찾아내고 인정할 뿐 아니라 활용해야 한다. 예수님이 들려주신 비유는 그 당시만큼 오늘도 강한 잠재력을 갖는다. 현명하게 사용한다면 말이다.

지혜로운 변증가는 주요 비유를 살펴보고 다음과 같은 중요한 질문을 던진다. 이 이야기는 복음을 전하는 데 어떤 도움이 되겠는가? 이 이야기는 청중과 소통하는 데 어떤 도움이 되겠는가? 여기서 핵심은 비유의 이미지와 어휘를 1세기 유대교에 비추어 밝히는 게 아니라 **바로 지금** 기독교 변증에 어떻게 활용할 수 있느냐이다.

예를 들어 설명하면 핵심이 더 분명해질 것이다. 흔히 '값진 진주의 비유'라고 하는 친숙한 복음서 이야기를 살펴보자.

> 또 천국은 마치 좋은 진주를 구하는 장사와 같으니, 극히 값진 진주 하나를 발견하매 가서 자기의 소유를 다 팔아 그 진주를 사느니라. 마 13:45-46

극도로 간략히 그려내기는 했으나 — 그리스어 원문으로는 겨우 25단어다 — 우리는 상상력을 발휘해 이 이야기를 쉽게 이해하고 그 힘도 쉽게 알아본다. 이 이야기는 우리의 경험과 잘 맞아떨어질 뿐 아니라 전개하고 적용하기도 쉽다. 그렇다면 이 이야기를 기독교 변증에 어떻게 활용해야 하는가? 나라면 어떻게 활용할지 보여주겠다. 그리고 이러한 활용을 어떻게 개선할 수 있을지는 당신에게 맡기겠다.

우리는 너나없이 삶에서 진정으로 가치 있는 것을 찾고 있다. 그러나 우리를 행복하게 해주고 기쁨을 주리라고 기대한 것들이 우리의 기대를 깡그리 저버릴 때가 허다하다. 그래서 우리는 기쁨과 평안을 가져다줄 만한 게 있을까 하고 의구심을 품는다. 예수님은 이와 관련된 이야기를 들려주셨다. 어느 장사꾼이 값을 매기지 못할 정도로 값진 진주를 발견했다. 그래서 전 재산을 팔아 그 진주를 손에 넣기로 결정했다. 왜? 그 특별한 진주를 보는 순간, 자신이 소유하고 있던 모든 것이 그 진주에 비하면 하찮기 이를 데 없음을 알았기 때문이다. 눈부신 태양빛이 별빛을 압도하기에 별은 밤에만 보이듯, 장사꾼도 값진 진주를 보는 순간 이미 가진 모든 것을 다르게 보았다. 자신을 만족시켜주리라 기대한 것이 실망만 안겨주었고, 지금은 잡히지 않는 그 무엇을 갈망하게 만들었다. 그때 그는 특별한 진주를 보았고, 자신이 그 진주를 가져야 한다는 것을 알았다. 그는 더없이 가치 있는 것을 발견했다. 마침내 정말로 가질 만한 것을 찾아냈다. 당신이 탐구를 시작한다면, 기독교 복음이 바로 이런 것이다. 기독교 복음은 너무나 놀라워 다른 모든 것을 무색하게 한다.

기독교 변증의 중요한 핵심을 제시하기 위해 성경 이야기가 활용된다. 그러나 성경 이야기는 삶을 설명하는 의미와 해석의 틀을 만들어내는 데도 활용될 수 있다. 청중은 이야기 속으로 들어가 이야기가 자신의 경험과 관찰을 설명하는 데 도움이 되는지 물어보라고 초대받는다.

그러나 모든 성경 이야기가 이런 방식으로 하나하나의 핵심을 조명하지는 않는다. 어떤 성경 이야기는 우리의 경험과 삶에 대한 관찰을 새로운 시각으로 보게 해준다. 구약의 큰 내러티브 가운데 하나를 생각해보자. 예루살렘 주민들이 바벨론에 포로로 끌려갔다가 바벨론 제국이 무너진 후 마침내 고향으로 돌아온다는 이야기다.

구약성경에서 가장 중요한 내러티브 가운데 하나는 BC 586년 예루살렘 주민들이 바벨론에 포로로 끌려간 사건과 연결된다. BC 605년, 바벨론 황제 느부갓네살은 갈그미스 전투에서 이집트 대군을 물리치고 바벨론을 그 지역에서 군사적·정치적으로 가장 강력한 위치에 올려놓았다. 유다 왕 여호야김이 바벨론의 통치에 반기를 들었다. 바벨론군이 유다를 침략했고, 그 시대 저자들은 이것을 여호와께서 신실하지 못한 자신의 백성과 왕에게 약속하신 심판을 내리신 사건으로 분명하게 해석했다. BC 597년 초, 왕과 왕가와 신하들이 포위한 적군에게 항복했다. 이들은 포로 수천 명과 함께 바벨론으로 끌려갔다. BC 586년에도 사람들이 바벨론으로 끌려갔다. BC 539년에 바벨론이 페르시아에게 무너졌을 때에야, 예루살렘 사람들은 비로소 자유의 몸이 되어 고향으로 돌아올 수 있었다.

이처럼 강력한 역사적 내러티브는 인간이 처한 상황을 설명하는 데 자주 활용된다. 기독교의 시각에서 보면, 바벨론 포로가 된 예루살렘 주민들의 상황은 인간이 처한 상황을 상징한다. 예루살렘 사람들은 바벨론에 속하지 않았다. 이들은 포로민이고 고향으로 돌아갈 날을 고대했다. 시편 137편은 고향으로 돌아가고 싶어 하는 이들의 마음과 고향에 대한 이들의 기억을 생생하게 표현한다. "우리가 바벨론의 여러 강변 거기에 앉아서 시온을 기억하며 울었도다."^{시 137:1}

이러한 틀은 인간의 삶을 설명한다. 우리가 여기 있어서는 안 된다. 여기는 우리 고향이 아니다. 우리는 실제로 다른 곳에 속했다. 내면 깊은 곳에 그 무엇도 지우지 못하는 기억, 고향에 대한 기억이 자리하고 있다. 우리는 고향으로 돌아가길 갈망하고, 어느 날 자신이 실제로 속한 곳에 가리라는 희망을 품고 하루하루를 살아간다. 이러한 틀은 우리의 진정한 기원과 운명을 말하며, '갈망으로부터의 논증'이 파악한 깊은 열망과 동경을 설명해낸다.

그러나 기독교에 도전하는 이야기들은 어떤가? 나사렛 예수의 의미를 말하는 전통적인 기독교 기사의 역사적 신뢰성을 깎아내리려는 두 이야기를 살펴보자. 하나는 댄 브라운^{Dan Brown}의 《다빈치 코드》^{Da Vinci Code, 문학수첩}이고, 다른 하나는 필립 풀먼^{Philip Pullman}의 《선인 예수와 악인 그리스도》^{The Good Man Jesus and the Scoundrel Christ}이다. 이들은 어떤 접근방식을 사용하는가? 이들에게 어떻게 답해야 하는가?

내러티브는 대안세계를 상상하고 그 세계를 우리의 세계

와 비교해보라고 요청한다. 어느 쪽이 더 그럴듯한가? 어느 쪽이 더 매력적인가? 이러한 역사 다시 읽기는 논쟁적이거나 도덕적인 동기를, 비방받은 역사적 인물을 더 낫게 그려내거나 사랑받는 인물을 더 못하게 그려내려는 관심을 내포할 때가 흔하다. 예를 들면 로버트 그레이브스 Robert Graves의 소설《나는 황제 클라우디우스다》I, Claudius, 민음사는 전통적으로 무해한 멍청이로 여겨지는 로마황제 클라우디우스 BC 10~AD 54를 긍정적이고 호의적으로 그려낸다. 그레이브스는 클라우디우스가 의도적으로 바보처럼 행동했고, 그럼으로써 목숨을 부지했으며 궁극적으로는 정치적으로 위험한 시대를 이겨냈다고 묘사한다.

2003년에 발표되어 엄청난 반향을 불러일으킨 댄 브라운의 소설《다빈치 코드》는 정교한 구성으로 독자들의 관심을 사로잡았는데, 초기 기독교 역사를 일반 독자들이 눈치 못 챌 만큼 정교하고 그럴듯하게 재구성했다. (초기 몇 판에는 '이것은 소설이다'라는 중요한 부제가 붙었으나 나중에는 이마저도 사라졌다.) 브라운의 핵심 내러티브는 교회가 정치적 술책과 무력 위협을 동원해 예수는 하나님이라는 시각을 만들어내고 퍼뜨렸다는 것이다. 콘스탄티누스 황제는 일종의 마키아벨리로, 자신의 정치적 목적을 위해 기독교의 본질을 뜯어고친 인물로 묘사된다.

브라운이 만들어낸 속임수와 억압의 이야기는 '진실'을 밝히고 사람들을 해방시키는 대단원에서 절정에 이른다. 이야기의 상당 부분은 초기 기독교 역사에 초점을 맞춘다. 브라운에 따르면, 콘스탄티누스 황제는 기독교를 로마의 국교로 삼으려 했으나 그러려면 기독교를 뜯어고쳐야 한다는 것을 알았다. 나 사렛 예수를 시골뜨기 선생보다 훨씬 높은 위치로 끌어올려야 했다. 그래서 콘스탄티누스는 예수가 실제로 하나님이라고 선 언했다. 이를 위해 투표를 하고 문서까지 조작했다. 왕립 역사 학자 레이 티빙 경이 이러한 비밀을 폭로한다. 티빙은 325년 니 케아 공의회에서 예수의 신성 문제를 투표에 붙이기 전까지 아 무도 예수를 신으로 생각하지 않았다고 말한다. 표결은 가까스 로 통과되었다. 기호학자 소피 느뵈는 이 말에 충격을 받고 이 렇게 말한다. "이해가 안 됩니다. 그분의 신성은?"

> 티빙은 이렇게 말했다. "역사에서 그 순간까지, 예수의 추종자들
> 은 그를 죽음을 면치 못하는 선지자로 보았지요…. 위대하고 강
> 력한 인간이었으나 그럼에도 불구하고 인간이었지요. 죽음을 면
> 치 못하는 인간 말입니다."
> "하나님의 아들이 아니고요?"[소피가 말했다].
> "그렇죠." 티빙이 말했다. "예수가 '하나님의 아들'이 된 것은 니
> 케아 공의회의 공식적인 제의와 투표를 통해서였지요."
> "잠깐만요. 지금 예수의 신성이 **투표**의 결과라고 말씀하시는 건
> 가요?"
> "아슬아슬한 투표였지요." 티빙이 덧붙였다.[21]

티빙은 콘스탄티누스가 예수를 순전히 인간적인 관점에서 그려내는 여러 복음서를 어떻게 짓눌렀는지 설명한다. 예수의 신성을 말하는 복음서들만 살아남았다.[22]

소설의 독자들은 대담하게, 은밀하게 들었으며 교회의 역사에 관한 은폐되고 위험한 사실들, 감춰진 비밀의 수호자인 신비스런 시온수도회에 집중된 사실들을 접한다. 브라운은 독자들에게 시온수도회가 1099년에 설립되어 지금껏 존재하는 비밀조직이 틀림없다고 말한다. 하지만 완전히 틀렸다. 시온수도회는 1956년 피에르 플랑타르 Pier Plantard, 1920~2000가 만든 조직이며, 플랑타르는 자신이 만든 조직에 점점 더 정교한 이야기를 덧붙여 그 조직을 중세와 성지聖地에서 일어난 사건들과 연결시키는 몽상가였다.[23] 여기에 사실적 요소라고는 하나도 없다.

내가 알기로, 《다빈치 코드》에 등장하는 주요개념 중 어느 하나도 진지한 역사적 지지를 받지 못하며, 하나같이 매우 쉽게 논박될 수 있다. 그러나 핵심은 이것이 아니다. 브라운은 많은 사람이 사실이길 바라는 이야기를 들려주고는 그 이야기를 사실로 믿으라고 말한다. 브라운의 내러티브는 전통적인 이야기를 통속적인 수준에서 뒤집고는 전통적인 기독교 이야기가 권력을 부적절하게 휘두르고 신앙의 여성적 요소를 억누르려는 욕구에서 비롯된 결과라고 말한다. 우리가 예수에 관해 '배우는' 진짜 진실은 그가 막달라 마리아와 결혼했고 이들에게서 태어난 딸이 프랑스 어느 왕족의 시조가 되었다는 것이다. 이 소설은 역사적으로 오류투성이라는 숱한 비판에 대해, 브라운 자신은 단지 등장인물의 입에 말을 두었을 뿐이며, 그것으로 무엇을 할지는 독자의 몫이라고 했다.

브라운의 방식이 호소력을 갖는 주된 까닭은 기존의 것을 뒤집기 때문이다. 《다빈치 코드》는 문체가 다소 투박한데, 대부분의 독자들은 빠르게 전개되는 줄거리 탓에 이것을 감내한다. 필립 풀먼이 2010년에 발표한 《선인 예수와 악인 그리스도》는 《다빈치 코드》와 뚜렷한 대조를 이룬다.[24] 풀먼의 문체는 부분적으로 킹제임스버전KJV 성경을 따랐으며, 브라운의 투박하고 거친 산문과는 달리 놀랄 만큼 유려하다.

풀먼의 소설은 상상력을 가미해 복음서 이야기를 재구성하는데, 복음서의 문체는 그대로 유지하면서 내용은 철저히 바꿔버린다. 풀먼은 이런 식으로 복음서 내러티브를 개작하면서 자신의 핵심 가설을 제시한다. 마리아는 학습장애가 있는 바보였고, 자신이 천사라고 말하는 남자에게 속아 그와 동침했다. 마리아는 쌍둥이 아들 예수와 그리스도를 낳았는데, 형제는 관계가 급속히 나빠졌다.

예수는 성자聖者로 자랐고, 떠돌이 설교자가 되어 하나님 나라가 가까웠다고 외쳤으며 추종자들에게 도덕적 변화를 촉구했다. 19세기 자유주의 개신교 설교자처럼, 풀먼은 예수가 실제로 기적을 행하지 않았다고 말한다. 예수는 단지 일이 자연적으로 일어나게 했을 뿐이었다. 5천 명을 먹인 사건은 사람들이 각자 싸 온 샌드위치를 나눠 먹었을 뿐이다.

예수는 다른 세상에 속한 선한 인물로 정치 현실에는 별 관심이 없었다. 그러나 그리스도는 달랐다. 신비로운 인물이 — 낯선 이The Stranger — 그리스도에게 나타나 그의 마음에 예수의 삶과 가르침에 얽힌 이야기를 개작해서 더 큰 호소력과 지속력을 갖게 하려는 생각을 심어주었다. 그 결과물이 신화적 복음, mythical gospel 상상의 인물 — 예수의 쌍둥이 형제 — 이 기본적으로 대수롭지 않은 목적으로 쓴 복음이다. 풀먼은 '개선되고' 수정된 그리스도의 복음이 신약성경 바울서신의 밑바닥에 깔려 있음을 은연중에 시사한다.

따라서 교회는 예수에 관한 잃어버린 역사적 실체에 기초하는 게 아니라 상상의 산물인 그리스도의 복음에 기초한다. 그리스도는 교회가 거대한 역사 연대표를 뛰어넘어 살아남으려면 거대담론이 필요함을, 설득력 있는 세계관이 필요함을 예리하게 알아차렸다. 예수는 이러한 거대담론을 제시하지 못했으나 그리스도는 예수의 결점을 직접 보완하여 하나의 제도를 안전하게 떠받치고 강화해줄 이야기를 꾸며낸다. 제도가 난공불락이라면 신적인 명령divine mandate, 곧 무자비하게 강요된 이데올로기로 굳어진 명령에 근거해야 한다. 그의 3부작《황금 나침반》Dark Material, 김영사 시리즈에서 나타나듯이, 풀먼은 제도권 교회를 겨냥한 게 분명하다.

'낯선 이'는 마침내 그리스도에게 형제를 배반하고 죽음으로 몰아넣으라고 부추긴다(그렇다. 그리스도는 마지막에 가룟 유다로 밝혀진다). 부활은 살아 있는 그리스도가 죽은 예수 행세를 하는 연극의 한 단락이다. 말할 필요도 없이, 부활은 그리스도가 지극히 평범한 예수의 죽음을 보완하려고 꾸며낸 짓이다. 이것은 18세기에 나온 예수의 생애에 관한 합리주의적 개작을 읽는 독자들에게는 친숙한 주제이며, 풀먼은 역사적 개연성을 무시한 채 예수의 생애를 또다시 왜곡했다.

이것이 문제다. 풀먼이 꾸며낸 이야기는 역사적 진정성을 가늠하는 지극히 작은 기준도 통과하지 못할 만큼 전혀 받아들이기 어렵다. 풀먼의 이야기는 심하게 왜곡되어 역사로서 진지하게 받아들일 수 없다. 자신의 내러티브를 짜낼 때, 풀먼은 대단한 이야기꾼이다. 하지만 누군가의 이야기를 고칠 때, 특히 나사렛 예수처럼 친숙한 인물의 이야기를 개작할 때 풀먼은 끙끙댄다. 재구성된 이야기는 억지로 짜 맞춘 것이다. 그래서 꽤 수려한 풀먼의 문체로도 그가 정통을 지속적으로 반대하는 데 필요한 복잡한 줄거리를 끌고 가기에는 역부족이다.

풀먼은 성경 내러티브에 자기 생각을 분명하게 끼워 넣었다. 따라서 그가 수동적이거나 무언의 역할만 했을 뿐이라고 여겨서는 안 된다. 이러한 사실은 예수의 겟세마네 기도를 개작한 데서 가장 뚜렷하게 드러난다. 그가 개작한 겟세마네 기도에서, 놀랍게도 예수는 하나님이 없다고 결론 내린다. 이 시점에서 풀먼의 목소리조차 따분하고 지루해지는데, 특히 다소 날카롭고 위협적인 어조로 독자들에게 간접적으로 설교하려 들 때는 더욱 그러하다. 《선인 예수와 악인 그리스도》는 《황금 나침반》 시리즈에 미치지 못하며, 이따금 대단히 설교조이고 뻔한 이야기로 보인다.

《선인 예수와 악인 그리스도》의 억지 내러티브는 제도적 종교의 권위를 뒤집으려는 의도가 분명하다. 풀먼의 의도는 이 책 출간 뒤에 한 인터뷰에서 여실히 드러난다. "여러분이 그 시대로 돌아가 그 사람이 십자가에 달리지 않게 구해낼 수 있다면, 그렇게 하면 교회가 존재하지 않으리라는 것을 안다면, 어떻게 하시겠습니까?" 여기서 논증은 풀먼이 제도적 교회를 향해 품은 강한 혐오감을 — 그가 앞서 내놓은 여러 저작에서 아주 분명하게 나타난다 — 독자들이 공감한다는 가정에 근거한다. 그러나 **실제로** 문제가 그렇게 간단한가? 실제로 역사적 진실은 우리가 진실이길 **바라는** 것일 뿐인가? **실제로** 복음은 제도적 교회에 관한 것일 뿐인가?

널리 알려진 바, 풀먼은 기독교 신앙의 토대를 허물려 했다. 그러나 이 책이 그의 논증을 얼마나 진척시키는가? 무신론 웹사이트에서 이 책에 대한 반응은 미온적인데, 이런 사실은 이 책이 그다지 의미가 없다는 암시다. 최근에 내 동료이자 무신론자인 어느 학자가 내게 물었다. "그 책의 핵심이 뭔가? 누가 이런 난센스를 진지하게 받아들이겠나?" 복잡한 줄거리에 대한 불신을 잠시 접어두려 애쓰면서 풀먼의 글을 읽노라면, 훌륭하고 분명한 이런 질문이 자주 떠오른다. 고백하건대 아직 설득력 있는 해답을 찾지 못했다.

진입로 4: 이미지

포스트모던 저자들에게는 말이 아니라 그림이 최고의 전달 수단이다. 광고업체들은 한 회사의 가장 적절한 이미지를 찾아내는 데 엄청난 돈을 쓴다. 이들은 텔레비전 광고를 제작해 소비자가 다른 상품이 아니라 특정 상품을 사고 싶게 만드는 이미지를 내보낸다. 많은 그리스도인이 말로(내 경우는 특히 기록된 말, 곧 글로) 자기 신앙을 전하거나 권하길 더 좋아한다. 그러나 우리가 처한 포스트모던 상황에서는 이미지가 특별한 권위와 힘을 지니며, 말ᵋ의 한계를 뛰어넘는다는 사실을 알아야 한다.

인간의 지성은 이미지를 ─ 우리가 주변세상을 '그려내고' 이해하도록 돕는 이미지 ─ 생산함으로써 작동한다. 이미지는 우리가 실체의 영역을 그려내고 주변지역에서 우리의 위치를 찾아내도록 돕는 심상지도mental map에 비유할 수 있다. 이러한 이미지는 변증가에게 엄청나게 도움이 된다. 기독교 세계관의 지적인 비전은 흔히 이미지를 활용해 표현할 수 있으며, 이미지는 상상력을 자극하는 능력이 있다. 우리는 이미지 속에 살면서 이미지를 요리조리 살피고 이미지가 우리 세상의 실체현실에 얼마나 잘 들어맞아가는지 찾아내는 법을 배운다.

이 단락에서는, 이러한 몇몇 이미지를 살펴보고, 복음을 권하고 전하는 데 이러한 이미지를 어떻게 활용할 수 있을지 탐구해보겠다. 몇몇 이미지는 성경에서, 몇몇 이미지는 세상문화에서 빌려왔다. 첫째 이미지는 그리스 고전철학의 한 작품인 플라톤의 《국가》*Republic*에서 빌려왔다. (C. S. 루이스의 소설 《나니아 연대기》 중에서 〈은의자〉를 읽어보았다면, 그 역사적 기원은 알지 못하더라도 이러한 이미지에 이미 친숙할 것이다.)[25]

플라톤은 우리에게 캄캄한 동굴을 상상해보라고 한다. 한 무리의 사람들이 태어나서 줄곧 그 동굴에서 살아간다. 이들은 평생 이곳에 갇혀 살았고 다른 세계를 전혀 모른다. 동굴 한쪽 끝에는 불이 밝게 타오르면서 온기와 빛을 전해준다. 불빛에 비친 그림자들이 동굴 벽에 나타난다. 사람들은 자기 앞에 어른거리는 그림자를 보면서 그것이 무엇을 투영하는지 생각한다. 동굴에 사는 사람들에게, 흔들리는 그림자는 이들이 아는 전부다. 이들의 실체 파악은 어두운 감옥에서 보고 경험하는 것으로 제한된다. 동굴 밖에 다른 세계가 있더라도, 이들은 그게 뭔지 알지도 못하고 상상하지도 못한다. 그림자와 흐릿한 불빛이 이들의 지평을 제한하고 결정한다. 그러나 이들은 동굴이 감옥이며, 자신들이 갇혀 있다는 사실을 모른다. 다른 세계를 알 때에야 이것을 알 수 있다.

플라톤은 동굴 이미지를 여러 방법으로 자세히 그려낸다. 사람들은 사슬에 묶인 채 제약을 받기 때문에 동굴 속에서 돌아다니지 못한다. 사람들은 정면의 벽만 볼 뿐이다. 이들 뒤에는 통로가 있고 사람들이 다양한 사물을 치켜들고 오간다. 그러면 불빛에 비친 사물의 그림자가 동굴 벽에 투영된다. 통로를 오가는 사람들은 서로 말을 하고, 이들의 목소리는 벽에 반사되어 섞인 채 동굴 안에 퍼진다. 따라서 죄수들은 아무것도 **직접** 듣거나 직접 보지 못한다. 모든 것을 간접적으로 희미하게 경험할 뿐이다.[26]

그러나 여기서 우리의 관심은 플라톤이 이러한 비유를 철학적으로 어떻게 전개하느냐에 있지 않다. 우리의 관심은 동굴 이미지가 내포하는 변증학적 잠재력에 있다. 오늘의 세계에서 복음을 권하고 전달할 때 동굴 이미지를 어떻게 활용할 수 있는가? 잠시, 동굴 이미지를 우리에게 직접 적용해보자. 기억하라. 우리가 아는 세상을 완전히 잊어야 한다. 밝은 태양과 신선한 공기와 아름다운 꽃과 호수와 나무가 있는 세상을 완전히 잊으라. 당신이 아는 세상은 어두운 동굴뿐이다. 이것이 당신이 아는 실체를 규정한다. 당신은 그림자를 보고 메아리를 듣는다. 그 외에는 아무것도 듣지 못하고 아무것도 보지 못한다. 그림자가 실체가 된다.

명심하라. 당신은 동굴의 세계와 다른 어떤 실체와도 비교하지 않는다. 이 비유의 전체적인 핵심은 당신이 동굴 외에는 아무것도 모른다는 것이다. 동굴이 당신이 아는 실체를 규정한다. 이제 동굴 이미지에 익숙해졌다면, 이것을 어떻게 탐구하고 기독교 변증에 적용할 수 있을지 살펴보자.

자신에게 물으라. 동굴 속 사람들은 어둡고 연기 자욱한 벽 너머에 다른 세상, 더 나은 세상이 있다는 것을 어떻게 알 수 있겠는가? 이 질문을 잠시 생각해보라. 몇 가지 대답을 찾아냈다면 이 책을 계속 읽어나가라.

동굴 속 사람들이 자신들의 실제 처지를 알아내는 데는 세 가지 분명한 방법이 있다.

1. 누군가 외부의 실제세계에서 동굴로 들어와 동굴 거주자들에게 실제세계에 대해 들려준다. 변증학적으로 이것은 하나님의 계시 개념에 해당한다.
2. 동굴 구조 자체가 동굴 벽 너머에 다른 세계가 존재한다는 단서를 내포한다. 변증학적으로 이것은 세상의 구조가 드러내는 실마리를 토대로 전개되는 하나님의 존재 증명에 해당한다.
3. 죄수들은 어둡고 연기 자욱한 동굴보다 더 나은 세상이 있음을 직감한다. 변증학적으로 이것은 갈망으로부터의 논증처럼, 인간의 느낌을 토대로 전개되는 하나님의 존재 증명에 해당한다.

이제, 동굴 이미지를 계속 활용해 이들이 갖는 변증학적 잠재력을 하나하나 살펴보도록 하자.

첫째, 누군가 바깥세계에서 동굴로 들어온다. 이들은 동굴에 기초한 비유를 활용해 다른 세계가 무엇과 같은지 들려준다. 한 발 더 나아가, 이들은 탈출구를 보여준다. 여기서 더 나아가 이들은 우리를 데리고 나가겠다고 한다. 이러한 방식은 기독교 성육신 교리의 특징이다. 성육신 교리는 예수 그리스도를, 우리가 처한 실제상황을 보여줄 뿐 아니라 우리로 세상의 결박과 한계에서 벗어나게 하려고 직접 인간의 경험과 역사의 세상에 들어오신 분으로 이해하기 때문이다. 이 주제는 신약성경 전체에 나타난다. 특히 요한복음에서, 다음과 같은 구절에 분명하게 나타난다.

말씀이 육신이 되어 우리 가운데 거하시매 우리가 그의 영광을 보니….요 1:14

나는 하늘에서 내려온 살아 있는 떡이니….요 6:51

둘째 방식은 동굴 세계 자체에, 그곳이 유일한 세계가 아님을 암시하는 실마리와 단서가 있다고 말한다. 아리스티포스가 로도스 섬 해변에서 발견한 무늬들처럼(209쪽), 동굴 벽에도 동굴의 근원과 진정한 운명을 암시하는 단서들이 있다. 동굴은 동굴이 어떻게 생겨났는지에 관한 근본적인 물음을 야기하는 설계나 정교함의 증거를 보여준다. 동굴 벽은 동굴의 기원과 역사를 암시하는 무늬나 실마리로 장식되어 있다.

셋째, 동굴에 사는 관찰자들 자신이 이미 다른 세계가 있다고 깊이 직감한다. 이것은 연기 자욱한 동굴의 어두움이 삶의 전부는 아니라는 깊은 확신, 또는 자신들은 다른 곳에 있도록 운명 지어진 사람들이라는 강한 직감의 형태를 띤다. 우리가 결코 채워지지 못할 것으로 보이는 그 무엇을 갈망한다는 사실이, 우리의 세상이 유일한 세상이 아니며, 이 세상에서는 진정한 성취가 불가능하다는 암시 가운데 하나다. 우리에게는 이 세상 경험으로는 사그라지지 않는 깊은 동경이 있고, 이것은 우리가 처한 진정한 상황을 보여주는 중요한 실마리이자 그것이 가리키는 더 큰 실체를 찾으라는 초대다.

세 방식 모두 플라톤의 동굴 이미지를 활용해 쉽게 탐구하고 설명할 수 있다. 변증가는 각각의 방식을 활용하여 기독교 신앙의 한 면을 탐구하고, 그것이 우리의 세상 경험을 비롯하여 더없이 깊은 갈망이나 직관을 어떻게 연결하고 이것들을 어떻게 설명하는지 탐구할 수 있다. 이러한 강력한 이미지는 대화나 설교나 강의에 쉽게 녹아들고, 매우 창의적인 방향으로 활용될 수 있다. 앞서 말한 세 방식에, 동굴의 이미지를 탐구하는 다른 방식도 쉽게 덧붙일 수 있다.

그렇다면 이 외에도 어떤 이미지를 기독교 변증에 활용할 수 있는가? 그리스도께서 십자가와 부활을 통해 하신 일을 우리가 이해하도록 돕기 위해 바울은 그의 편지에서 일련의 강력한 이미지를 사용한다. 그중 하나가 **입양** 이미지다. 바울은 우리가 그리스도를 통해 하나님의 자녀로 입양되었다고 분명하게 말한다(롬 8:23; 갈 4:5). 바울은 로마의 가족법에서 빌려온 입양 이미지가 그리스도인들이 하나님과의 관계에서 누리는 특권과 위치를 잘 설명해준다고 본다.[27] 이것은 우리의 머리로 이해하고 가슴으로 받아들여야 하는 이미지다.

입양 이미지는 비교적 이해하기 쉽다. 가족이 자기 울타리 밖에서 태어난 아이에게 울타리 안에서 태어난 자녀들과 동일한 법적 특권을 부여하기로 결정한다. 따라서 입양아들은 친자녀들과 동일한 상속권을 갖는다. 그러므로 그리스도인들은 자신들이 하나님의 가족에 입양되었고 혈통적 자녀들과 동일한 법적 권리를 갖는다고 생각할 수 있다. 그렇다면 누가 하나님의 친자녀인가? 그리스도 한 분뿐이다. 따라서 바울은 하나님이 자신의 아들 그리스도에게 주신 전부가 마침내 하나님의 자녀인 우리에게 주어질 것이라고 힘주어 말한다.

성령이 친히 우리의 영과 더불어 우리가 하나님의 자녀인 것을 증언하시나니 자녀이면 또한 상속자 곧 하나님의 상속자요 그리스도와 함께한 상속자니 우리가 그와 함께 영광을 받기 위하여 고난도 함께 받아야 할 것이니라. 롬 8:16-17

그러므로 우리가 하나님의 자녀라는 표시는 이생에서 고난을 받을 뿐 아니라 내세의 영광을 약속받았다는 것이다. 영광은 고난 너머에 있다. 고난은 하나님의 상속자라는 새로운 신분을 얻은 결과다. 따라서 우리는 고난을 특권으로 받아들이고 기쁘게 누려야 하는 법을 배워야 한다.

그러나 입양 이미지는 우리의 지성뿐 아니라 상상력과 감성에도 호소한다. 입양 이미지는 단지 이해하는 데 그쳐서는 안 되며 상상 속에서 적용해야 한다. 입양이란 **택함받기** being wanted 이다. 입양이란 **속하기** belonging 이다. 이것은 매우 감성적인 주제이며, 갈수록 심하게 분열되는 우리 사회에서 많은 사람의 관심을 끈다. 입양이란 사랑과 보살핌의 환경에 초대된다는 뜻이다. 입양이란 환영과 환대와 귀히 여김을 받는다는 뜻이다. 입양한다는 말은 초대하는 특권을 행사하는 것이며, 외부인을 믿음과 사랑의 울타리로 반겨 들이는 것이다.

바울의 입양 이미지는 어딘가에 속하려는 인간의 깊은 갈망과 잘 어울린다. 우리는 누군가가 나를 받아들이고 원한다는 느낌이 필요하다. 시몬 베유는 이 부분의 중요성을 자주 강조한다. 자신의 작품 《뿌리내림》 The Need for Roots, 이제이북스 에서, 베유는 공동체가 개인의 정체성 확립에 얼마나 중요한지 지적한다. "뿌리를 내리는 일은 인간의 영혼에 가장 중요한데도 가장 소홀히 취급된다."[28] 유명한 구약학자 월터 브루그만 Walter Brueggemann 은 한 발 더 나아가 이렇게 지적한다.

현대문화에는 자신이 길을 잃고 쫓겨났으며 집이 없다는 의식

이 만연했다. 어딘가에 속하고 집이 있으며, 안전한 곳에 거하려는 열망은 깊고 가슴 뭉클하다.[29]

〈치어스〉Cheers라는 미국의 텔레비전 시리즈물이 거둔 성공이 이것을 잘 설명해준다. 이 시리즈는 보스턴의 어느 선술집을 배경으로 펼쳐지는데, 1982년부터 1993년까지 모두 271회가 방영되었다. 이 시리즈가 엄청나게 성공한 까닭은 끈끈한 공동체 의식을 중심으로 이야기가 펼쳐지기 때문이다.[30] 선술집은 수다도 떨고 유익한 대화도 나누는 쉼터이자 모두가 서로를 알고 반겨주는 곳이다. 선술집 바깥은 영 딴판이다. 서로 모르는 사람들이 군중 속에서 살아간다. 그런데 선술집에 들어서는 순간 당신은 특별한 사람이 된다. 당신은 모두에게 중요한 사람이다. 당신은 어딘가에 속한다. 이 시리즈의 주제가는 이것을 완벽하게 표현한다. 당신은 어딘가에, "모두가 당신의 이름을 아는 곳에" 속하고 싶다.

따라서 변증가는 바울의 입양 이미지를 요리조리 살펴보고 여기에 내포된 여러 의미를 찾아낼 수 있다. 바울의 입양 이미지는 그리스도의 죽음과 부활이 우리에게 주는 유익을 밝히 보여줄 뿐 아니라 인간의 마음에 자리한 깊고 큰 갈망, 어딘가에 소속되려는 갈망을 다룬다.

다른 성경 이미지들도 기독교 변증에 쉽게 활용할 수 있다. 예를 들면 목자이신 하나님이나 생명의 떡이신 그리스도와 같은 이미지가 있다. 변증학은 값진 보물상자를 가졌다. 그것은 바로 상상력을 인간의 영혼에 들어가는 진입로로 활용하는 것이다. 훌륭한 변증가라면 새로운 이야기와 이미지를 추가해 보물상자를 정기적으로 다시 채워 넣어야 한다.

다음 장에서 살펴볼 주제

이 장에서 살펴본 네 가지 진입로 모두 중요하며, 기독교 변증에 적절히 잘 적용할 수 있다. 그러나 이것이 전부가 아니다. 다른 진입로도 쉽게 덧붙일 수 있다. 예를 들어 그리스도인이 자기 신앙대로 살고 그 신앙을 구현하는 방식은 기독교 변증에 중요한 역할을 할 수 있다. 평안, 목적의식, 동료에 대한 깊은 동정심, 사랑 등 자신에게 없는 그 무엇이 친구들에게 있을 때, 많은 사람이 감동을 받으며 믿음에 대해 묻는다. 이들은 "그게 어디서 왔니?"라고 물으며, 자신도 그것을 가질 수 있는지 알고 싶어 한다. 그리스도인들이 이웃이나 세상을 섬길 때 하나님의 사랑이 체현되고 선포된다.

그리스도인들이 죽음을 대하는 방식도 기독교 복음에 더없이 중요한 부활의 소망을 전하는 중요한 증인이다. 진리를 살아내는 삶 자체가 '성육신적 변증'이며, 그 자체로 진리를 전하는 강력한 증인이다. 단지 논증에 그쳐서는 안 된다. 변증가 필립 케네슨Philip D. Kenneson이 지혜롭게 지적했듯이 기독교 신앙이 삶을 변화시키고 강건하게 한다는 사실을 보여줘야 한다.

세상은 기다리고 있지만 교회가 주길 꺼려하는게 있는데, 객관적 진리에 관한 끊임없는 말이 아니라, 누구라도 애초에 객관적 진리에 관심을 가져야 하는 이유를 분명하게 제시하는 체현된 증언이다.[31]

더 나아가 그리스도인의 삶은 삶을 변화시키는 복음의 능력을 보여주는 중요한 증거다. 자기 이야기의 증거가 될 때, 우리는 복음이 단지 **참**이 아니라 **실제**라는 사실을 간접적으로 증언하는 셈이다.

더 많은 방식을 쉽게 덧붙일 수 있다. 변증가는 자신이 다루는 문제나 자신이 꼭 답해야 하는 문화적 흐름에 맞는 방식을 활용하면 된다. 실제로 기독교 변증에 활용할 수 있는 몇 가지 장르를 예로 들어보자.

1. **영화.** 영화는 내러티브와 이미지를 결합하기에 주로 텍스트보다는 시각을 통해 현실에 접근하는 세대와 소통하기 좋은 수단 가운데 하나다. 최근에 나온 많은 영화가 중요한 신학적, 변증적 문제를 제기하고 변증적인 토론을 위한 중요한 장을 마련해준다.
2. **시.** 많은 시가 세상의 현재 상태에 대한 깊은 불안과 인간

의 궁극적 목표를 향한 열망을 표현한다. 변증가들이 노랫말과 대중가요를 포함해 질문을 제기하거나 기독교 변증의 문을 열 법한 시를 찾아내기란 비교적 쉽다.

3. **예술작품.** 대중적 이미지는 말할 필요도 없고, 많은 고전 예술작품이 기독교 변증의 문 역할을 할 수 있다. 예를 들면, 인터넷을 통해 에드바르 뭉크Edvard Munch, 1863~1944의 유명한 그림 〈절규〉The Scream, 1893를 쉽게 찾아볼 수 있다. 이 그림에는 깊은 실존적 절망에 빠진 인물이 나온다. 그는 (또는 그녀는) 세상을 따라잡지 못한다. 어떻게 해야 하는가? 이것은 기독교 변증의 탁월한 문이다. 이외의 작품들도 쉽게 찾아볼 수 있다.

지금까지 기독교 신앙을 권하고 보통 사람들의 삶과 연결하는 몇몇 방법을 살펴보았고, 이제 사람들이 믿음과 관련해 겪는 어려움과 불안에 어떻게 반응할지 살펴봐야 할 차례다. 우리는 어려움과 불안에 어떻게 반응해야 하는가?

이 주제를 위한 추천 도서

- Carson, D. A. *The God Who Is There: Finding Your Place in God's Story.* Grand Rapids: Baker, 2010. (《힘써 하나님을 알자》, 두란노).

- Johnston, Robert K. *Reel Spirituality: Theology and Film in Dialogue*, 2nd ed. Grand Rapids: Baker Academic, 2006. (《영화와 영성》, IVP).

- Keller, Timothy J. *The Reason for God: Belief in an Age of Skepticism.* New York: Dutton, 2008. (《살아 있는 신》, 베가북스).

- Marsh, Clive. *Theology Goes to the Movies: An Introduction to Critical Christian Thinking.* New York: Routledge, 2007.

- McGrath, Alister E. *Surprised by Meaning: Science, Faith, and How We Make Sense of Things.* Louisville: Westminster John Knox, 2011.

- Nash, Ronald H. *Faith and Reason: Searching for a Rational Faith.* Grand Rapids: Academie Books, 1988. (《신앙과 이성》, 살림).

- Peters, James R. *The Logic of the Heart: Augustine, Pascal, and the Rationality of Faith.* Grand Rapids: Baker Academic, 2009.

- Piper, John. *Think: The Life of the Mind and the Love of God.* Wheaton: Crossway, 2010. (《존 파이퍼의 생각하라》, IVP).

- Sire, James W. *Naming the Elephant: Worldview as a Concept.* Downers Grove, IL: Inter Varsity, 2004. (《코끼리 이름 짓기》, IVP).

- Wright, N. T. *Simply Christian: Why Christianity Makes Sense.* San Francisco: Harper SanFrancisco, 2006. (《톰 라이트와 함께하는 기독교 여행》, IVP).

8

믿음에 관한 질문:
접근방식 개발하기

Alister E. McGrath
MERE
APOLOGETICS

증학이란 한편으로 기독교 신앙의 기쁨과 일관성과 연계성을 전달하는 것이고, 다른 한편으로 이러한 신앙과 관련된 불안과 어려움과 관심을 다루는 것이다. 신약시대부터 지금까지 늘 그러했다.[1] 변증학은 사람들이 믿음에 관해 묻는 정직한 질문에 대해 정직하고 설득력 있는 해답이 있다고 주장한다. 이러한 질문들을 존중하고 진지하게 받아들여야 한다. 더 중요하게는 이러한 질문에 답해야 한다. 그리고 최고로 중요한 점은 제시할 해답이 있다는 것이다.

믿음에 관한 질문과 관심은 문화에 따라 다르다. 초기 기독교 저자들은 한편으로 플라톤주의자들이 신앙에 가하는 비판에 어떻게 대응할지 고민했고, 다른 한편으로 어떻게 하면 자신들의 신앙을 플라톤주의자들에게 효과적으로 전달하고 추천할 수 있을지 고민했다. 중세 초기, 위대한 신학자 토마스 아퀴나스를 비롯해 많은 서유럽 신학자가 무슬림 저자들이 제기한 변증적 물음에 집중했다. (당시 이슬람은 스페인과 남프랑스에서 상당한 위세를 떨쳤다.) 다시 한 번, 우리는 변증학에서 청중이 얼마나 중요한지 알아야 한다. 청중의 성격에 따라 기독교에 관한 물음이 달라지고 기독교 신앙을 제시하는 방식도 달라진다.

예를 들면 무슬림은 교회 역사(특히 십자군 무렵의 역사), 삼위일체 교리, 그리스도의 신성에 관해 자주 묻는다. 일반적으로 삼위일체 교리와 그리스도의 신성 교리가 알라는 오직 하나unity라는 이슬람의 핵심 가르침과 충돌한다고 본다.

합리주의자들은 '비합리적'으로 보이는 부분이나(이를테면, 삼위일체 교리나 예수가 신인 동시에 인간이라는 기독교의 특별한 믿음) 인간은 본래 선하고 자율적인 존재라는 개념을 의심하는 듯한 부분에(원죄 교리 등) 대해 자주 묻는다. 포스트모더니스트들은 신약성경에서 예수 그리스도가 구원에 이르는 유일한 길이라고 강조하는 것에 대해 묻는다(이 부분은 다양성을 인정하는 포스트모더니즘과 모순된다고 주장한다).

핵심은 청중을 이해하고, 청중의 관심사와 질문을 파악하는 것이다. 청중의 관심사와 질문을 달갑지 않은 **위협**으로 받아들이지 말고, 믿음으로 들어가는 진입로로 여기고 흔쾌히 받아들여야 한다. 어떤 사람이 당신에게 질문한다면, 관심과 들으려는 의지의 표현으로 받아들여야 한다. 당신에게 질문하는 사람은 치명타를 날려 당신을 쓰러뜨리려 하는지도 모른다. 그렇더라도 당신 앞에 복음의 문이 열렸으니 이 기회를 소중히 여기고 활용해야 한다. 질문을 받은 덕에 당신 또한 삶의 큰 수수께끼를 터놓을 기회를 얻은 셈이며, 이렇게 함으로써 현실을 보는 기독교의 시각을 설명하고 권할 수 있게 된다. 기독교를 변호할 때 수비 자세를 취할 필요는 없다. 오히려 질문 하나하나가 오해를 풀 기회라고 여기고, 신앙의 타당성과 호소력을 설명하며 신앙이 삶에 미치는 영향을 이야기하라. 질문을 반기고 훌륭한 대답을 궁리하고 제시하라. 훌륭한 대답은 늘 있다. 그 대답을 찾아내고 그것을 화자話者인 우리의 은사에 맞추고 구체적인 청중에게 맞추면 된다.

그렇다면 우리는 질문을 어떻게 다뤄야 하는가? 어떤 변증학 교과서는 표준 질문에 표준 대답을 제시하고, 기독교 신앙을 충실하고 효과적으로 변호하려면 판에 박힌 대답을 숙지하라고 독려한다.[2] 솔직히 말해 나는 교육 전문가로서 이와는 다른 접근을 선호한다. 믿음에 관한 질문에 답하는 가장 좋은 방법은 교과서에서 빌려온 해답을 제시하거나 견본을 토대로 대답하는 게 아니라, 변증가 개개인이 질문을 숙고하고 질문자가 처한 상황을 살피며 활용 가능한 자료를 연구해서 찾아낸 해답을 제시하는 것이다. 변증가들은 빌려온 해답을 제시하는 데 만족해서는 안 된다. 스스로 해답을 찾아내야 한다. 간단히 말해 변증가 **자신의** 답변이 필요하다. 자신이 보기에 답변이 만족스럽지 못하다면 아예 질문에 답하지 말라.

이 장에서는 믿음과 관련된 여러 어려움과 당신이 제시할 수 있는 답변을 자세하게 나열하지 않겠다. 다만 당신이 자신만의 답변을 찾아내도록 독려하고자 한다. 이 장의 목적은 당신에게 **방법**을 가르치는 것이지 미리 꾸려놓은 답변 꾸러미를 안겨주는 게 아니다. 질문과 불안과 관심을 다루는 몇 가지 일반적인 원칙부터 살펴보도록 하자.

그러나 질문을 살펴보기 전에, 변증가로서의 역할을 이해하는 데 활용할 틀이 필요하다. 시각적 이미지가 도움이 될 것 같다. 많은 변증가들이 정직한 질문에 스스로 훌륭하다고 믿던 답변을 제시해놓고도 낙담한다. 자신의 답변이 청중에게 뚜렷한 영향을 전혀 끼치지 못했기 때문이다. 좋은 답변을 제시한 게 틀림없다면, 들은 사람이 아무런 방해 없이 즉시 믿는가? 안타깝게도 삶은 이보다 훨씬 복잡하다.

내게 오랫동안 유익했던 이미지가 있다. 각 사람이 의심이나 불신앙에서 신앙으로 향하는 길을 가고 있다는 이미지다. 어떤 사람들에게는 이 길이 편안하고 쉬우며 큰 장애물이 거의 없다. 어떤 사람들에게 이 길은 멀고 험하며 수많은 웅덩이를 비롯해 신앙을 막는 장애물이 도처에 널려 있다. 문제는 외부인들은 그 사람이 가는 길이 어떤 상황인지 모른다는 것이다. 변증가는 상대방이 제시한 문제가 신앙을 가로막는 마지막 장애물인지, 처리해야 하는 여러 어려움 중 하나일 뿐인지 알지 못한다. 변증가가 할 수 있는 일이라고는 좋은 답변을 제시하고 씨앗이 뿌려졌다고, 그래서 신앙을 막는 장애물이 하나 줄어들었다고 믿는 것뿐이다. 이것이 어떤 사람에게는 마지막 걸음이다. 반면 어떤 사람에게는 또 한 걸음에 지나지 않는다. 그렇더라도 목적지가 조금 더 가까워졌다! 따라서 변증가의 일은 누군가와 함께 믿음에 이르는 길을 걸으면서 목적지가 처음보다 조금 더 가까워지도록 그를 인도하는 것이다.

이 장 뒷부분에서는 기독교와 관련해 자주 논의되는 반대와 불안을 다룬 구체적인 사례연구 두 가지를 살펴보려고 한다. 이 두 가지를 진정한 관심의 대표 격으로 선택했고, 따라서 어떻게 하면 좋은 답변을 제시할 수 있을지 숙고해보겠다.

질문과 관심: 기본적인 몇 가지 핵심

질문을 다룰 때, 다양한 각도에서 살피면서 그 질문을 다루는 최선의 방법을 찾아내는 게 유익하다. 대부분의 변증가들이 알고 있듯이, 경험이 쌓일수록 문제를 인식하고 문제에 답하는 능력도 향상된다.

1. 자애롭게 대하라

바울은 우리가 "그리스도를 대신하여 사신使臣이 되었다"고 말한다.고후 5:20 우리는 사람들을 대할 때 복음의 가치를 행동으로 보여줘야 한다. 인간의 오만이나 조급함이 아니라 하나님의 자애로움을 보여줘야 한다. 정중하고 사려 깊으며 유익한 답변을 하되, 상대방이 기독교 신앙을 제대로 이해하지 못한 상태에서 질문하거나 자신의 지식을 잔뜩 부풀려 질문한다고 보일 때에도 그렇게 해야 한다.

2. 진짜 질문이 무엇인가?

변증가들은 질문 뒤에 숨은 질문을 찾아내라는 말을 자주 듣는다. 무슨 뜻인가? 어떻게 선하신 하나님이 세상에 고통을 허락하실 수 있느냐는 질문을 받았다고 가정해보자. 실제로 질문자는 이것을 이해하기 힘들어서 명쾌한 철학적 대답을 기대하는지도 모른다. 당신이 명확히 대답할 수 있도록 하라!

그러나 속사정이 다를지도 모른다. 질문자는 지난주 내내 골수암 말기의 심한 고통을 겪으며 죽어가는 어머니를 지켜보았는지도 모른다. 그렇다면 그 사람의 질문은 지적 호기심 때문이 아니라 깊은 괴로움 때문이다. 그는 철학강의를 듣고 싶은 게 아니다! 그는 동정과 이해를 원한다. 지적인 대답이 아니라 실존적 대답을 기대한다. 인생의 음침한 골짜기를 지나는 자신에게 하나님의 임재를 재확인시켜주는 대답을 기대한다.

내 경험에 비춰볼 때, 이런 문제를 다루는 좋은 방법이 하나 있다. 질문을 환영하고 질문자에게 왜 특별히 이런 문제에 관심을 갖게 되었는지 정중히 묻는 것이다. 이렇게 하면 진짜 문제를 밝히고 그 문제를 적절히 다루는 데 도움이 된다.

3. 정직한 질문에 미리 꾸려놓은 답을 제시하지 말라

여러 답변을 기계적으로 암기해놓고, 믿음에 관한 질문을 받을 때 그대로 활용하고 싶은 유혹을 느낀다. 그러나 이것은 효과적인 방법이 아니며, 그렇게 하지 말아야 할 충분한 이유가

두 가지 있다. 첫째, 그렇게 하면 기계에 미리 입력된 답변처럼 들린다. 구체적인 청중에게 맞지 않고 틀에 박힌 답변을 대량으로 찍어내는 셈이다. 둘째, 미리 준비한 답변은 질문과 맞지 않게 마련이다. 질문과는 동떨어진 답변을 제시하는 셈이다. 청중은 이것을 금세 눈치채고 이런 답변에 공감하지 않을뿐더러 불만을 느낀다. 변증가들은 질문을 **경청**해야 하고 질문에 몰입해야 한다. 그러면 적응력이 생기고 자신만의 '모범' 답안을 직접 작성할 수 있다.

4. 다른 변증가들에게 배우는 것이 중요하다

나는 옥스퍼드 기독교 변증학 연구소에서 학생들에게 매우 가치 있는 일을 시키는데, 그중 하나는 이런 것이다. 학생들을 6~12명씩 묶어 그룹을 만든다. 그러고는 사람들이 묻는 여러 질문에 어떻게 대답해야 할지 토론하게 한다. 내가 질문을 제시하고 학생들은 몇 분 동안 답변을 작성한다. 그런 뒤 모든 답변의 형식과 내용을 함께 살펴본다. 결과는? 학생들은 질문에 답하는 경험을 쌓는다. 더욱이 중요한 질문 하나를 다루는 수십 가지 방식을 경험할 수 있다. 이를 통해 어떻게 하면 질문에 유익하게 답할 수 있는지 이해하게 된다.

믿음에 관한 관심과 반대에 자신만의 답변을 찾아내는 아주 좋은 방법들이 있다. 그중 하나는 기독교를 변증하는 기술을 발전시킨 사람들 — 이를테면 윌리엄 레인 크레이그, 피터 크리프트 Peter Kreeft, 래비 자카리아스 Ravi Zacharias — 에게서 배우는 것이다. 질문에 대한 답변이 포함된 이들의 강의를 인터넷에서 음성파일이나 영상파일로 쉽게 찾을 수 있다. 이들이 청중의 질문에 제시하는 답변을 경청하라. 이들이 대답하는 **어조**와 **내용**에 주목하라. 당신이 무엇을 말하느냐만 중요한 게 아니다. 그것을 어떻게 말하느냐도 중요하다.

당신만의 방법을 개발하도록 돕기 위해, 기독교를 변증하는 답변과 대화에서 자연스럽게 등장하는 몇몇 질문과 접근 방식을 살펴보도록 하자. 이러한 분석은 포괄적이지 않을뿐더러 심오하지도 않다. 단지 당신이 각 질문을 다루는 몇몇 방식을 파악하고, 스스로 무엇을 말할지 찾아내도록 돕기 위한 것이다. 각각의 경우에서, 우리는 답변에 활용할 만한 기본재료를 찾아낼 것이다. 이것들은 여러 가닥의 실이다. 당신이 이것을 어떤 식으로 짜는지 보면, 변증학과 자신이 다뤄야 하는 구체적인 질문에 어떻게 접근하는지 드러난다. 먼저, 고통의 문제를 살펴보자.

사례연구 1: 왜 하나님은 고통을 허락하시는가?

첫 번째 사례연구는 공개토론뿐 아니라 사적인 대화에도 빈번히 등장하는 문제로 시작한다. 하나님이 선하다면 왜 세상에 고통이 존재하는가? 이른바 사랑의 하나님이 창조한 우주에 어째서 좋지 않은 일이 일어나는가? 그 자체로 중요한 질문이다. 그리고 우리가 어떻게 틀을 잡아 답변해야 할지 고심하게 만드는 질문이다.

여기서는 고통의 문제에 답하면서 제시할 만한 몇몇 핵심을 살펴보려고 한다. 각 핵심은 그 자체로 활용이 가능할 뿐 아니라 여타 핵심과 한데 짜여 더 풍성한 태피스트리 한 부분을 이룰 수도 있다.

먼저, 왜 그토록 많은 사람이 고통을 문제로 여기는가? 언뜻 보기에 이 물음은 매우 직설적이다. 논리적으로도 모순이 있어 보인다. 하나님이 선하다면 왜 세상에 악이 존재하는가? 어떤 사람들에게는 그냥 넘어가서는 안 되는 실제적인 문제다. 이 부분에서만큼은 믿음이 취약한가? 이 질문에는 이성적이고 논리적인 답변이 필요하다.

그러나 앞서 말했듯이, 고통의 존재가 어떤 사람들에게는 훨씬 깊은 불안을 일으킨다. 이들은 사랑하는 사람의 고통과 죽음 때문에 혼란스럽거나 괴롭다. 이들은 실제로 논리에는 그다지 관심이 없다. 문제는 고통을 이해하는 게 아니라 고통에 **대응하는** 것이다. 이들의 불안은 기독교 신앙이 비논리적일지 모른다는 게 아니라 우주가 무의미할지 모른다는 것이다. 코미디언 우디 앨런Woody Allen은 비꼬는 투로 말했다. "역사의 그 어느 순간보다 지금 이 순간, 인류는 갈림길을 더 자주 만난다. 한쪽 길은 절망과 극한 무기력으로 이어지고 다른 쪽 길은 완전한 소멸로 이어진다. 바르게 선택하는 지혜를 달라고 기도하자."

고통의 문제는 다양한 수준에서 다뤄져야 하며 변증가라면 이것을 알아야 한다. 지적인 문제를 냉철하게 해부하면 어떤 사람들에게는 도움이 된다. 하지만 어떤 사람들은 그들의 관심이 **지적인 게** 아니라 **실존적이기** 때문에 당황하고 혼란스러워한다. 많은 사람에게 고통은 머리의 문제가 아니라 가슴의 문제다. 이들이 관심을 두는 질문은 "내가 이것을 지적으로 어떻게 이해할까"가 아니라 "내가 여기에 실존적으로 어떻게 대응할까"이다.[3] 여기서는 지적인 지혜만큼이나 감성적 공감이 필요하다!

제시해야 하는 첫째 핵심은, 우리는 질문과 더불어 살아야 할 때가 많다는 것이다. 고통의 문제에 아무도 완벽한 해답을 주지 못한다. 호전적인 무신론자 리처드 도킨스가 볼 때, 고통은 핵심이 없고 무의미한 것이며 목적 없는 우주에서 당연히 예상해야 하는 것이다. 고통에 익숙해지는 수밖에 없다. 깔끔한 답변이다. 그러나 숱한 사람들이 이 답변에 커다란 불만을 느낀다. 우리는 세상의 고통과 무의미를 넘어서는 법을 배워야 할 따름이다. 고대의 많은 스토아 학자들이 보기에, 인간은 핵심이 없고 불합리한 세상에서 자신만의 의미 있는 세계를 만들어내야 했다. 본질적으로 임의적이고 목적 없는 세상에 의미를 부여하는 것, 이것이 우리가 바랄 수 있는 최선이었다.

어떤 무신론자들은 고통은 악하며, 따라서 그 자체로 하나님이 존재하지 않는다는 것을 입증하기에 충분하다고 주장한다. 순환 논증이다. 좀 더 세밀하게 들여다보면 알듯이, 이 논증은 스스로 무너지기 때문이다. 악이 존재한다는 사실을 토대로 하나님이 존재하지 않는다고 주장하는 논증은 고통이 실제로 악하다는 전제에 근거한다. 그러나 이것은 경험적인 관찰이 아니다. 도덕적 판단이다. 고통은 중립적이다. 고통이 악하려면 도덕적 틀을 전제해야 한다. 그런데 이러한 틀이 어디서 오는가? 이 논증이 유효하려면 절대적인 도덕적 틀이 존재해야 한다. 그리고 이러한 절대적인 틀의 존재 자체가 하나님의 존재를 가리킨다고 널리 받아들여진다. 결국, 하나님의 비존재 nonexistence는 하나님의 존재에 달린 것으로 보인다. 그러므로 이것은 최선의 논증이 아니다. 그러나 자연이 악하다는 것이 순전히 개인적인 지각이라면, 이것은 하나님에 관한 논쟁과는 무관하다. 이것은 우주의 더 깊은 구조를 말하기보다는 순진하고 감성적인 개인의 취향을 말할 뿐이다.

우리는 여기서 더 깊이 들어가야 한다. 기독교는 하나님이 그리스도 안에서 고난^{고통}을 받으셨다고 말한다. 하나님은 고통이 무엇인지 아신다. 히브리서는 예수님이 우리와 함께 고난을 받으셨다고 말한다.^{히 4:15} 이것이 고통을 설명하지는 않더라도 고통을 더 견딜 만하게 하는 것은 분명하다. 이것은 우리가 고통을 당하듯이 하나님이 직접 그렇게 고통당하셨다는 깊은 통찰을 표현한다. 성육신에서, 창조자 하나님이 아픔과 고통의 세상에 들어오신다. 대리자를 보내신 게 아니라 이 세상의 아픔과 고통을 함께 겪기로 선택하신다. 유명한 소설가이자 신학자인 도로시 세이어즈 Dorothy L. Sayers, 1893~1957는 이러한 핵심을 다음과 같이 적절하게 표현했다.

> 하나님이 무슨 이유 때문에 인간을 지금처럼, 제한되고 고통당하며 슬픔과 죽음을 겪는 존재로 만드셨든 간에, 그분은 정직하고 용감하게도 자신이 만든 약을 드셨다. 그분이 자신의 피조물과 무슨 게임을 하고 계시든 간에, 그분은 지금껏 자신이 만든 규칙을 지켰고 페어플레이를 하셨다. 그분은 자신이 직접 행하지 않는 일은 그 무엇도 인간에게 요구하지 못하신다. 그분은 인간의 모든 경험을 직접 하셨다. 가정생활의 자잘한 짜증과 손에 경련이 일어나는 힘든 노동과 경제적 결핍부터 아픔, 치욕, 패배, 절망, 죽음이라는 최악의 공포까지 친히 경험하셨다.[4]

하나님은 고통을 겪기로 선택하셨다. 예수 그리스도의 고통은 타락한 세상에서 사는 아픔과 슬픔을 아시는 하나님과 소통하는 특권이 우리에게 있음을 거듭 확인해준다. 복음서의 수난 이야기는 실제로 고통이 무엇인지 알고 고통을 직접 겪으신 구원자의 이야기를 들려준다. 시편은 우리의 여정에서, 가장 캄캄한 순간을 지날 때라도 늘 우리와 함께하시는 하나님을 이야기한다. 시 23편

의사와 관련하여 유명한 말이 있다. "상처 입은 의사만이 치료한다." 물론 이것이 사실인지 아닌지는 논쟁이 될 만한 문제다. 그러나 이 말은 우리의 문제를 공유하고 우리가 겪는 일을 겪고 이겨낸 사람과 훨씬 잘 소통한다는 사실을 확인해준다. 많은 사람이 경험으로 이미 알듯이, 동일한 문제를 겪어보지 않은 사람과는 소통이 어려울 때가 많다. 공감_{empathy}은 이 문제를 변증적으로 다루는 한 방법이다. 당신은 다른 사람의 문제와 두려움에 **공감한다**. 설령 당신이 그 문제와 두려움을 직접 겪어보지 않았더라도 — 심지어 그 문제와 두려움을 이해하지 못한다 하더라도! — 그 사람의 입장에서 생각해보려고 노력하며, 따라서 그 사람에게 정확히 어떤 기분일지 이해한다고 솔직하게 말할 수 있다. 그러나 기독교 사상의 핵심인 성육신은 하나님이 우리의 고통을 **함께 느끼신다**_{sympathize}고 말한다. 하나님이 우리의 고통을 직접 경험하지 않으신 상태로 공감하는 게 아니다. 하나님은 우리와 함께 느끼시며 엄밀한 의미에서 "함께 고통을 당하신다". 하나님을 향할 때 우리는 우리의 고통을 알고 이해하는 분에게로 향하는 셈이다. 한때 영국 양모 무역의 중심지였던 동앵글리아_{East Anglia}에 관해 자주 듣는 인상적인 이야기가 있다. 중세 말기에, 목자가 죽으면 돌보던 양의 털을 관에 넣어 함께 묻었다고 한다. 왜 그럴까? 심판날에 그리스도께서 양털을 보고 그가 목자였음을 아시게 하기 위해서였다. 그리스도도 한때 목자이셨기에 그 사람이 느꼈을 중압감을, 그 사람이 길 잃은 양을 찾아다니던 그 많은 시간을 아시고, 왜 그가 교회에 자주 나오지 못했는지 이해하실 터라 생각한 것이다! 이 아름다운 이야기는 중요한 핵심을 하나 제시한다. 하나님에 관한 기독교의 여러 통찰 중 가장 값지고 소중히 여겨야 할 핵심이다. 우리는 인간의 연약함을 전혀 모르는, 언젠가는 반드시 죽는다는 것이 무슨 뜻인지 전혀 모르는 멀리 계신 하나님을 상대하는 게 아니라는 것이다. 하나님은 우리를 알고 이해하신다. 그러므로 우리는 "은혜의 보좌 앞에 담대히 나아갈"^{히 4:16} 수 있다.

더 나아가 기독교 복음은 이 세상의 고통과 아픔이 더 나은 곳에, 하나님이 우리의 눈에서 "모든 눈물을 닦아주실" 곳에 이르면 사라질 것이라고 열정적으로 강력하게 선언한다. "다시는 사망이 없고 애통하는 것이나 곡하는 것이나 아픈 것이 다시 있지 아니하리니"^{계 21:4} 우리는 소망을 품고 산다.

이러한 고찰은 고통의 맥락을 짚어내는 데 도움이 된다. 우리는 고통의 몇 부분을 아주 설득력 있게 다룰 수도 있다. 예를 들면 우리가 타락한 세상에, 인간이 더 이상은 하나님의 의도대로 살지 않는 그런 세상에 살고 있음을 기억해야 한다. 인간의 이기심과 탐욕이 전쟁과 기근과 과도한 개발로 이어졌고 근본적으로, 잠재적으로 세상의 자원을 훼손했다. 이런 일들 중에서 하나님이 일어나길 바라신 일은 하나도 없다. 모두 인간이 저지른 일이다. 자주 지적되듯이, 우리는 스스로를 멸종시키고

도 남을 기술을 발전시켰다. 이것은 하나님이 원하신 바가 아니라 우리의 선택이다.

더 나아가 고통은 세상이 존재하는 방식에서 비롯된다는 사실도 알아야 한다. '더 나은' 세상이 가능하다고 믿을 이유가 전혀 없다. 예를 들어 과학자들은 세상에 생명체가 존재하려면 '지질구조판' tectonic plates이 필요하다고 본다. 다시 말하면 지구 표면이 지질학적 압력에 반응하여 움직일 수 있어야 한다고 믿는다. 그 결과는 지진과 쓰나미다. 그렇다면 지진과 쓰나미가 **악한가?** 아니다. **중립적이다.** 지진과 쓰나미는 고통을 일으키기도 한다. 그러나 고의로 고통을 일으키지는 않는다. 이것은 생명체가 존재할 수 있는 세계에 살기 때문에 우리가 지불해야 하는 값의 일부다. 하나님을 비판하는 어떤 사람들은 하나님이 구체적인 설계도대로 세상을 창조하지 못했다며 투덜댄다. 자신들이 세상을 창조했다면 지금보다 훨씬 나을 거란다! 그러나 이런 진지한 사람들은 더 나은 세상이 창조될 수 있었다거나 더 나은 세상이 어딘가에 존재한다고 추정할 만한 이유가 전혀 없다는 불편한 진실을 깨닫지 못하는 것 같다!

그러나 여기에는 훨씬 깊은 핵심이 있다. **왜** 우리는 타인의 고통에 혼란을 느끼는가? **왜** 우리는 고통이 그토록 잘못이라고 느끼는가? 머리의 문제라기보다 가슴의 문제다. 고통과 아픔이 옳지 않다는 뿌리 깊은 직감은 어디서 오는가? 갈망으로부터의 논증과 도덕성으로부터의 논증을 고찰할 때 보았듯이, 이러한 깊은 직감^{직관}은 많은 사람이 인정하는 것보다 훨씬 깊은 의미를 내포한다. 이것이 임의적이고 무의미하다면, 세상에 대한 우리의 지각도 본래 아무런 가치가 없다.

그러나 이러한 직관이 더 깊은 무엇을 — 우리 속에 심어져 진정한 본성과 정체성을 반영하는 그 무엇 — 가리킨다면 어떻게 되는가? 이것이 앞서 말한 '하나님을 향한 귀소본능'의 한 부분이라면 어떻게 되는가? 고통과 아픔에 대한 이러한 혐오감이 한편으로 낙원을 상기시키고, 다른 한편으로 새 예루살렘을 고대하게 한다면 어떻게 되는가? 현 상태에 대한 우리의 생각이 자신의 진정한 기원과 운명을 직관적으로 깨달은 데서 비롯되었다면 어떻게 되는가?

따라서 고통의 문제는 기독교 변증에 매우 중요한 몇몇 물음을 제기할 뿐 아니라 몇몇 의미 있는 기회를 제공하기도 한다. 그러나 궁극적으로 이것은 그 **누구도**, 세속적이든 종교적이든 간에 완전한 답을 주지 못하는 질문이다. 사실 진짜 문제는 누가 실존적으로 가장 만족스러운 답변을, 몇몇 질문은 답변하지 못한 채로 두더라도 — 아마도 인간의 한계 때문에 이런 질문은 궁극적으로 답변이 불가능할 것이다 — 비판적인 고찰에 잘 견디는 답변을 제시하느냐이다. 해결 불가능한 질문을 안고 살아가려는 의지는 논리적 난센스의 — 어떤 사람들이 지혜롭지 못하게도 그렇게 여기듯이 — 문제가 아니라 지적인 성숙의 표시다.

이 장 후반부에서는 이러한 질문의 면면을 살피는 법을 고찰해보고자 한다. 이러한 개념을 기독교 변증에 어떻게 활용할 수 있는가? 그러나 먼저 변증학이 다루는 또 하나의 고전적인 물음과 연관된 문제를 훑어보자. 하나님을 믿는 신앙은 모자라는 사람들이 인생을 헤쳐나가도록 돕는 목발에 지나지 않는가?

사례연구 2: 하나님은 목발에 지나지 않는가?

기독교를 겨냥한 꽤 익숙한 비판들이 있는데, 그중 하나는 기독교가 인생 패배자들에게 위안을 준다는 것이다. 비판은 이런 식이다. 슬픈 사람들이 버텨내는 길은 자신을 위로해줄 하나님을 만들어내는 것밖에 없다. 제대로 된 사람들은 겉만 그럴싸한 이런 위안이 필요 없다. 이들은 문제없이 잘 살아간다. 종교는 정서적으로 모자란 사람들을 위한 것이다. 종교는 현실에 적응하지 못하고 자신만의 상상세계를 만들어내길 좋아하는 사람들을 위한 목발이다.

이러한 주장은 **단언**일 뿐 세밀한 추론이나 증거에 기초한 논증이 아니다. 이런 주장을 뒷받침할 만한 과학적 증거는 어디에도 없다. 그런데도 이런 주장은 많은 사람에게 그럴듯하게 들리며 논쟁과 논증에도 자주 등장한다. 그렇다면 우리는 이런 주장에 어떻게 대응해야 하는가?

먼저, 이런 주장의 역사적 기원을 알아야 한다. 이런 주장이 어디서 나오는가? 예상했겠지만 이런 주장의 현대적 형태는 무신론 심리분석학자 지그문트 프로이트 Sigmund Freud, 1856~1939 의 저작에서 나타난다. 프로이트에게 하나님을 믿는 신앙은 망상이다. 프로이트는 하나님이 인간의 머리에만 존재한다고 주장한다. 그에 따르면 하나님 개념은 소원 실현일 뿐이며, 우리가 의미와 사랑을 갈망하는 결과다.

> 우리는 스스로에게 말한다. 세상을 창조하고 자애롭게 섭리하는 하나님이 있으면 좋겠다고. 우주에 도덕적 질서가 있고 내세가 있으면 아주 좋겠다고. 그러나 이 모두가 정확히 우리가 바라는 바대로라는 것은 매우 놀라운 사실이다.[5]

이와 달리 말하면 우리는 주변의 거친 실제세계와 화해하지 않고, 그 대신 자신의 갈망에 부응하는 가상세계를 만들어낸다는 뜻이다.

통속적인 글에서는 하나님을 가리켜 망상이라거나(리처드 도킨스의 경우처럼) 목발이라는 말로 곧잘 표현한다. 하나님을 믿는 사람들은, 그리고 그럴싸한 지지 수단으로서 하나님을 만들어내는 사람들은 모자라고 상처 입었기 때문에 현실을 직시하도록 도와줘야 한다고 암시할 때처럼, 이러한 방식은 수사학적으로 상당한 힘을 갖는다. 프로이트는 (뚜렷한 경험적 증거를 제시하지는 않지만) 우리가 가진 하나님의 개념과 하나님에 대한 우리의 태도가 아버지에 대한 경험이 빚어낸 유치한 망상이라고 말한다. 미숙한 사람들은 아버지를 이처럼 유치하게 믿고 의지하는 데서 절대 벗어나지 못하며 의존의 대상이 상상 속의 '엄청나게 높아진 아버지'로 자연스럽게 옮겨간다. 프로이트가 분명히 말하듯이, 그는 하나님을 믿는 이러한 신앙이 지적으로 순진해 빠졌다고 여긴다.

> 모든 것이 아주 명백하게 유치하고 현실과는 너무나 동떨어져 있다. 그러므로 인간을 좋게 보는 그 누구에게라도, 유한한 존재들의 대다수가 이러한 시각을 절대 뛰어넘을 수 없으리라는 생각은 고통스럽다.[6]

이와 꽤 유사한 경멸적인 태도가 신무신론에서, 특히 리처드 도킨스의 《만들어진 신》에서도 나타난다. 그러나 이러니저러니 해도, 이것은 **단언**일 뿐이다. 경험적 증거가 뒷받침되기 때문이 아니라 단지 자주 되풀이되고 자신 있게 단언되기 때문에 문화적으로 신뢰받는 단언에 지나지 않는다.

하나님이 아버지에게 보호받고 싶은 유치한 바람의 투영에 지나지 않는다는 대담한 단언은 사실 아무것도 아니다. 프로이트가 제시한 과학의 신임장은 최근 신랄한 비판을 받았다. 그리고 그의 '과학적 탐구'는 그의 편견을, 특히 하나님을 믿는 신앙에 대한 그의 적대감을 확인시켜줄 뿐일 때가 많다는 게 점점 분명해졌다. 프로이트는 하나님이 없다는 전제에서 출발해, 왜 사람들이 존재하지도 않은 하나님을 믿는지 합리적으로 설명하려 한다. 그러나 무신론이 아주 불만족스러운 이러한 추론의 전제인지 아니면 결론인지 전혀 분명하지 않다.

분명하고 당혹스럽게도, 증거가 뒷받침되지 않는다면 이러한 논증이 어떻게 타당한가? 프로이트의 입장은 얼마나 일관성이 있는가? 프로이트의 이론은, 특히 남자에게 아버지를 죽이고 어머니와 결혼하려는 보편적이고 무의식적인 오이디푸스적 욕구가 있다는 흥미로운 주장은 분명 문제가 있어 보인다. 프로이트의 주장으로 미뤄볼 때, 남자들에게는 '하늘에 계신 아버지'를 믿고 싶은 만큼이나 그를 제거하고 싶은 심리적 욕구가 있는 것 같다. 프로이트에 따르면, 사람들은 이러한 '높아진 아버지' exalted father 에 대해 긍정적 감정과 부정적 감정을 동시에 가지며, 부정적 감정은 하나님이 존재하기를 바라는 만큼이나 그가 존재하지 않기를 바라는 강한 욕구를 불러일으킨다.

프로이트는 종교적 신앙을 망상으로 여기는 반면에, C. S. 루이스는 프로이트의 무신론적 유물론이 자가당착이라고 보았다. 어쨌든 '투영'이나 '창안' invention 에 관한 이러한 논증은 양면성을 띤다. 프로이트는 하나님이 소원 실현이라고, 하늘에 있는 아버지가 우리의 모든 필요를 돌보는 소원 실현이라고 주장한다. 그러나 프로이트를 비롯한 무신론자들이, 자신들이 싫어하는 아버지라는 인물에게서 벗어나려고 하나님의 존재를 부정한다는 주장도 똑같이 논리적이고 증거에 기초한다. 어쨌든 프로이트와 친아버지의 관계는 상당히 껄끄러웠다. 하나님이 존재하지 않는다는 믿음은 아버지라는 인물이 존재하지 않길 바라는 프로이트의 깊은 욕구에서 나왔다고 주장하는 것은 어렵지 않다. 그런데 이런 인물이 존재한다면 그를 죽여도 괜찮은가? 그리고 마땅히 죽여야 하는가?

더 나아가 프로이트는 하나님에 대한 인간의 양면적 감정이 복잡하다는 사실을 제대로 알지 못했다. 어쨌든 하나님은 사랑이시라는 진리는 인간의 자연스런 통찰이 아니라 계시다. 마르틴 루터와 장 칼뱅이 주장하듯이, 하나님을 **두려워**하는 것이 인간의 자연스런 본능이다. 루이스는 프로이트가 소원 실현만큼이나 두려움 실현fear fulfillment의 심리적 역학이 있다는 것을 인식하지 못했다고 주장한다.[7] 사람들에게는 하나님이 존재하길 바랄 뿐 아니라 존재하지 **않길** 바라는 이유도 있다. 따라서 루이스는 무신론자였을 때 하나님을 만나고 싶지 **않은** 존재로 여겼던 게 분명하다. "상냥한 불가지론자들은 '하나님을 찾으려는 인간의 탐구'를 즐겁게 말할 것이다. 내가 듣기에, 당시 내가 그랬듯이 이들은 마치 고양이가 쥐를 찾는다고 말하는 것과 같았다."[8]

훨씬 심각하게도, 프로이트의 '논증'은 하나님을 믿는 인간의 신앙이 무신론과 일치한다는 단언이나 다름없다. 그러나 이것은 다른 사고체계와도 일치한다. 가장 두드러지게는 하나님이 우리를 창조하실 때 천국에 대한 귀소본능을 우리 속에 두셨다는 기독교의 믿음과도 일치한다. 앞서 언급한 아우구스티누스의 기도를 다시 인용하자면 이렇다. "당신께서 자신을 위해 우리를 지으셨기에, 우리의 마음은 당신 안에서 안식을 얻을 때까지 안식을 누리지 못합니다." 프로이트는 무신론이 하나님을 믿는 신앙이나 하나님을 향한 갈망을 설명할 수 있다고 주장한다. 비록 모든 것이 약간은 강제적이고 곳곳이 부자연스러워 보이지만 어쩌면 그럴 수 있겠다. 하지만 기독교는 이러한 신앙과 갈망을 훨씬 일관되고 타당한 방법으로 설명한다.

목발 이미지에 초점을 맞추며 끝을 맺고자 한다. 목발은 수사학적 도구이며 목발의 메시지는 단순하다. 하나님은 정서적으로, 지적으로 절룩거리는 자들을 위해 존재한다는 것이다. 강하고 건강한 자들은 이러한 가짜 버팀목이나 허울 좋은 위로가 필요 없다. 이들은 자신을 돌볼 줄 안다. 하나님은 약하고 어리석은 자들을 위한 존재일 뿐이다. 리처드 도킨스와 크리스토퍼 히친스 같은 지도급 인물이 지적으로 탁월하다고 자랑하는 신무신론의 메시지와 흡사하다.

여기서 중요한 두 가지 핵심을 짚고 넘어가야겠다. 첫째, 이것은 **필요**의 문제가 아니라 **진리**의 문제다. 기독교 변증가들은 기독교의 주장이 진리의 반석에 든든히 기초한다고 늘 외친다. 역사적으로, 합리적으로, 실존적으로, 지적으로, 기독교 신앙은 모든 것을 있는 그대로 말한다. 실체를 보는 전체적인 시각에는 인간이 '하나님의 형상'으로 창조되었고 따라서 우리가 좋아하든 싫어하든 간에 하나님께로 돌아가는 길을 찾으려는 타고난 성향이 있다는 중요한 개념이 포함된다.

둘째, 다리가 부러졌다면 목발이 **필요**하다. 아프다면 약이 **필요**하다. 당연한 이치다. 기독교는 인간 본성을 이해할 때, 인간이 죄 때문에 훼손되고 상처 입어 불구가 되었다고 본다. 아우구스티누스는 교회를 병원에 비유했다. 교회에는 상처받고 아픈 사람들이 가득하며, 그곳에서 이들이 치료를 받고 있는 것이다. 프로이트는 자신을 비롯한 무신론자들은 부축이 필요하지 않은 좀 더 나은 인간일 뿐이라고 주장하는 것 같다. 그러나 이런 주장은 현실을 회피하는 우쭐한 난센스에 지나지 않는다. 이것은 인간의 더 어두운 면을, 현대문화가 충격적으로 증언하는 부분을 부정한다. 사람들은 섹스와 권력과 마약에 — 우리가 주체성을 포기하고 기꺼이 그들의 종이 되고 마는 세 가지만 언급하자면 — 중독되었다.

프로이트가 좋아하든 싫어하든 간에, 인간 본성은 무서우리만큼 **잘못**되었다. 그 상처는 싸매야 하고 감염된 자리는 씻어 내야 하며, 질병은 치료해야 하고, 죄책은 해결해야 한다. 목발 이미지는 우리에게 개입이 필요하다는 것을 말하며, 개입은 우리에게 도움이 필요하다는 것을 — 우리가 도움을 구하기에는 너무 교만하고 우쭐하더라도 — 깨닫는 데서 시작된다. 프로이트는 제1차 세계대전이 끝난 1918년 이후로 1930년대 독일에서 나치 시대가 동트기 전까지 인간 본성에 관해 순진한 글을 많이 썼다. 많은 사람이, 프로이트가 히틀러의 등장을 보면서 그가 인간 본성에 관해 품었던 다소 이상주의적인 생각을 되돌아보았으리라고 주장했다. 프로이트는 나치가 만든 아우슈비츠와 죽음의 수용소가 생겨나기 오래전에 죽었다.

그러나 프로이트 자신은 여기서 한 가지 문제를 인식한 것 같다. 이미 1913년 초에, 프로이트는 심리분석학자들이라고 "더 낫거나 더 고상하거나 더 강한 사람들이" 아니라고 걱정스럽게 말했다.[9] 여기서 보듯이, 프로이트는 인간의 문제와 관련해 제시된 해결책이 그것을 실행할 자격을 가장 잘 갖춘 사람들에게조차 효과가 없어 보였다고 말없이 인정한다. "의사야, 너 자신을 고치라"라는 문제가 아닐까?

다각도로 살펴보기: 사례연구 적용하기

앞선 두 단락에서, 기독교 변증학의 고전적인 두 질문과 연결된 몇몇 주제를 살펴보았고, 믿음과 관련된 두 가지 큰 불안에 대한 여러 답변의 요소들도 탐구해보았다. 그러나 변증학은 학문인 만큼이나 기술이다. 변증학이란 여러 논증을 아는 게 아니다. 변증학이란 그 논증을 활용하는 것이다. 개업의를 비유로 설명하면 쉽게 이해될 것이다. 의사는 당연히 의학이론에 해박할 테고 따라서 인간의 몸이 어떻게 잘못되고 그럴 때는 어떻게 처리해야 하는지 안다. 그러나 의사가 환자로 하여금 환자 자신의 문제를 제대로 표현하도록 돕지 못한다면, 이러한 의학 지식은 그야말로 무용지물이다.

많은 의사가 불평하듯이, 환자는 자신의 진짜 문제가 무엇인지 의사에게 말하길 주저할 때가 많다. 어쩌면 환자는 자신의 증세에 당황하거나 혹시 큰 병이 아닐까 두려워하는지도 모른다. 노련한 의사라면 환자를 대하는 좋은 태도를 기르는 게 얼마나 중요한지 안다. 친절하고 세심하게 들어주어 환자에게 신뢰를 얻고, 환자가 불안을 털어놓도록 할 줄 알아야 한다. 환자의 진짜 문제가 무엇인지 찾아내야 한다. 이것은 어렵게 경험을 통해 배워야 하는 기술이다.

변증학도 이와 같다. 변증학적 논증과 개념과 방식에 대한 지식은 유능한 변증가의 자질 중 일부에 지나지 않는다. 가장 훌륭한 변증가는 변증학을 속속들이 알 뿐 아니라 변증기술도 깊이 익힌 사람이다. 여기에 어려움이 하나 있다. 개념은 책이나 강의를 통해 배울 수 있으나 기술은 실전을 통해서만, 시행착오를 통해서만, 즉 변증을 **실행함**으로써 배울 수 있다. 변증학은 과자 굽기나 벽돌 쌓기나 피아노 치기와 같다. 실제로 해봐야 배운다. 각각에는 이론적 요소가 있다. 그러나 이론이 실제로 이어져야 하고 실제를 도와야한다.

나 같은 사람이 질문과 반대에 모범답안을 제시하는 것은 불가능할 뿐 아니라 무책임하다. 이것은 변증학을 단순히 몇몇 답변을 암기하는 행위로 끌어내리는 꼴이며, 질문마다 다르고 따라서 질문을 **그 자체로** 진지하게 받아들여야 한다는 것을 깨닫지 못하는 셈이다. 주의 깊게 경청한 후 대답해야 한다. 다음 몇 가지 질문과 불안을 생각해보라. 이것은 모두 고통의 문제와 직접 연결된다. 그러나 각각 다른 곳에서 나왔고, 따라서 각각 다르게 답해야 한다. 다음 질문을 읽어보라. 그리고 질문자가 어떤 상황에서 질문하는지 살펴보라.

1. "어떻게 선하신 하나님이 고통을 허락하시는지 모르겠어요. 도무지 이해가 안 돼요. 왜 그런지 설명해주시겠어요?"

2. "어머니께서 오랫동안 앓다가 지난주에 돌아가셨어요. 저는 어머니가 아프실 때 하나님께 기도를 많이 했어요. 이런 상황에서 사랑의 하나님을 믿기가 너무 힘들어요. 저를 도와주실 수 있겠어요?"

3. "젊었을 때, C. S. 루이스의 《고통의 문제》를 읽고 큰 도움을 받았어요. 그런데 요즘 아내가 몹시 아파요. 제게는 큰 충격이에요. 루이스의 대답이 겉발림처럼 들려요. 너무 깔끔하거든요. 이런저런 일로 저의 세상이 흔들릴 때, 루이스의 대답은 제게 아무 도움이 되지 못해요. 저는 이제 어떻게 해야 할까요?"

4. "성경은 하나님이 우리를 사랑하신다고 말해요. 하지만 저는 이따금 그렇게 생각하기 힘들 때가 있어요. 이 모든 아픔이 왜 있어야 하죠? 왜 지진이 일어나야 하나요? 사랑의 하나님이라면

당연히 우리를 이것들로부터 지켜주셔야 하지 않나요?"

각 질문을 세밀하게 살펴보라. 첫째, 모든 질문에는 질문자
가 그리스도인인지, 불가지론자인지, 무신론자인지를 암시하는
단서가 거의 없다. 이것은 변증학의 매우 일반적인 딜레마다.
각 질문은 질문자가 의심과 의문을 품은 신자인지 아니면 당신
을 깎아내리려고 작정한 무신론자인지 말해주지 않는다. 당신
은 어떻게 대답할지 스스로 판단해야 한다.

둘째, 미리 작성된 답변으로는 여러 질문이 제기하는 다양
한 문제를 풀지 못한다는 데 주목하라. 당신은 각 질문 뒤에 숨
겨져 있을 법한 것을 찾아내야 한다. 셋째 질문을 예로 들어보
자. 이 질문은 루이스가 《고통의 문제》에서 취했으며, 고통을
"귀먹은 세상에게 소리치는 하나님의 메가폰"[10]이라고 보는 접
근방식에 대해 중요한 문제를 제기한다. 물론 루이스의 핵심
은 훌륭하다. 그러나 잔혹하고 거친 현실의 고통에 직면할 때라
면 이러한 접근방식이 조금은 단순하고 부족하다고 느낄 사람
이—아내를 암으로 잃은 이후의 루이스를 포함해— 많을 것이
다. 루이스의 유명한 작품 《헤아려본 슬픔》 A Grief Observed, 홍성사 은
자신이 이전에 취했던 방식에 대한 강한 비판이다. 그러나 루이
스는 신앙을 잃지 않았다. 오히려 비극을 통해 신앙이 성숙하고
성장했다. 이 질문에 답할 때 고통에 대한 루이스의 태도가 어
떻게 달라졌고(고통을 점점 현실적으로 보고 고통과 맞서 싸웠다) 그

가 신앙 가운데서 고통을 어떻게 받아들였는지 이야기해도 좋을 것이다.

변증학의 **기술**은 변증학이라는 **학문**의 범위를 넓힌다. 변증학의 기술은 우리가 사람들과 연결되는 데 도움이 된다. 신앙에 관한 어떤 관심을 — 이를테면 방금 살펴본 두 가지처럼 — 다룰 때, 틀에 박힌 답변을 피하고 구체적인 질문에 자신의 답변을 제시하려고 노력해야 한다.

1. 왜 이 질문이 누군가의 **문제**를 대변하는지 이해하려고 노력하라. 이 부분과 관련된 기독교의 가르침을 질문자가 이해하지 못했기 때문인가? 질문자가 자신의 과거 때문에 이 문제에 특별히 관심을 보이는가? 예를 들면, 최근 친한 친구를 잃은 사람에게는 고통의 문제가 특히 중요할 수 있다. 그리고 이것이 그가 하려는 진짜 질문인지 아니면 수면 아래 다른 질문이 숨어 있는지 알아보라.
2. 질문을 다각적으로 살펴보라. 우리의 사례연구에서 말한 답변의 핵심 가운데 어느 것이 특히 중요할지 살펴보라.
3. 구체적인 청중에 맞는 방식으로 답변을 작성하라. 어떤 예화를 사용하면 좋을지, 어떤 저자를 인용하면 좋을지, 어떤 삶의 경험을 들려주면 답변이 틀을 잡는 데 도움이 될지 생각해보라.
4. 이제 당신이 하려는 말을 하라.

넷째 단계가 어렵다. 우선, 우리는 하고 싶은 말이 무척 많다. 우리의 모든 생각을 하나의 답변으로 엮어내려면 어떻게 해야 하는가? 나는 기독교 변증가로 첫발을 내딛을 때, 중요하다고 생각되는 질문에 대한 답변을 온전히 글로 작성했는데 이는 매우 유익했다. 답변을 작성한 후에는 소리 내어 읽으면서 깔끔하게 다듬었다. 기억하라. 글과 말은 전혀 다르다! 답변이 9분짜리라고 생각해보자. 그러면 나는 가장 좋은 부분을 그대로 두고 최대한 효과적이고 적절하게 다듬으면서 4분짜리로 줄이려고 노력한다. 마지막에는 2분짜리로 줄인다.

왜 그렇게 하는가? 이렇게 하면 내가 하고 싶은 말이 아니라 꼭 해야 하는 말에 집중할 수 있기 때문이다. 그러나 무엇보다도 사람들이 긴 답변을 지루해하고, 백과사전식 강의보다 간결하고 호감 가는 답변을 훨씬 선호하기 때문이다. 청중의 눈에서 지루한 빛이 역력하다면 당신은 난관에 빠진 셈이다.

그러나 문제는 좋은 답변을 얼마나 길게 하느냐가 아니라 좋은 답변을 애초에 어떻게 찾아내느냐이다. 나는 무슨 말을 한 뒤에 질문을 받으면, 그 자리에서 생각해 아주 재빨리 답할 때가 많다. 25년을 그렇게 했는데, 실제로 도움이 되었다. 나는 거의 모든 질문과 씨름해야 했고, 어떻게 말하면 도움이 될지 고민했다. 질문과 나를 유익하고 부드럽게 연결하는 게 큰 과제였다. 나는 이 기술을 실습을 통해 배워야 했다.

이제 진지한 두 질문과 내가 각 질문에 제시했던 답변을 살펴보겠다. 답변은 2분에서 3분 정도로 비교적 짧다. 그런 후에 왜 내가 구체적으로 그렇게 대답했는지 설명하겠다. 제안하건대, 각 질문을 읽고 당신이라면 어떻게 대답할지 궁리해보기 바란다. 그리고 나서 내가 제시한 답변을 읽어보고 나의 답변을 분석해보라. 왜 내가 그 답변을 했다고 생각하는가? 왜 내가 변증의 팔레트에서 특별히 그 색깔을 선택했겠는가? 그런 뒤에 질문과 답변에 대한 나의 설명을 읽어보기 바란다. 둘 다 내가 리처드 도킨스의 《만들어진 신》에 대응해 2007년 옥스퍼드에서 강연을 했을 때, 강연이 끝나고 청중이 던진 질문이다.

첫 번째 질문

"하나님과 세상이 겪는 고통의 관계가 제게는 아주 큰 문제입니다. 현실을 설명하기가 너무 어렵습니다. 저는 하나님이 우리에게 관심 있다고 생각하지 않습니다. 왜 하나님은 우리의 고통을 없애주지 못하시나요?"

나의 답변

"질문해주셔서 감사합니다. 매우 비슷한 생각과 관심을 가진 분이 여러분 중에 틀림없이 더 있을 겁니다. 이 부분에서 도움이 될 법한 몇 가지를 말씀드리겠습니다. 첫째, 우리는 **모두** 고통의 문제를 안고 있습니다. 고통은 잘못된 것이고 어울리지 않아 보입니다. 우리는 세상이 이렇게 돌아가서는 안 된다고 느껍니다. 그러나 그리스도인은 자신이 어느 날 고통도 없고 아픔도 없는 곳에 있으리라는 소망을 품습니다. 이 모든 것이 사라질 것입니다. 그곳이 우리가 진정으로 속한 곳입니다. 이 세상은 캄캄한 슬픔의 골짜기 같습니다. 그러나 그리스도인들은 이 세상 저 끝에 새 예루살렘, 평화의 나라가 있음을 압니다. 이런 소망이 있기에, 우리는 성경이 말하는 '사망의 음침한 골짜기'도 너끈히 통과합니다."

"둘째, 하나님은 우리를 돌보십니다. 그분은 우리의 인생길에서 우리와 함께하십니다. 저는 그리스도인으로서 굳게 믿습니다. 우리는 예수 그리스도에게서 하나님을 봅니다. 하나님께서 아픔과 슬픔과 죽음이 있는 세상에 들어오셨습니다. 성육신이란 바로 이것입니다. 이것은 하나님이 우리가 있는 곳에 오기로 선택하셨다는 뜻입니다. 그분은 우리의 아픔과 슬픔을 함께 겪기로 선택하셨습니다. 그분은 조수를 보내 자신이 우리를 보살핀다는 사실을 전하라고 하지 않으십니다. 그분이 직접 우리가 있는 곳에 오시고, 친히 말씀하십니다. 어느 날 우리가 고통 없는 곳에 있게 하려고, 예수님은 십자가에서 고통을 당하셨습니다. 여기에 관해서는 드릴 말씀이 아주 많습니다. 그러나 정말로 중요한 사실은 하나님이 우리를 고통을 거쳐 영광으로 인도하신다는 것입니다. 우리의 인생길에서 하나님이 우리와 함께하십니다. 우리는 혼자가 아닙니다."

두 번째 질문

"교수님은 하나님이 망상이 아니라고 하셨습니다. 하지만 심리학을 조금이라도 아는 사람이라면 우리가 자기 필요에 맞춰 이것저것을 만들어낸다고 말할 것입니다. 우리는 개념을 만들어내는데, 하나님도 예외가 아닙니다. 우리는 이것을 인정하고 현실을 직시해야 하지 않겠습니까?"

나의 답변

"매우 흥미로운 질문입니다. 중요한 쟁점을 많이 불러일으키는 질문이기도 하고요. 몇몇 부분에 초점을 맞추고, 질문자가 제기한 핵심을 다루겠습니다. 저는 질문자가 현대 심리학을 요약한 부분에 확실하게 동의하지는 않습니다. 하지만 우리가 스스로에게 위로가 되는 개념을 만들어내고 싶은 유혹을 자주 느낀다는 말에는 동의합니다. 여러 해 전, 제가 무신론자였을 때 하나님이란 거친 인생에 대처하지 못하는 불쌍한 사람들이 스스로를 위로하려고 만들어낸 개념일 뿐이라고 생각했습니다. 사실 저는 무신론의 형이상학적 금욕을 말하면서 일종의 쾌감을 느꼈습니다. 어쨌든 저는 기독교가 아무도 만들어내고 싶지 않을 만큼 처량하기 이를 데 없는 인생관이라고 주장했습니다."

"탁월한 질문에 답해 두 가지만 말씀드리겠습니다. 첫째, 제 동료 중에 단순히 하나님이 존재하길 원하지 않는다는 이유로 무신론자를 자처하는 사람들이 있습니다. 이들은 자신만의 세계를 구축하려 하고, 무엇이 옳고 그른지 자신이 결정하려 합니다. 이들이 보기에, 하나님은 단지 방해가 되고 문제를 복잡하게 할 따름입니다. 이들은 자신이 무엇이 참이길 **원하는지** 압니다. 그래서 그것이 참이라고 선언합니다. 저는 이런 논증에 양면성이 있다고 생각합니다. **만약** 이것이 옳다면 — 그런데 이것은 열린 질문(open question, '예'나 '아니요'로 답하라는 게 아니라 상대가 다양하게 답할 여지를 주는 질문 — 옮긴이)입니다 — 왜 무신론자들이 하나님을 믿지 않고 유신론자들이 하나님을 믿는지 설명해줍니다."

"둘째 우리는 증거를 토대로 확인해야 합니다. 제가 그리스도인이 된 까닭은 하나님이 필요하다고 느꼈기 때문입니다. 저는 마실 물이라고는 탁한 물밖에 없다고 믿다가 샴페인을 발견한 사람 같았습니다! 믿음으로 향하라며 제 등을 떠민 것은 저 자신이 실존적으로 모자라다는 느낌이 아니라 세상에 대한 고찰이었습니다. 저는 삶을 바라보는 암울한 시각을, 그것이 분명히 **옳다면** 흔쾌히 받아들이려 했습니다. 결국, 제가 하나님을 믿게 된 까닭은 이것이 옳다고 믿었기 때문입니다. 이것이 매우 지적인 회심으로 들린다는 것은 저도 압니다. 제가 그때는 기독교가 상상력과 감성이 깊을 뿐 아니라 세상을 설명하는 능력이 있다는 것을 미처 발견하지 못했습니다."

"우리가 현실을 직시하고 점검해야 한다는 질문자의 의견에 전적으로 동의합니다. 질문자도 저도 모두 비판적으로 생각하는 사람이 분명합니다. 하지만 질문자와 제가 크게 다르다고 생각되는 부분이 있습니다. 우리는 이러한 비판적 사고의 과정이 우리를 서로 다른 곳으로 이끈다고 생각합니다."

분명히 말하건대, 이 답변들은 모든 상황에 다 적용할 수 있는 모범답안이 아니다. 그 순간에 벼린 실제 답변이며, 따라서 그 순간에 제기된 구체적인 질문에만 적용되는 것이다. 왜 나는 질문에 이런 방식으로 대답했는가? 나와 두 질문자 간의 문답을 보면 알듯이, 내가 제시할 수 있는 핵심은 무척 많았다. 그런데 왜 나는 팔레트에서 특정 색깔을 선택했는가? 한 가지 분명한 이유는 질문에 짧게 대답해야 하기 때문이었다. 질문에 짧게 답하려면 제시할 수 있는 핵심이 제한된다. 나는 앞서 말했던 모든 핵심을 짧은 답변에 모두 담을 수는 없었다.

첫 번째 답변을 살펴보자. 나는 질문자의 물음에 귀를 기울이면서, 문제는 지식적인 요소에 있지 않고 실존적인 부분에 있음을 느꼈다. 질문자가 사용하는 단어들은 질문이 지식적인 요소를 내포한다는 것을 암시했으나 질문자의 태도는 문제가 더 깊다는 것을 암시했다. 나는 질문자가 실제로 하나님을 믿는 신앙이 비합리적일지 모른다고 묻고 있는 게 아니라 우주가, 그리고 자신의 삶이 무의미할지 모른다고 묻고 있다고 느꼈다. 그래서 답변을 하면서 어둠과 의심과 고독의 시대에 하나님의 존재라는 핵심 주제가 얼마나 중요한지 강조하고, 그런 후에야 성육신 교리가 우리를 향한 하나님의 헌신을 확인하는 데 어떤 결정적 역할을 하는지 강조했다. 그리고 한 가지 핵심을 강조하며 끝을 맺었다. "우리는 혼자가 아닙니다." 내가 느끼기에, 이 것이 질문자가 들어야 하는 말이기 때문이었다.

내가 고통의 문제 앞에서 하나님을 변호하지 않았다는 데에 주목하라. 나는 기독교 신앙이 고통에 어떻게 대응하는지 기독교의 몇몇 핵심을 질문자에게 보여주는 것이 적절하다고 느꼈다. 변증가로서 내가 종종 발견하는 것은, 특정 문제에 관해 기독교가 무엇이라고 말하는지 설명해주는 것이 기독교를 가장 효과적으로 변호하는 방법 중 하나라는 것이다.

두 번째 답변은 어떤가? 질문자의 질문을 귀담아 들어봤을 때, 그가 이성과 증거에 큰 가치를 두며 하나님을 믿는 신앙이 이성과 증거의 뒷받침을 별로 받지 못한다고 생각하는 게 분명해보였다. 그의 질문 뒤에 하나님을 믿는 나의 신앙이 망상이라는 암시적 전제가 숨어 있었다. 나는 답변을 하면서 먼저 우리가 자주 자신의 욕구와 결탁해 자기 입맛대로 대상을 만들어낸다는 점을 지적했다. 앞서 분명하게 말했듯이, 질문자는 하나님을 믿지 않는 사람들이 단지 그들의 욕구를 세계관으로 바꾸고 있을 뿐일 가능성을 고려해봐야 했다.

그런 다음 나는 이야기를 하나 들려주었다. 비록 짧고 부분적이기는 하지만 나 자신의 이야기를 들려주었다. 내가 제시하고 싶은 핵심은 나의 대화가, 적어도 내가 보기에 이성과 증거로부터 **멀어지는** 게 아니라 이성과 증거 쪽으로 **나아간다**는 것이다. 나는 또한 씨를 뿌리고 싶었다. 무신론은 삶을 보는 아주 삭막한 시각이며, 어떤 사람들은 지혜롭지 못하게도 세상을 보는 어떤 방식이 냉혹하고 엄격하면 그 방식이 참이라고 생각하지만 이것은 사실이 아니다! 이상은 내 '삶'에서 나온 답변이다. 그때 거기서 청중의 실제 질문에 제시한 답변이다. 이러한 나의 답변이 도움이 되길 바란다. 그러나 확신컨대 당신은 이러한 나의 답변이 개선될 수 있다고 믿을 것이다. 당연히 그렇게 믿어야 한다. 그 부분은 기꺼이 당신에게 맡기겠다!

■ Beckwith, Francis, William Lane Craig, and James Porter Moreland. *To Everyone an Answer: A Case for the Christian Worldview*. Downers Grove, IL: InterVarsity, 2004.

■ Craig, William Lane, and Chad V. Meister. *God Is Great, God Is Good: Why Believing in God Is Reasonable and Responsible*. Downers Grove, IL: Inter Varsity, 2009.

■ Guinness, Os. *Unspeakable: Facing Up to Evil in an Age of Genocide and Terror*. San Francisco: HarperOne, 2005. (《고통 앞에 서다》, 생명의말씀사).

■ Kreeft, Peter, and Ronald K. Tacelli. *Handbook of Catholic Apologetics: Reasoned Answers to Questions of Faith*. San Francisco: Ignatius Press, 2009.

■ Lewis, C. S. *A Grief Observed*. London: HarperCollins, 1994. (《헤아려본 슬픔》, 홍성사).

■ _____. *The Problem of Pain*. London: Fount, 1977. (《고통의 문제》, 홍성사).

■ Murray, Michael J., ed. *Reason for the Hope Within*. Grand Rapids: Eerdmans, 1999.

■ Nicholi, Armand. *The Question of God: C. S. Lewis and Sigmund Freud Debate God, Love, Sex, and the Meaning of Life*. New York: Free Press, 2002. (《루이스 vs 프로이트》, 홍성사).

■ Sire, James R. *Why Good Arguments Often Fail: Making a More Persuasive Case for Christ*. Downers Grove, IL: InterVarsity, 2006.

■ Strobel, Lee. *The Case for Faith*. Grand Rapids: Zondervan, 2000. (《특종! 믿음 사건》, 두란노).

■ Zacharias, Ravi, and Norman Geisler, eds. *Who Made God And Answers to Over 100 Other Tough Questions of Faith*. Grand Rapids: Zondervan, 2003. (《하나님을 누가 만들었을까》, 국제제자훈련원).

9

결론: 자신만의 변증방식 개발하기

Alister E. McGrath

MERE
APOLOGETICS

이제 당신은 여기서 어디로 가려는가? 이 책은 당신이 자신만의 변증방식을 개발하도록 돕기 위해 시작되었다. 하지만 나는 신앙과 관련된 모든 중요한 질문에 정형화된 답변을 제시하기보다는 각자만의 방식을 개발하도록 도우려 노력했다. 당신은 여러 방식을 활용해 스스로 만족스러운 답변을 제시해야 한다. 그러지 않고서야 어떻게 사람들을 설득하고 그들에게 정보를 줄 수 있겠는가? 이 책의 처음부터 끝까지 나의 관심은 단순히 일련의 변증적 답변을 제공하는 게 아니라 당신만의 변증방식을 개발하도록 돕고 독려하는 것이다. 자신만의 뚜렷한 방식을 개발하려면 어떻게 해야 하는지에 대해 몇 가지 제안하면서 마무리하도록 하겠다.

자신을 알라

하나님은 우리들 각자를 현재 모습으로 지으셨다. 그렇기에 우리는 현재의 자기 모습과 더불어 살아가는 법을 배워야 한다. 우리는 자신의 약점과 장점을 인정해야 하고, 둘을 가장 잘 활용하는 법을 찾아내야 한다. 변증학은 다음 네 방식을 통해 가장 잘 이루어진다.

1. 공개적인 말하기
2. 책 쓰기
3. 개인적인 대화
4. 삶과 태도를 통해 본을 보이기

대부분의 변증가들은 공개강연이나 대담 등 공개적인 말하기를 토대로 사역을 전개하며, 그 내용은 음성파일이나 영상파일 형태로 배포된다. 당신이 가장 잘하는 게 무엇인지 찾아보고, 자신만의 뚜렷한 방식과 목소리를 갈고닦으라. 무엇보다도 자신의 약점을 찾아내고 장점을 기르도록 도와주는 '비판적인 친구들'이 얼마나 중요한지 깨달아야 한다.

그뿐 아니라 변증이란 지적으로, 영적으로 진을 빼는 일이라는 사실도 깨달아야 한다. 기독교에 대한 변호가 시원찮기 때문이 아니라 기독교를 변호하고 전할 때 쏟아야 하는 감성적 에너지 때문이며, 이러한 책임이 얼마나 중요한지 우리가 알기 때문이다. C. S. 루이스는 이 문제를 정확히 알고 이렇게 말했다.

내가 보기에, 한 사람의 신앙에 변증가의 일만큼 위험한 것은 없다. 내가 보기에, 신앙의 교리 가운데 내가 방금 공개 논쟁에서

성공적으로 변호한 교리만큼 유령 같고 비실재적인 것도 없다.[1]

변증가들이 자신의 일을 잘하려면 뒷받침이 필요하다. 교제가 필요하고 친구가 필요하다. 외로운 변증가는 지치고 탈진한다. 부분적으로는 자신의 어깨를 짓누르는 책임 때문이다. 책임은 나눠 지는 게 가장 좋다. 비판적인 친구들과 대화를 통해, 글과 말의 질이 높아지듯이 말이다. 이제 이 부분으로 눈을 돌려보자.

다른 사람들에게 배우라

다른 변증가들에게 배우는 게 필수다. 인터넷을 활용하면, 윌리엄 레인 크레이그, 팀 켈러 Tim Keller, 피터 크리프트, 래비 자카리아스 같은 이 시대 미국의 주도적인 변증가들의 강연이나 대담 파일을 찾아서 들을 수 있다. 이들의 강연 파일을 꼼꼼히 듣거나 책을 읽고, 이들의 방식을 분석해보라. 루이스와 톨킨을 비롯한 어떤 변증가들은 소설을 활용해 자신의 변증학을 펼친다. 메릴린 로빈슨 Marilynne Robinson 의 작품이며 퓰리처상을 받은 《길리아드》 Gilead, 마로니에북스 라는 소설은 신학적 주제들을 아주 훌륭하게 설명한다.

이러한 변증가들이 청중과 어떻게 소통하는지 살펴보라. 이들은 무슨 이야기를 들려주는가? 어떤 예화를 드는가? 자신의 논증을 어떻게 전개하는가? 당신은 이들의 방식을 어떻게 수정하고 발전시킬 수 있겠는가? 이들의 생각을 이해하는 것과 당신의 목적에 맞게 그것을 수정할 줄 아는 것은 전혀 다르다.

'역설계'(reverse engineering, 역분석, 역공학, 분해 공학이라고도 한다―옮긴이) 개념이 이것을 이해하는 데 도움이 된다. 역설계란 자동차 엔진이나 마이크로 칩 등 하나의 상품이 어떻게 설계되었는지 알아보려고 그 상품을 뜯어서 살피는 과정을 말한다. 왜 설계자들은 이렇게 하지 않고 저렇게 했을까? 설계를 더 발전시킬 수 있을까? 인정받는 전문가의 변증에 역설계를 적용해보라. 그가 글로 무엇인가를 변증할 때 왜 이런저런 결정을 했는지 당신이 알아낼 수 있는지 보라. 왜 그는 그런 식으로 변증을 시작했는가? 그가 염두에 둔 청중은 어떤 사람들인가? 그가 그러한 주제를 선택할 때 어떤 요소가 작용한 것으로 보이는가? 왜 그는 변증을 그렇게 마무리하는가? 가장 중요한 것은 이것이다. **나**라면 어떻게 하겠는가?

자신만의 변증방식을, 한편으로 자신의 은사에 맞추고 다른 한편으로 청중에 맞추어 전개하는 게 중요하다. 그러려면 다른 변증가들의 변증을 반드시 읽거나 들어봐야 한다. 그러나 결국 신앙에 관한 물음에 자신의 답변을 제시해야 한다. 그 누구도 빌려온 답변에 기대어 살 수는 없다. 자신의 답변을, 자신이 기뻐하는 답변을 찾아내야 한다. 다른 사람들의 답변을 활용할 수는 있다. 그렇더라도 최고의 답변은 언제나 자신에게서 나온다. 왜 그런가? 자신이 만족할 때까지 그 답변을 점검하고 세밀하게 조정해야 하기 때문이다. 나는 내가 기뻐하지 않는 방식으로 변증하거나 변증에서 내가 기뻐하지 않는 답변을 할 때, 그것이 설령 주도적인 변증가들의 글에서 찾아낸 방식이나 답변이더라도, 마음이 전혀 편하지 않다.

연습하라

마지막으로, 변증학은 학문인 동시에 기술이라는 사실을 기억하라. 변증학이란 기독교 신앙을 이해하고 이것을 청중과 가장 잘 연결하는 법을 찾아내는 것이다. 그렇다면 당신이 얼마나 잘하고 있는지 어떻게 아는가? 당신에게는 **피드백**이 필요하다. 정직하고 긍정적이며 당신의 발전을 돕는 평가가 필요하다.

옥스퍼드 기독교 변증학 연구소에서는, 학생들이 변증학의 이론과 실제를 함께 배운다. 이론을 안다면 훌륭한 출발이다. 그러나 그것만으로는 부족하다. 자신이 탐구하는 개념들을 어떻게 활용할지 궁리해야 한다. 이것은 간단하게 글로 정리하고, 사람들의 질문에 적극적으로 응한다는 뜻이다. 그리고 당신이 얼마나 잘하고 있는지 피드백을 받는다는 뜻이다. 우리 연구소 학생들은 자신의 방식을 동료들에게 제시하고, 동료들은 그것을 평가한 뒤 그 방식이 더욱 개선되도록 돕는다. 이것은 서로를 존중하고 응원하는 방식으로 이뤄지며, 그래서 학생들은 수치심을 느끼지 않은 채 자신의 약점을 찾아내고 그 약점을 최소화하려고 노력하게 된다. 더 중요한 것은 학생들이 이런 방식을 통해 자신의 장점을 찾아내고 그 장점에 공을 들인다는 점이다.

당신의 장점은 무엇인가? 분명한 예를 몇 가지 살펴보자. 내 경우에는 특별히 두 가지 장점이 있다. 첫째, 나는 과거에 무신론자였다. 그래서 무신론이 무엇인지 듣지 않아도 훤히 안다. 직접 경험했기 때문이다. 나는 리처드 도킨스 같은 저자들의 호전적인 무신론에 대해 어렵지 않게 말할 수 있다. 나는 왜 내가 무신론을 떠났는지 알며, 이것을 사람들에게 설명할 수 있다. 둘째, 나는 자연과학으로, 특히 물리학과 생물학으로 학문의 길에 들어섰으며 지금껏 과학의 역사와 철학을 비롯해 과학분야의 최신 글을 꾸준히 읽는다. 이것은 내가 과학이 대답하지 못하는 중요한 삶의 문제를 탐구하는 데 관심이 있는 자연과학자들에게 정보를 제공하고 그들과 긍정적인 대화를 나눌 수 있다는 뜻이다.

우리는 각자 자신의 장점을 찾아내 그것을 가장 유익하게 활용할 방법을 고민해야 한다. 〈시카고 트리뷴〉Chicago Tribune 의 기자였던 리 스트로벨Lee Strobel 의 경우, 회심하고 그리스도인이 된 뒤에 자신의 글 쓰는 재주와 분석하는 기술을 발휘해《예수는 역사다》The Case for Christ, 두란노 와《특종! 믿음 사건》The Case for Faith, 두란노 등의 책을 썼고, 이를 통해 기독교 신앙을 대중적으로 강하게 변호했다. 우리는 자신이 무엇을 잘하고 그것을 어떻게 활용할 수 있는지 자문해야 한다. 어쨌든 나사렛 예수께서 갈릴리 호숫가에서 어부들을 부르시고[막 1:16-20] 그들에게 "사람을 낚으라"는 새로운 사명을 주셨다는 사실을 기억하라. 이들의 옛 기술이 새롭고 경건하게 사용되었다!

마지막으로 좋은 변증학이란 실천이다. **무엇인가를 한다**는 의미에서(단지 그것을 생각하는 데 그친다는 의미와는 반대로), 그리고 그것을 **규칙적으로 한다**는(그래서 그것을 더 잘하게 된다는) 의미에서 그렇다. 책을 읽거나 수업을 들어서는 변증학을 배우지 못한다. 변증학은 단지 정보습득의 문제가 아니라 하나의 기술이다. 변증적 대화를 구성하고 또 해내는 법을 **배우는** 길은 변증적 대화를 직접 구성하고 해보는 것뿐이다. 그리고 동료들에게 피드백을 받는 것뿐이다. 당신이 참여하는 과정에 이런 부분이 포함되어 있지 않다면, 몇몇 친구들과 모여서 서로가 이렇게 발전할 수 있도록 도와야 한다.

잉클링즈 the Inklings를 기억하는가? 잉클링즈는 1930년대와 1940년대에 C. S. 루이스와 J. R. R. 톨킨을 비롯한 작가들이 옥스퍼드에서 정기적으로 모여 서로의 저술 계획을 들어보고 건설적인 비판을 제시하던 모임이었다. 《반지의 제왕》 시리즈와 《나니아 연대기》 시리즈 모두 이렇게 해서 다듬어졌다.[2] 자신의 말하기 기술과 글쓰기 기술을 갈고닦아 기독교 변증에 활용하길 원하는 사람들을 찾아보거나 이런 사람들로 구성된 작은 모

임을 만들어보라. 이렇게 하기를 원하는 사람들이 특히 신학교
와 대학에 많을 것이다.

마지막으로

이 얇은 책이 변증학이라는 학문과 기술의 전부를 가르쳐
줄 거라고는 조금도 기대하지 않는다. 이 책은 단지 첫걸음을
내딛게 할 뿐이다. 그러나 이 책을 통해 독자들이 변증학에 관
심을 갖게 되고, 왜 변증학이 그토록 가슴을 뛰게 만들며 중요
한 것인지 알게 된다면 좋겠다. 변증학을 배우거나 적용하는 게
어렵게 느껴지더라도 낙담하지 말라. 이 책은 대충 그린 지도일
뿐이다. 변증학이라는 흥미롭고 가치 있는 분야를 깊이, 자세히
탐험하는 일은 당신의 몫이다. 이 세상에서 이만한 일이 얼마나
되겠는가?

머리말

1. G. K. Chesterton, *Autobiography* (New York: Sheed & Ward, 1936), p. 229.

1. 시작: 변증학이란 무엇인가?

1. 스위스의 위대한 신학자 에밀 브루너(1889~1966)는 인간의 본성 및 운명과 관련된 현대의 신화에 이의를 제기하는 교리들 —예를 들면 원죄 교리— 때문에 복음이 현대인들에게 '거침돌'(scandals)이 되는 것은 당연하다고 주장한다. 다음을 보라. Emil Brunner, *The Scandal of Christianity* (Philadelphia: Westminster Press, 1946).

2. C. S. Lewis, "Christian Apologetics," *C. S. Lewis: Essay Collection* (London: HarperCollins, 2000), p. 153, p. 155.

3. David Bosch, *Transforming Mission: Paradigm Shifts in the Theology of Mission* (Maryknoll, NY: Orbis Books, 1991), p. 11.

4. 유용한 고찰을 원한다면 다음을 보라. John G. Stackhouse, *Humble Apologetics: Defending the Faith Today* (Oxford: Oxford University Press, 2002), pp. 131—205.

5. Blaise Pascal, *Pensées* (Mineola, NY: Dover Publications, 2003), p. 52.

2. 기독교 변증과 현대문화: 모더니즘에서 포스트모더니즘으로

1. Edward John Carnell, *An Introduction to Christian Apologetics* (Grand Rapids: Eerdmans, 1948). (《기독교 변증학 원론》, 성지출판사). For an analysis, see Kenneth C. Harper, "Edward John Carnell: An Evaluation of His Apologetics," *Journal of the Evangelical Theological Society* 20(1977), pp. 133–146.

2. Kevin Vanhoozer, "Theology and the Condition of Postmodernity," in *The Cambridge Companion to Postmodern Theology*, ed. Kevin Vanhoozer (Cambridge: Cambridge University Press, 2003), pp. 3-24.

3. Lewis, "Christian Apologetics," *C. S. Lewis: Essay Collection*(London: HarperCollins, 2000), p. 151.

3. 변증학의 신학적 기초

1. Avery Dulles, *A History of Apologetics*, 3rd ed.(San Francisco: Ignatius Press, 2005), xix.

2. Richard S. Westfall, *The Life of Isaac Newton*(Cambridge: Cambridge University Press, 1993), pp. 73-75. 《프린키피아의 천재》, 사이언스북스).

3. 중요하고 대표적인 몇몇 기사에 대해서는 다음을 보라. Colin E. Gunton, *The Actuality of Atonement: A Study of Metaphor, Rationality, and the Christian Tradition* (Grand Rapids: Eerdmans, 1989); Charles E. Hill and Frank A. James, eds., *The Glory of the Atonement: Biblical, Historical & Practical Perspectives* (Downers Grove, IL: InterVarsity, 2004); Peter Schmiechen, *Saving Power: Theories of Atonement and Forms of the Church* (Grand Rapids: Eerdmans, 2005); Thomas F. Torrance, *Atonement: The Person and Work of Christ* (Downers Grove, IL: InterVarsity, 2009).

4. Lewis, "Christian Apologetics," *C. S. Lewis: Essay Collection* (London: HarperCollins, 2000), pp. 152-153.

5. 변증가에게 유익한 접근과 유비를 제공하는 탁월한 입문서를 원한다면 다음을 보라. Cornelius Plantinga, *Not the Way It's Supposed to Be: A Breviary of Sin* (Grand Rapids: Eerdmans, 1995).

6. C. S. Lewis, *Mere Christianity* (London: HarperCollins, 2002), p. 63. 《순전한 기독교》, 홍성사).

4. 청중의 중요성: 가능성과 쟁점

1. James C. Walters, "Paul, Adoption, and Inheritance," *Paul in the Greco-Roman World*, ed. J. Paul Sampley (Harrisburg, PA: Trinity Press International, 2003), pp. 42-76.

2. 다음 구절을 보라. 로마서 8:15, 23; 9:4; 갈라디아서 4:5; 에베소서 1:5.

3. Robert F. Zehnle의 고전적인 연구서인 *Peter's Pentecost Discourse: Tradition and Lucan Reinterpretation in Peter's Speeches of Acts 2 and 3* (Nashville: Abingdon, 1971)을 보라. 이 연구서는 어떤 면에서 오래되었지만, 여전히 본문 자체와 그 밑에 깔린 전략에 대한 중요한 분석이다.

4. 다음을 보라. W. S. Kurz, "Hellenistic Rhetoric in the Christological Proofs of Luke-Acts," *Catholic Biblical Quarterly* 42 (1980), pp. 171–195.

5. Bertil Gartner의 고전적인 연구서인 *The Areopagus Speech and Natural Revelation* (Uppsala: Gleerup, 1955)을 보라.

6. Ittai Gradel, *Emperor Worship and Roman Religion* (Oxford: Oxford University Press, 2002).

7. Bruce W. Winter의 중요한 분석을 보라. "Official Proceedings and the Forensic Speeches in Acts 24–26," *The Book of Acts: Ancient Literary Setting*, ed. B. W. Winter and A. D. Clarke (Grand Rapids: Eerdmans, 1994), pp. 305–336.

5. 기독교 신앙의 합리성

1. C. S. Lewis, "Is Theology Poetry?" *C. S. Lewis: Essay Collection* (London: HarperCollins, 2000), p. 21.

2. Austin Farrer, "In His Image," *Remembering C. S. Lewis*, ed. James T. Como (San Francisco: Ignatius Press, 2005), pp. 344–345.

3. 1949년에 Edward Sackville-West에게 보낸 편지, Michael de-la-Noy, *Eddy: The Life of Edward Sackville-West* (London: Bodley Head, 1988), p. 237에서 재인용.

4. 예를 들면, 다음을 보라. Alasdair MacIntyre, *Whose Justice? Which Rationality?* (London: Duckworth, 1988); Stephen Toulmin, *Cosmopolis: The Hidden Agenda of Modernity* (New York: Free Press, 1990); John Gray, *Enlightenment's Wake: Politics and Culture at the Close of the Modern Age* (London: Routledge, 1995).

5. William James, "The Sentiment of Rationality," *The Will to Believe and Other Essays in Popular Philosophy* (New York: Longmans, Green, and Co., 1897), pp. 63–110.

6. See Michael J. Sandel, *Justice: What's the Right Thing to Do?* (New York: Farrar, Straus and Giroux, 2010).

7. Stephen Toulmin, *The Uses of Argument* (Cambridge: Cambridge University Press, 1958), p. 183.

8. MacIntyre, *Whose Justice?*, p. 6.

9. Isaiah Berlin, *Concepts and Categories: Philosophical Essays* (New York: Viking Press, 1979), pp. 2-5, pp. 161-162.

10. Terry Eagleton, "Lunging, Flailing, Mispunching: A Review of Richard Dawkins's *The God Delusion*," *London Review of Books*, October 19, 2006.

11. Alvin Plantinga, *God and Other Minds: A Study of the Rational Justification of Belief in God* (Ithaca, NY: Cornell University Press, 1990).

12. Richard Rorty, "Pragmatism, Relativism, and Irrationalism," *Proceedings and Addresses of the American Philosophical Association* 53(1980): pp. 719-738, p. 730에서 인용.

13. Julia Kristeva, *The Incredible Need to Believe* (New York: Columbia University Press, 2009), p. 3.

14. Christopher Hitchens, *God Is Not Great: How Religion Poisons Everything* (New York: Twelve, 2007), p. 5. 《신은 위대하지 않다》, 알마). For criticism of this approach, see Alister McGrath, *Why God Won't Go Away: Is the New Atheism Running on Empty?* (Nashville: Thomas Nelson, 2011). 《신은 왜 우리 곁을 떠나지 않는가》, 한울림).

15. C. S. Lewis, "On Obstinacy in Belief," *C. S. Lewis: Essay Collection* (London: HarperCollins, 2000), pp. 213-214.

16. Jonathan Edwards, *The Works of Jonathan Edwards*, vol. 1 (Edinburgh: Banner of Truth Trust, 1974), p. 290. 《신앙감정론》, 부흥과개혁사).

17. 같은 책.

18. Austin Farrer, "The Christian Apologist," *Light on C. S. Lewis*, ed. Jocelyn Gibb(London: Geoffrey Bles, 1965), p. 26.

19. 같은 책.

20. Simone Weil, *First and Last Notebooks* (London: Oxford University Press, 1970), p. 147.

21. Brian Leftow, "From Jerusalem to Athens," *God and the Philosophers*, ed. Thomas V. Morris (Oxford: Oxford University Press, 1994), p. 191.

22. John Polkinghorne, *Theology in the Context of Science* (London: SPCK, 2008), pp. 85–86.

23. C. S. Lewis, *Surprised by Joy* (London: HarperCollins, 2002), p. 197. (《예기치 못한 기쁨》, 홍성사).

24. Richard Dawkins, *River out of Eden: A Darwinian View of Life* (London: Phoenix, 1995), p. 133. (《에덴의 강》, 사이언스북스).

25. 예를 들면, 다음을 보라. Alvin Plantinga, "Reason and Belief in God," *Faith and Philosophy: Reason and Belief in God*, ed. Alvin Plantinga and Nicholas Wolterstorff (Notre Dame, IN: University of Notre Dame Press, 1983), pp. 16–93.

26. Isaiah Berlin, *The Crooked Timber of Humanity: Chapters in the History of Ideas* (London: Pimlico, 2003), pp. 208–213. 이 중요한 논문집의 흥미로운 제목은 Immanuel Kant의 유명한 금언을 생각나게 한다. "인간의 굽은 목재에서는 곧은 게 나온 적이 없다."

27. 다음을 보라. M. Neil Browne and Stuart M. Keeley, *Asking the Right Questions: A Guide to Critical Thinking*, 8th ed. (Upper Saddle River, NJ: Pearson Prentice Hall, 2007), p. 196.

28. Charles S. Peirce, *Collected Papers*, vol. 5, ed. Charles Hartshorne and Paul Weiss (Cambridge, MA: Harvard University Press, 1960), p. 189. 나는 이러한 접근 방식의 중요성을 다음 책에서 더 자세히 살펴보았다. Alister E. McGrath, *Surprised by Meaning: Science, Faith, and How We Make Sense of Things* (Louisville: Westminster John Knox), 2011.

29. 같은 책.

30. 최고의 연구서로는 다음과 같은 것이 있다. Paul Humphreys, *The Chances of Explanation: Causal Explanation in the Social, Medical, and Physical Sciences* (Princeton: Princeton University Press, 1989); James Woodward, *Making Things Happen: A Theory of Causal Explanation* (Oxford: Oxford University Press, 2003).

31. 이 부분에 대한 아퀴나스의 훌륭한 논의에 관해서는 다음을 보라. William E.

Carroll, "Divine Agency, Contemporary Physics, and the Autonomy of Nature," *Heythrop Journal* 49(2008): pp. 582–602.

32. Helge S. Kragh, *Conceptions of Cosmos: From Myths to the Accelerating Universe: A History of Cosmology* (Oxford: Oxford University Press, 2006).

33. 특히 다음을 보라. Peter Lipton, *Inference to the Best Explanation*, 2nd ed. (London: Routledge, 2004).

34. Richard Swinburne, *The Existence of God*, 2nd ed.(Oxford: Clarendon Press, 2004).

35. Michael Friedman, "Explanation and Scientific Understanding," *Journal of Philosophy* 71(1974): pp. 5–19; Paul Kitcher, "Explanatory Unification and the Causal Structure of the World," *Scientific Explanation*, ed. P. Kitcher and W. Salmon (Minneapolis: University of Minnesota Press, 1989), pp. 410–505.

36. 예를 들면, Margaret Morrison, *Unifying Scientific Theories: Physical Concepts and Mathematical Structures* (Cambridge: Cambridge University Press, 2000).

37. Terry Eagleton, *Reason, Faith, and Revolution: Reflections on the God Debate* (New Haven: Yale University Press, 2009), p. 28.

38. William S. Bainbridge and Rodney Stark, *The Future of Religion: Secularization, Revival, and Cult Formation* (Berkeley: University of California Press, 1985), 1.

39. Richard Shweder, "Atheists Agonistes," *New York Times*, November 27, 2006.

40. 같은 책.

41. 이것은 Karl R. Popper가 *The Poverty of Historicism* (London: Routledge & Kegan Paul, 1957)에서 강조한 것으로 유명한 부분이다. 《역사주의의 빈곤》, 벽호).

42. Eagleton, *Reason, Faith, and Revolution*, pp. 87–89.

43. J. R. R. Tolkien, "Mythopoeia," *Tree and Leaf* (London: HarperCollins, 1992), pp. 85–90; p. 89에서 인용.

44. 특히 다음을 보라. Walter Schmithals, *The Theology of the First Christians* (Louisville: Westminster John Knox, 1997), pp. 122–123, pp. 146–151. 다음도 보라. Raymond Pickett, *The Cross in Corinth: The Social Significance of the Death of Jesus* (Sheffield, England: Sheffield Academic Press, 1997), pp. 213–216; Edward Adams and David G. Horrell, eds., *Christianity at Corinth: The*

Quest for the Pauline Church (Louisville: Westminster John Knox, 2004).

6. 믿음을 가리키는 포인터: 변증적 소통의 방식

1. Augustine of Hippo, *Confessions* VII.x.16.

2. Helge Kragh, *Cosmology and Controversy* (Princeton: Princeton University Press, 1999), p. 262.

3. 과학적인 쟁점들과 그 변증적 의미에 대한 자세한 탐구에 대해서는 다음을 보라. Alister E. McGrath, *A Fine-Tuned Universe: The Quest for God in Science and Theology* (Louisville: Westminster John Knox, 2009), pp. 109-201.

4. Richard Swinburne, "The Argument from the Fine-Tuning of the Universe," *Physical Cosmology and Philosophy*, ed. John Leslie (New York: Macmillan, 1990), pp. 154-173; Robin Collins, "A Scientific Argument for the Existence of God: The Fine-Tuning Design Argument," *Reason for the Hope Within*, ed. Michael J. Murray (Grand Rapids: Eerdmans, 1999), pp. 47-75.

5. Martin J. Rees, *Just Six Numbers: The Deep Forces That Shape the Universe* (London: Phoenix, 2000).

6. Robert J. Spitzer, *New Proofs for the Existence of God: Contributions of Contemporary Physics and Philosophy* (Grand Rapids: Eerdmans, 2010), pp. 60-65.

7. Fred Hoyle, "The Universe: Past and Present Reflections," *Annual Review of Astronomy and Astrophysics* 20(1982): 16.

8. Spitzer, *New Proofs for the Existence of God*, pp. 34-42.

9. Heinz R. Pagels, *The Cosmic Code: Quantum Physics and the Language of Nature* (Harmondsworth: Penguin, 1984), p. 83. (《우주의 암호》, 범양사).

10. Paul Davies, *The Mind of God: Science and the Search for Ultimate Meaning* (London: Penguin, 1992), p. 77.

11. John Polkinghorne, *Science and Creation: The Search for Understanding* (London: SPCK, 1988), pp. 20-21.

12. Eugene Wigner, "The Unreasonable Effectiveness of Mathematics," *Communications on Pure and Applied Mathematics* 13(1960): 1-14.

13. C. S. Lewis, *Miracles* (New York: Macmillan, 1947), p. 26. (《기적》, 홍성사).

14. Charles A. Coulson, *Science and Christian Belief* (Chapel Hill: University of North Carolina Press, 1958), p. 22.

15. Augustine, *On the Trinity* XVI.iv.6. (《삼위일체론》, 크리스챤다이제스트사).

16. 다음 사이트에서 음성파일을 들을 수 있다. http://www.apologetics315. com/2013/05/richard-dawkins-interviewed-by-justin.html.

17. Paul Kurtz, *Forbidden Fruit: The Ethics of Humanism* (Buffalo: Prometheus Books, 1988), p. 65.

18. Richard Rorty, *Contingency, Irony, and Solidarity* (Cambridge: Cambridge University Press, 1989), p. 194 n.6.

19. Richard Rorty, *The Consequences of Pragmatism* (Minneapolis: University of Minnesota Press, 1982), xlii.

20. 같은 책.

21. C. S. Lewis, *Mere Christianity* (London: HarperCollins, 2002), pp. 3–8. (《순전한 기독교》, 홍성사).

22. 같은 책, p. 24.

23. C. S. Lewis, *The Abolition of Man* (London: Collins, 1978), p. 19. (《인간 폐지》, 홍성사).

24. Philip E. Devine, *Natural Law Ethics* (Westport, CT: Greenwood, 2000), pp. 32–34.

25. Augustine, *Confessions* I.i.1.

26. Blaise Pascal, *Pensées* (Mineola, NY: Dover Publications, 2003), p. 113.

27. 같은 책.

28. 다음을 보라. Lewis, *Mere Christianity*, pp. 134–138. 다음에서도 비슷한 논증을 볼 수 있다. C. S. Lewis, "The Weight of Glory," *Screwtape Proposes a Toast* (London: Collins, 1965), pp. 94–110.

29. Lewis의 방식에 대해서는 다음을 보라. Peter Kreeft, "C. S. Lewis's Argument from Desire," *G. K. Chesterton and C. S. Lewis: The Riddle of Joy*, ed. Michael H. MacDonald and Andrew A. Tadie (Grand Rapids: Eerdmans, 1989), pp. 249–272. 더 일반적인 내용은 다음을 보라. John Haldane, "Philosophy, the Restless Heart, and the Meaning of Theism," *Ratio 19* (2006): 421–440.

30. Augustine, *Confessions* I.i.1.

31. Lewis, *Mere Christianity*, pp. 136–137.

32. Charles Taylor, *A Secular Age* (Cambridge, MA: Harvard University Press, 2007), p. 530.

33. Avihu Zakai, "Jonathan Edwards and the Language of Nature: The Re-Enchantment of the World in the Age of Scientific Reasoning," *Journal of Religious History 26* (2002): 15–41.

34. Lewis, *Mere Christianity*, 1.

35. Lewis, "Weight of Glory," pp. 94–110.

36. 같은 책, p. 97.

37. 같은 책.

38. 같은 책, p. 98.

39. 같은 책, p. 105.

40. 같은 책, p. 100.

41. 같은 책, p. 106.

42. 같은 책, p. 108.

43. 같은 책, pp. 107–108.

44. 같은 책, p. 107.

45. See Paul Elmer More, *Christ the Word* (Princeton: Princeton University Press, 1927).

46. Lisa Miller, *Heaven: Our Enduring Fascination with the Afterlife* (New York: HarperCollins, 2010).

47. John Cottingham, *Why Believe?* (London: Continuum, 2009), p. 47.

48. 언급에 대해서는 Edward A. Dowey의 고전적인 연구서, *The Knowledge of God in Calvin's Theology* (New York: Columbia University Press, 1952)와 T. H. L. Parker, *Calvin's Doctrine of the Knowledge of God* (Edinburgh: Oliver & Boyd, 1969)를 보라.

7. 기독교 변증의 진입로: 믿음으로 들어가는 문 열기

1. Peter Brown, *Augustine of Hippo* (London: Faber & Faber, 1967).

2. Augustine, *Confessions* V. xiii. 23–xiv. 25.

3. James Robert Brown, *Philosophy of Mathematics: An Introduction to the World*

of Proofs and Pictures (London: Routledge, 1999, 71–78); George Boolos, "Gö del's Second Incompleteness Theorem Explained in Words of One Syllable," *Mind* 103(1994): 1–3.

4. 매우 영향력이 큰 논의를 보고 싶다면 다음을 보라. John Lucas, "Minds, Machines and Gödel," *Philosophy* 36(1961): 112–127.

5. Schaeffer의 접근에 대한 훌륭한 두 평가에 대해서는 다음을 보라. Thomas V. Morris, *Francis Schaeffer's Apologetics: A Critique* (Grand Rapids: Baker, 1987); Bryan A. Follis, *Truth with Love: Apologetics of Francis Schaeffer* (Wheaton: Crossway, 2006).

6. Francis Schaeffer, *The God Who Is There, Complete Works of Francis Schaeffer*, vol. 1 (Westchester, IL: Crossway, 1982), p. 130. (《거기 계시는 하나님》, 생명 의말씀사).

7. 같은 책, p. 134.

8. 훌륭한 분석을 원한다면 다음을 보라. Morris, *Francis Schaeffer's Apologetics*, pp. 21–22.

9. Schaeffer, *The God Who Is There*, p. 132.

10. 같은 책, p. 140.

11. 같은 책, p. 110.

12. C. S. Lewis, *Surprised by Joy* (London: HarperCollins, 2002), p. 138. (《예기치 못한 기쁨》, 홍성사).

13. C. S. Lewis, *Rehabilitations and Other Essays* (London: Oxford University Press, 1939), p. 158.

14. Roy Baumeister, *Meanings of Life* (New York: Guilford Press, 1991)를 보라. (《인생의 의미》, 원미사). 정체성, 가치, 목적, 대리(agency)의 중요성에 관한 Baumeister의 분석은 기독교 변증학에 아주 중요하다.

15. Hans Frei, *The Eclipse of Biblical Narrative: A Study in Eighteenth and Nineteenth Century Biblical Hermeneutics* (New Haven: Yale University Press, 1977).

16. Alasdair MacIntyre, *After Virtue*(London: Duckworth, 1985), p. 216. (《덕의 상 실》, 문예출판사).

17. Baumeister, *Meanings of Life*.

18. N. T. Wright, "How Can the Bible Be Authoritative?" *Vox Evangelica* 21(1991): 7–32.

19. N. T. Wright, *The New Testament and the People of God* (Minneapolis: Fortress, 1992), p. 132.

20. 다음을 보라. Verlyn Flieger, *Splintered Light: Logos and Language in Tolkien's World* (Ken, OH: Kent State University, 2002); Jeffrey L. Morrow, "J. R. R. Tolkien as a Christian for Our Times," *Evangelical Review of Theology* 29(2005), pp. 164–177.

21. Dan Brown, *The Da Vinci Code: A Novel* (New York: Doubleday, 2003), p. 233. (《다빈치 코드》, 문학수첩).

22. Brown은 이 모든 부분에서 완전히 틀렸다. 예를 들면, 다음을 보라. Bart D. Ehrman, *Truth and Fiction in The Da Vinci Code: A Historian Reveals What We Really Know About Jesus, Mary Magdalene, and Constantine* (Oxford: Oxford University Press, 2004), pp. 23–24. (《예수는 결혼하지 않았다》, 안그라픽스).

23. 이 신화의 조작에 관한 최고의 설명은 Massimo Introvigne의 *Gli Illuminati e il Priorato di Sion* (Milan: Piemme, 2005)이다. 이 책을 요약한 글이 다음 사이트에 실려 있다. http://www.cesnur.org/2005/pa_introvigne.htm.

24. Philip Pullman, *The Good Man Jesus and the Scoundrel Christ* (Edinburgh: Canongate, 2010).

25. William G. Johnson와 Marcia K. Houtman의 흥미로운 연구를 읽어보면 재미있을 것이다. "Platonic Shadows in C. S. Lewis' Narnia Chronicles," *Modern Fiction Studies* 32(1986), pp. 75–87.

26. 자세한 논의는 다음을 보라. Gail Fine, *Plato on Knowledge and Forms: Selected Essays* (Oxford: Oxford University Press, 2003).

27. James C. Walters, "Paul, Adoption, and Inheritance," *Paul in the Greco-Roman World*, ed. J. Paul Sampley (Harrisburg, PA: Trinity Press International, 2003), pp. 42–76.

28. Simone Weil, *The Need for Roots* (London: Routledge, 2002), p. 43. (《뿌리내림》, 이제이북스).

29. Walter Brueggemann, *The Land: Place as Gift, Promise, and Challenge in*

Biblical Faith, 2nd ed. (Philadelphia: Fortress Press, 2002), 1. (《성서로 본 땅》, 나눔사).

30. Bill Carter, "Why 'Cheers' Proved So Intoxicating," *New York Times*, Sunday, May 9, 1993.

31. Philip D. Kenneson, "There's No Such Thing as Objective Truth, and It's a Good Thing, Too," *Christian Apologetics in the Postmodern World*, ed. Timothy R. Phillips and Dennis L. Okholm (Downers Grove, IL: InterVarsity Press, 1995), pp. 155-170.

8. 믿음에 관한 질문: 접근방식 개발하기

1. 신약성경에 나오는 변증 모티프에 관해서는 다음을 보라. Avery Dulles, *A History of Apologetics* (San Francisco: Ignatius Press, 2005), pp. 1-25.

2. 가장 좋은 것 가운데 하나는 다음 두 사람의 포괄적인 설명이다. Peter Kreeft and Ronald K. Tacelli, *Handbook of Catholic Apologetics: Reasoned Answers to Questions of Faith* (San Francisco: Ignatius Press, 2009). 이 책에는 변증가라면 누구나 배워야 할 게 많다.

3. Martin Luther와 C. S. Lewis가 고통의 문제에 서로 다르게 접근하는데, 여기서 이에 관한 나의 논의가 도움이 될 것이다: Alister McGrath, "The Cross, Suffering, and Theological Bewilderment: Reflections on Martin Luther and C. S. Lewis," *The Passionate Intellect: Christian Faith and the Discipleship of the Mind* (Downers Grove, IL: InterVarsity, 2010), pp. 57-69.

4. Dorothy L. Sayers, *Creed or Chaos?* (New York, Harcourt Brace, 1949), p. 4.

5. Sigmund Freud, *The Future of an Illusion* (New York: Norton, 1961), p. 42.

6. Sigmund Freud, *Civilization and its Discontents* (New York: Norton, 1962), p. 21. (《문명 속의 불만》, 열린책들). 이 저서의 제목에 대한 공식적인 영어 번역은 그다지 정확하지 못하다. "문화 속의 불안"(*Anxiety in Culture, Das Unbehagen in der Kultur*)이라고 옮기는 게 더 적절하다.

7. 다음을 보라. Armand Nicholi, *The Question of God: C. S. Lewis and Sigmund Freud Debate God, Love, Sex, and the Meaning of Life* (New York: Free Press, 2002). (《루이스 vs 프로이트》, 홍성사).

8. C. S. Lewis, *Surprised by Joy* (London: HarperCollins, 2002), p. 265.

9. Freud, *Future of an Illusion*, p. 35.

10. C. S. Lewis, *The Problem of Pain* (London: HarperCollins, 2002), p. 91. (《고통의 문제》, 홍성사).

9. 결론: 자신만의 변증방식 개발하기

1. C. S. Lewis, "Christian Apologetics," *C. S. Lewis: Essay Collection* (London: HarperCollins, 2000), p. 159.

2. 다음을 보라. Humphrey Carpenter, *The Inklings: C. S. Lewis, J. R. R. Tolkien, Charles Williams, and Their Friends* (Boston: Allen and Unwin, 1978); Diana Glyer, *The Company They Keep: C. S. Lewis and J. R. R. Tolkien as Writers in Community* (Kent, OH: Kent State University Press, 2007).

색인 Index

ㅇ

옮긴이 **전의우**

번역을 하나님이 주신 소명이자 목회로 여기는 그는, 철학과 신학을 공부한 이후 1993년부터 지금까지 오롯이 번역만으로 이 땅의 그리스도인과 교회와 목회자를 섬기고 있다. 2004년 기독교출판문화상 번역 최우수상(목회자료 부문)을 수상했고, 《복음 중심의 제자도》《충성된 장로와 집사를 찾아서》《존 파이퍼의 거듭남》《주기도와 하나님 나라》 등 160여 권의 책을 우리말로 옮겼다. 추풍령 아래 경상북도 김천에서 아내와 함께 살면서 아주 작은 교회를 섬기고 있다.

알리스터 맥그래스의
기독교 변증

초판 1쇄 발행 2014년 9월 19일
초판 8쇄 발행 2023년 3월 14일

지은이 알리스터 맥그래스
옮긴이 전의우

펴낸이 오정현
펴낸곳 국제제자훈련원
등록번호 제2013-000170호(2013년 9월 25일)
주소 서울시 서초구 효령로 68길 98(서초동)
전화 02)3489-4300 **팩스** 02)3489-4329
이메일 dmipress@sarang.org

ISBN 978-89-5731-660-3 03230

▌ 국제제자훈련원은 건강한 교회를 꿈꾸는 목회의 동반자로서 제자 삼는 사역을 중심으로 성경적 목회 모델을 제시함으로 세계 교회를 섬기는 전문 사역 기관입니다.